江苏省研究生教育发展年度报告

Annual Report on Graduate Education Development in Jiangsu

2020

主　编　洪　流　汪　霞
副主编　杨树兵　汪雅霜
　　　　孙俊华　周　寅

南京大学出版社

图书在版编目(CIP)数据

江苏省研究生教育发展年度报告. 2020 / 洪流，汪霞主编. -- 南京 ：南京大学出版社，2020.12

ISBN 978-7-305-23881-9

Ⅰ. ①江… Ⅱ. ①洪… ②汪… Ⅲ. ①研究生教育—研究报告—江苏—2020 Ⅳ. ①G643

中国版本图书馆 CIP 数据核字(2020)第 208280 号

出版发行 南京大学出版社
社　　址 南京市汉口路 22 号　　邮　编 210093
出 版 人 金鑫荣

书　　名 江苏省研究生教育发展年度报告(2020)
主　　编 洪　流　汪　霞
副 主 编 杨树兵　汪雅霜　孙俊华　周　寅
责任编辑 束　悦

照　　排 南京南琳图文制作有限公司
印　　刷 常州市武进第三印刷有限公司
开　　本 718×1000　1/16　印张 13.75　字数 232 千
版　　次 2020 年 12 月第 1 版　2020 年 12 月第 1 次印刷
ISBN 978-7-305-23881-9
定　　价 59.00 元

网　　址 http://www.njupco.com
官方微博 http://weibo.com/njupco
官方微信 njupress
销售热线 025-83594756

前　言

2019年，江苏省研究生教育发展态势良好。15所“一流大学和一流学科建设高校”与12所“江苏高水平大学建设高校”在人才培养改革、师资队伍培育、科学研究创新、国际合作交流和社会实践服务等方面建设成效显著。江苏高校优势学科建设工程三期项目有序推进。根据2020年1月的ESI数据，江苏27所高校的146个学科进入ESI前1%，高校数和学科数分别位居全国第一和第二。进入ESI前1%的学科中有14个学科进入前1‰，较2018年新增1个。

2019年，江苏省研究生教育规模持续增长。全省普通高校共招收研究生7.3万人，较上年增加6.28%；在校研究生21.37万人，较上年增加10.18%。研究生导师3.5万人，较上年增加7.56%。同时，江苏深入开展研究生教育立德树人工作和研究生教育综合改革，举办14场研究生科研创新实践大赛、26个研究生暑期学校和40个研究生科研创新学术论坛，充分发挥各项活动在研究生教育质量提升中的推动作用。

为了能够更加科学、客观、连续性地分析和评价江苏研究生教育质量，江苏省教育厅继续委托南京大学教育研究院汪霞教授科研团队立项研究。这是“江苏省研究生教育年度报告”系列的第四本，也是2019年江苏省研究生教育事业发展的全面呈现。

课题组在报告编研过程中一直将“12345”五大原则贯彻始终。“1”是紧扣“一个核心”，即发展。报告以“发展”为核心抓手，客观、多元和直观地展现2019年江苏省研究生教育状况。“2”是运用“两种方式”，即客观呈现和案例调查的“点、面结合”。面上,报告对能够反映研究生教育发展的多项数据进行统计分析,同时从时间上进行纵向、从区域上进行横向比较,总结研究生教育发展的静态特征和动态趋势;点上,选取江苏各高校典型案例,生动翔实地展现研究生教育的具体措施和改革成效。“3”是聚焦“三大方面”,即学科建设、学位管理、研究生教育。报告深入把握学科、学位、人才“三位一体”的完整体系,多角度衡量学位与研究生教育的内涵发展与质量提升。“4”是服务“四类群体”,即政府、高校、学者和公众。报告以年度发布的形式,为政府、高校、学者和公众了解江苏研究生教育发展情况提供准确的信息来源和参考依据。“5”是体现“五种功能”,即公布最新数据、推介重要举措、呈现建设成效、展示优秀案例和分析发展趋势。围绕五大功能,报告尽可能全面呈现最能反映当前研究生教育发展的一手资料,未来这些也将成为了解江苏研究生教育改革与发展历程的重要文献资料。

本年度报告从概况指标、平台基础、立德树人、改革举措、导师队伍、质量保障和质量监控 7 个方面,解析 2019 年研究生教育发展状况。以此为基础,报告内容具体分为七章。

第一章“学位与研究生教育概况”。根据学位授权点动态调整结果,系统分析江苏 2019 年研究生学位授予单位与学位授权点分布情况;以生源、在校生、毕业以及学位授予的基本状况呈现江苏研究生教育的规模及结构。

第二章“研究生培养平台建设”。主要呈现 15 所“一流大学和一流学科建设高校”与 12 所“江苏高水平大学建设高校”在人才培养改革、师资队伍引培、科学研究创新、国际合作交流和社会实践服务方面的具体举措与建设成效。结合江苏高校优势学科建设和国际学科评价结果,分析 2019 年江苏学科建设成效。

第三章“研究生教育立德树人工作”。主要从思想政治教育、科学道德与学风建设、多元育人路径等方面,呈现江苏各高校落实研究生教育立德树人根本任务的具体举措与实施成效。

第四章“研究生教育综合改革”。从人才培养模式改革、培养制度建设、产教深度融合三个方面，呈现江苏高校研究生培养模式改革成效；从课程体系完善、课程经费投入、课程资源整合、教学质量检测、教学案例库建设等方面，反映江苏高校研究生课程建设的实践探索；从制度规范、经费支持、项目拓展、培养平台建设、海外基地建设等方面，分析江苏研究生教育国际交流与合作状况；通过研究生科研创新实践大赛和研究生暑期学校调查，展现江苏科研创新实践活动实施情况。

第五章“研究生导师队伍建设”。从总体规模、增长情况、职称结构、年龄结构四个方面，系统分析江苏研究生导师队伍状况；从高层次人才引进、导师遴选制度完善、师德师风建设、师资提升计划等方面，展现江苏高校多措并举推进研究生导师队伍建设的改革实践。

第六章“研究生教育质量保障”。从改革招生方式、强化招生宣传、优化指标配置、激励优质生源、加强招生评价等方面，呈现江苏高校研究生教育入学生源质量保障的举措与成效；从加强过程管理、严把出口质量、创新评价标准、强化信息管理四个方面，展现江苏高校研究生教育学位授予质量保障的举措与成效；从增加经费投入、加大资助支持力度、设立专项改革经费等方面，反映江苏高校研究生教育经费条件支撑保障的举措与成效。

第七章“研究生培养质量评估与分析”。基于 2019 年学位授权点评估、江苏省硕士学位论文抽检和江苏省优秀博士硕士论文评选结果，以评估为抓手，分析江苏研究生教育质量。

课题组结合前三部报告编研经验，广泛听取专家学者的意见与建议，对报告内容和呈现形式都作了进一步调整与完善，既强化内容的学术规范性，又增强报告的文字可读性。一是彰显文化育人特色，服务立德树人根本。本报告共调研收集了 24 所高校立德树人教育文本材料，对立德树人融入思想政治教育、科学道德与学风建设、研究生多元育人路径的实践探索进行了系统分析，为江苏高校落实立德树人根本任务、推动研究生教育内涵发展提供实践案例。二是紧密结合社会需要，突出科研创新实践。除了延续前几部报告中对研究生暑期学校和研究生科研创新实践大赛实施效果的调查以外，本报告特别结合社会经济发展对创新型实践人才的需求特点，增加了江苏研究生教育产教融合实践平台建设情况调查，从一个特定角度展示江苏研究生教育对新形势、新要求的回应。三是聚焦高校实际问题，关注主体更加多元。与以往几年的研究报告相比，本报告不仅关注研究生主体地位，还更加突出导师队伍建设，依循江苏省出台的《关于加强研究生导师队伍建设意见》精神，全面呈现江苏高校推进研究生导师队伍建设的实践探索经验，内容更加全面、材料更加翔实、分析更加生动，突出江苏高校在研究生教育实践中的独到之处。

首届全国研究生教育会议拉开了新一轮研究生教育改革的帷幕。习近平总书记就研究生教育工作作出重要指示，中国特色社会主义进入新时代，党和国家事业发展迫切需要培养造就大批德才兼备的高层次人才。这为新时代我国研究生教育的发展指明了方向。江苏作为研究生教育大省，近几年始终坚持问题导向、需求导向和质量导向，继续改革发展，持续提高质量，在研究生教育综合改革中积极探索。面向“十四五”，推动江苏研究生教育高质量发展的关键在于培养高层次创新型人才，主动服务创新型国家建设，这也是江苏研究生教育的内在要求和核心任务。江苏省教育厅把握战略机遇、统筹改革发展，建立研究生教育年度报告制度，实现了该项工作的常态化，力图构建更加完善的研究生教育发展保障体系。课题组作为受委托第三方，将继续创新突破、精益求精，利用专业所长，科学、客观、真实地反映江苏研究生教育发展状况，为进一步完善江苏研究生教育质量保障体系、促进内涵发展、全面提升江苏省研究生教育质量贡献智慧和力量。

目 录

第一章
学位与研究生教育概况

学位授予单位和授权点概况。2019年，江苏省共有普通高校博士学位授予单位24个，普通高校硕士学位授予单位31个。江苏省普通高校共有博士学位授权一级学科点307个，博士学位授权二级学科点7个，博士专业学位授权点21个；硕士学位授权一级学科点427个，硕士学位授权二级学科点31个，硕士专业学位授权点423个。

学位授权点动态调整。2019年，江苏省动态调整撤销19个学位授权点，涉及10个学位授予单位；动态调整增列12个学位授权点，涉及7个学位授予单位。作为学位授权自主审核单位，南京大学自主审核增列学位授权点2个，东南大学自主审核增列学位授权点2个。

研究生教育规模持续扩大。2019年，江苏省普通高校在校研究生213 713人，较2018年增加19 750人，增幅为10.18%。其中，在校博士研究生33 899人，较2018年增加2 544人，增幅为8.11%；在校硕士研究生179 814人，较2018年增加17 206人，增长10.58%。江苏普通高校共招收研究生73 294人，较2018年增加4 334人，增幅为6.28%。其中，招收博士研究生8 165人，较2018年增加710人，增幅为9.52%；招收硕士研究生65 129人，较2018年增加3 624人，增幅为5.89%。江苏省普通高校研究生毕业49 925人，获得学位49 597人。其中，博士研究生毕业4 952人，获得博士学位4 744人；硕士研究生毕业44 973人，获得硕士学位44 853人。

第一节　学位授予单位与授权点

一、学位授予单位与学位授权点概况

（一）学位授予单位

2019年，江苏省共有普通高校博士学位授予单位24个，普通高校硕士学

位授予单位31个(表1-1)。

表1-1　江苏省普通高校研究生学位授予单位和研究生培养单位列表

序	学校名称	学位授予类型	学校类型
1	南京大学	博士学位授予单位	一流大学建设高校
2	苏州大学	博士学位授予单位	一流学科建设高校 江苏高水平大学建设高校
3	东南大学	博士学位授予单位	一流大学建设高校
4	南京航空航天大学	博士学位授予单位	一流学科建设高校
5	南京理工大学	博士学位授予单位	一流学科建设高校
6	江苏科技大学	博士学位授予单位	—
7	中国矿业大学	博士学位授予单位	一流学科建设高校
8	南京工业大学	博士学位授予单位	江苏高水平大学建设高校
9	常州大学	博士学位授予单位	—
10	南京邮电大学	博士学位授予单位	一流学科建设高校 江苏高水平大学建设高校
11	河海大学	博士学位授予单位	一流学科建设高校
12	江南大学	博士学位授予单位	一流学科建设高校
13	南京林业大学	博士学位授予单位	一流学科建设高校 江苏高水平大学建设高校(培育)
14	江苏大学	博士学位授予单位	江苏高水平大学建设高校
15	南京信息工程大学	博士学位授予单位	一流学科建设高校 江苏高水平大学建设高校
16	南通大学	博士学位授予单位	江苏高水平大学建设高校(培育)
17	盐城工学院	硕士学位授予单位	—
18	南京农业大学	博士学位授予单位	一流学科建设高校
19	南京医科大学	博士学位授予单位	江苏高水平大学建设高校
20	徐州医科大学	博士学位授予单位	—
21	南京中医药大学	博士学位授予单位	一流学科建设高校 江苏高水平大学建设高校(培育)
22	中国药科大学	博士学位授予单位	一流学科建设高校
23	南京师范大学	博士学位授予单位	一流学科建设高校 江苏高水平大学建设高校

续　表

序	学校名称	学位授予类型	学校类型
24	江苏师范大学	硕士学位授予单位	江苏高水平大学建设高校(培育) 服务国家特殊需要人才培养项目(博士)
25	南京财经大学	硕士学位授予单位	服务国家特殊需要人才培养项目(博士)
26	南京体育学院	硕士学位授予单位	—
27	南京艺术学院	博士学位授予单位	—
28	苏州科技大学	硕士学位授予单位	—
29	淮阴工学院	—	服务国家特殊需要人才培养项目(硕士)
30	扬州大学	博士学位授予单位	江苏高水平大学建设高校
31	南京工程学院	—	服务国家特殊需要人才培养项目(硕士)
32	南京审计大学	硕士学位授予单位	—
33	江苏理工学院	—	服务国家特殊需要人才培养项目(硕士)
34	江苏海洋大学	硕士学位授予单位	—

注:按照各高校代码排序,本章后同。

(二)学位授权点

2019 年,江苏省普通高校共有博士学位授权一级学科点 307 个,另有博士学位授权二级学科点 7 个。其中,部属高校共有博士学位授权一级学科点 169 个,博士授权二级学科点 4 个;省属高校共有博士学位授权一级学科点 138 个,博士授权二级学科点 3 个。

江苏省普通高校共有硕士学位授权一级学科点 427 个,另有硕士学位授权二级学科点 31 个。其中,部属高校共有硕士学位授权一级学科点 129 个,硕士学位授权二级学科点 15 个;省属高校共有硕士学位授权一级学科点 298 个,硕士学位授权二级学科点 16 个。

江苏省普通高校共有博士专业学位授权点 21 个。其中,部属高校共有博士专业学位授权点 13 个,省属高校共有博士专业学位授权点 8 个。

江苏省普通高校共有硕士专业学位授权点 423 个,覆盖了除军事硕士和警务硕士之外的 45 个专业学位类别。其中,部属高校硕士专业学位授权点 166 个,省属高校硕士专业学位授权点 257 个。

二、学位授权点动态调整

2019年,江苏省共有10个学位授予单位经过动态调整撤销了19个学位授权点。其中,博士学位授权一级学科点1个,博士学位授权二级学科点2个,硕士学位授权一级学科点7个,硕士学位授权二级学科点9个。

其中,部属高校经过动态调整撤销了博士学位授权二级学科点2个,硕士学位授权一级学科点2个,硕士学位授权二级学科点4个(表1-2)。

表1-2　2019年江苏省学位授权点动态调整撤销情况

单位名称	撤销学位点名称	撤销学位点类型
南京大学(2个)	海洋地质	博士学位授权二级学科
	水文学及水资源	博士学位授权二级学科
苏州大学(1个)	艺术学理论	硕士学位授权一级学科
东南大学(5个)	水利工程	硕士学位授权一级学科
	美术学	硕士学位授权一级学科
	政治学理论	硕士学位授权二级学科
	中医内科学	硕士学位授权二级学科
	药理学	硕士学位授权二级学科
江苏科技大学(1个)	物理电子学	硕士学位授权二级学科
南京工业大学(2个)	软件工程	硕士学位授权一级学科
	信号与信息处理	硕士学位授权二级学科
河海大学(1个)	测试计量技术及仪器	硕士学位授权二级学科
南京林业大学(1个)	农业资源与环境	硕士学位授权一级学科
南京医科大学(1个)	中西医结合	硕士学位授权一级学科
南京师范大学(2个)	光学工程	硕士学位授权一级学科
	供热、供燃气、通风及空调工程	硕士学位授权二级学科
扬州大学(3个)	中西医结合	博士学位授权一级学科
	中共党史	硕士学位授权二级学科
	教育经济与管理	硕士学位授权二级学科

2019年,江苏省共有7个学位授予单位经过动态调整增列12个学位授权点。其中,博士专业学位授权点1个,硕士学位授权一级学科点4个,硕士

专业学位授权点7个。

其中，部属高校经过动态调整增列硕士学位授权一级学科点1个（表1-3）。

表1-3　2019年江苏省学位授权点动态调整增列情况

单位名称	增列学位点名称	增列学位点类型
苏州大学（4个）	资源与环境	硕士专业学位授权类别
	能源动力	硕士专业学位授权类别
	旅游管理	硕士专业学位授权类别
	图书情报	硕士专业学位授权类别
南京理工大学（1个）	马克思主义理论	硕士学位授权一级学科
江苏科技大学（1个）	物理学	硕士学位授权一级学科
南京工业大学（1个）	体育	硕士专业学位授权类别
南京林业大学（1个）	应用统计	硕士专业学位授权类别
南京信息工程大学（1个）	教育	硕士专业学位授权类别
扬州大学（3个）	心理学	硕士学位授权一级学科
	动力工程及工程热物理	硕士学位授权一级学科
	临床医学	博士专业学位授权类别

2019年，作为学位授权自主审核单位，南京大学自主审核增列学位授权点2个，其中，博士学位授权一级学科点和博士专业学位授权点各1个；东南大学自主审核增列学位授权点2个，其中，博士学位授权一级学科点和硕士学位授权一级学科点各1个（表1-4）。

表1-4　2019年江苏学位授权自主审核单位增列的学位授权点列表

单位名称	学位授权点代码	学位授权点名称	学位授权点类型
南京大学	0833	城乡规划学	博士学位授权一级学科
南京大学	1052	口腔医学	博士专业学位授权类别
东南大学	0502	外国语言文学	博士学位授权一级学科
东南大学	0602	中国史	硕士学位授权一级学科

对比2015—2019年江苏省普通高校学位授权点动态调整情况可以发现，总体上，增列的数量小于撤销数量（表1-5），这表明江苏省普通高校近些年来在学科布局调整方面更加注重质量。

表 1-5　2015—2019 年江苏省普通高校学位授权点动态调整情况汇总

动态调整	年份	博士学位授权			硕士学位授权			合计
		一级学科	二级学科	专业学位	一级学科	二级学科	专业学位	
增列	2015	2	0	0	9	0	4	**15**
	2016	2	0	0	11	0	3	**16**
	2017	1	0	0	0	0	0	**1**
	2018	2	0	0	11	0	9	**22**
	2019	2	0	2	5	0	7	**16**
撤销	2015	1	1	0	6	6	2	**16**
	2016	1	1	0	9	13	5	**29**
	2017	3	1	0	6	10	0	**20**
	2018	2	0	0	9	17	6	**34**
	2019	1	2	0	7	9	0	**19**

第二节　研究生招生、在读与毕业状况

一、招生

（一）招生规模

1. 博士研究生

2019 年，江苏省博士研究生总招生数为 8 165 人，较 2018 年增长 9.52%。其中，博士学术学位研究生 7 514 人，博士专业学位研究生 651 人，分别较 2018 年增长 6.98%和 51.04%。其中，部属高校博士研究生总招生数为 5 785 人，占全省 70.85%；省属高校博士研究生总招生数为 2 380 人，占全省 29.15%(图 1-1、表 1-6)。

从学科门类分布来看，工学类博士研究生招生规模最大(3 861 人)，之后依次是医学(1 241 人)、理学(1 185 人)、农学(518 人)、管理学(406 人)、法学(286 人)、文学(194 人)、艺术学(126 人)、教育学(105 人)、经济学(103 人)、哲学(73 人)和历史学(67 人)(图 1-2)。

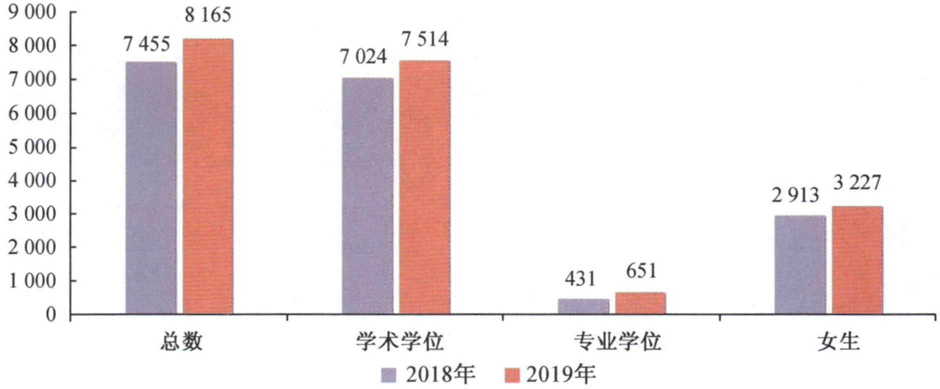

图 1-1　2018—2019 年江苏省博士研究生招生情况(人)

数据来源:根据高等教育学校(机构)统计报表整理,截止时间为 2019 年 9 月 1 日。本章后同。

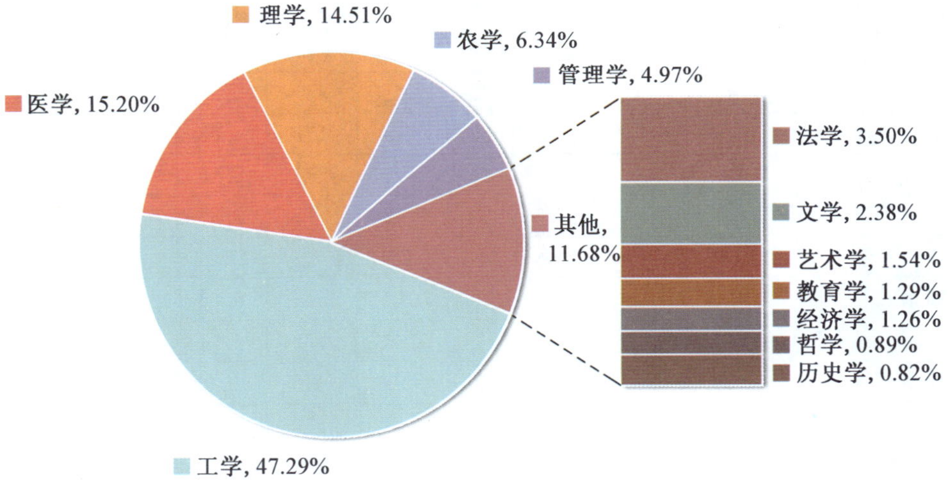

图 1-2　2019 年江苏省博士研究生招生学科分布情况

从博士研究生总招生数的增幅来看,常州大学、江苏师范大学、扬州大学、江苏科技大学、南京财经大学和南京医科大学的增幅均超过 20.00%,分别达到 63.64%、33.33%、32.28%、27.27%、27.27%和 25.33%。其中,常州大学、江苏师范大学、江苏科技大学和南京财经大学的招生规模较小。

从专业博士研究生的招生情况来看,东南大学、南京医科大学和南京航空航天大学新增招生人数较多,分别达到 91 人、50 人和 42 人;南京航空航天大学、苏州大学和扬州大学的增幅超过 100.00%,分别达到 233.33%、150.00%和 142.86%(表 1-6)。

表 1-6　2018—2019 年江苏省各普通高校博士研究生招生情况表

单位名称	总招生数			学术学位			专业学位	
	2018 年/人	2019 年/人	增幅/%	2018 年/人	2019 年/人	增幅/%	2018 年/人	2019 年/人
南京大学	1 507	1 624	7.76	1 500	1 617	7.80	7	7
苏州大学	414	448	8.21	410	438	6.83	4	10
东南大学	1 077	1 200	11.42	847	879	3.78	230	321
南京航空航天大学	514	593	15.37	496	533	7.46	18	60
南京理工大学	471	518	9.98	471	518	9.98	—	—
江苏科技大学	22	28	27.27	22	28	27.27	—	—
中国矿业大学	278	287	3.24	278	287	3.24	—	—
南京工业大学	174	183	5.17	174	183	5.17	—	—
常州大学	11	18	63.64	11	18	63.64	—	—
南京邮电大学	82	91	10.98	82	91	10.98	—	—
河海大学	412	414	0.49	412	414	0.49	—	—
江南大学	301	317	5.32	301	317	5.32	—	—
南京林业大学	148	157	6.08	148	157	6.08	—	—
江苏大学	194	204	5.15	194	204	5.15	—	—
南京信息工程大学	102	111	8.82	102	111	8.82	—	—
南通大学	28	33	17.86	28	33	17.86	—	—
南京农业大学	548	582	6.20	512	543	6.05	36	39
南京医科大学	229	287	25.33	163	171	4.91	66	116
徐州医科大学	21	25	19.05	21	25	19.05	—	—
南京中医药大学	158	179	13.29	118	129	9.32	40	50
中国药科大学	229	250	9.17	229	250	9.17	—	—
南京师范大学	311	328	5.47	295	314	6.44	16	14
江苏师范大学	12	16	33.33	12	16	33.33	—	—
南京财经大学	11	14	27.27	11	14	27.27	—	—
南京艺术学院	43	49	13.95	43	49	13.95	—	—
扬州大学	158	209	32.28	144	175	21.53	14	34
合计	**7 455**	**8 165**	**9.52**	**7 024**	**7 514**	**6.98**	**431**	**651**
部属高校合计	**5 337**	**5 785**	**8.39**	**5 046**	**5 358**	**6.18**	**291**	**427**
部属高校占比/%	71.59	70.85	—	71.84	71.31	—	67.52	65.59
省属高校合计	**2 118**	**2 380**	**12.37**	**1 978**	**2 156**	**9.00**	**140**	**224**
省属高校占比/%	28.41	29.15	—	28.16	28.69	—	32.48	34.41

2. 硕士研究生

2019 年，江苏省硕士研究生招生人数为 65 129 人，较 2018 年增长 5.89%。其中，学术学位硕士研究生 26 509 人，专业学位硕士研究生 38 620 人，分别较 2018 年增长 3.22%和 7.81%，硕士研究生招生数量的增长主要集中在专业学位研究生招生数量上。

部属高校硕士研究生总招生数为 31 268 人，占全省的 48.01%；省属高校硕士研究生总招生数 33 861 人，占全省的 51.99%（图 1－3、表 1－7）。

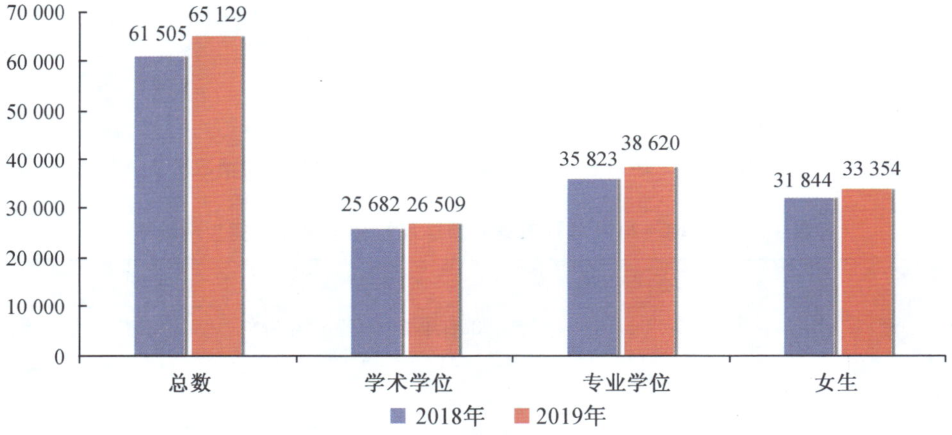

图 1－3　2018—2019 年江苏省硕士研究生招生情况（人）

从学科门类分布来看，工学硕士研究生招生规模最大（28 108 人），之后依次是管理学（9 264 人）、医学（7 395 人）、理学（4 127 人）、教育学（3 600 人）、法学（2 832 人）、农学（2 832 人）、文学（2 308 人）、艺术学（2 254 人）、经济学（1 952 人）、历史学（256 人）和哲学（201 人）（图 1－4）。

从硕士研究生总招生数的增幅来看，江苏海洋大学增幅最大，较上年增长 108.07%。增幅超过 20.00%的高校还有淮阴工学院（38.89%）和南京审计大学（27.43%）。

从学术学位研究生招生数的增幅来看，江苏海洋大学（51.28%）和南京审计大学（50.00%）的增幅均超过 50.00%。

从专业学位研究生招生数的增幅来看，江苏海洋大学（138.62%）的增幅最大，增幅大于 20.00%的高校有淮阴工学院（38.89%）、中国药科大学（27.20%）、南通大学（22.56%）和南京信息工程大学（22.10%）（表 1－7）。

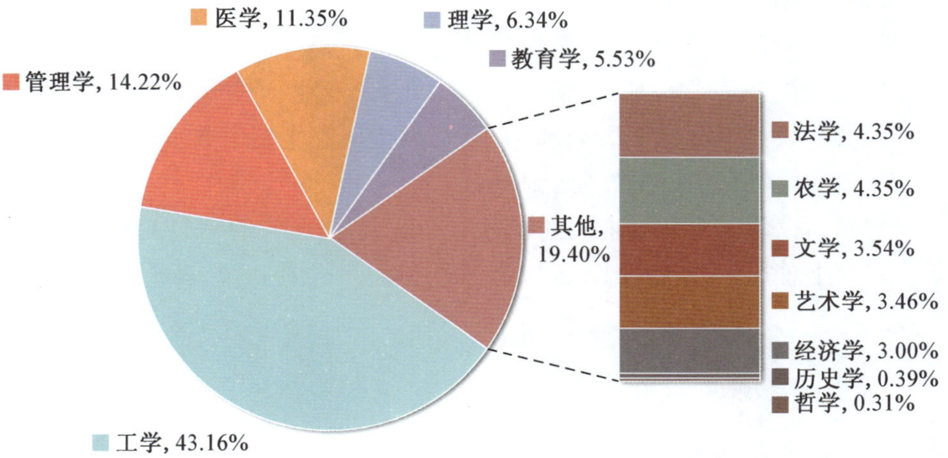

图 1-4　2019 年江苏省硕士研究生招生学科分布情况

表 1-7　2018—2019 年江苏省各普通高校硕士研究生招生情况表

单位名称	总招生数			学术学位			专业学位		
	2018 年/人	2019 年/人	增幅/%	2018 年/人	2019 年/人	增幅/%	2018 年/人	2019 年/人	增幅/%
南京大学	5 201	5 565	7.00	2 182	2 278	4.40	3 019	3 287	8.88
苏州大学	4 586	4 660	1.61	1 746	1 763	0.97	2 840	2 897	2.01
东南大学	4 906	5 112	4.20	2 116	2 176	2.84	2 790	2 936	5.23
南京航空航天大学	2 980	3 263	9.50	1 560	1 565	0.32	1 420	1 698	19.58
南京理工大学	3 542	3 726	5.19	1 552	1 531	−1.35	1 990	2 195	10.30
江苏科技大学	1 124	1 209	7.56	394	443	12.44	730	766	4.93
中国矿业大学	2 861	2 975	3.98	1 262	1 274	0.95	1 599	1 701	6.38
南京工业大学	2 192	2 296	4.74	873	876	0.34	1 319	1 420	7.66
常州大学	868	926	6.68	356	366	2.81	512	560	9.38
南京邮电大学	1 774	1 923	8.40	622	707	13.67	1 152	1 216	5.56
河海大学	3 732	3 878	3.91	1 675	1 719	2.63	2 057	2 159	4.96
江南大学	2 411	2 542	5.43	1 051	1 044	−0.67	1 360	1 498	10.15
南京林业大学	1 748	1 816	3.89	586	605	3.24	1 162	1 211	4.22
江苏大学	2 974	3 113	4.67	1 081	1 107	2.41	1 893	2 006	5.97
南京信息工程大学	1 119	1 331	18.95	576	668	15.97	543	663	22.10

续　表

单位名称	总招生数			学术学位			专业学位		
	2018 年/人	2019 年/人	增幅/%	2018 年/人	2019 年/人	增幅/%	2018 年/人	2019 年/人	增幅/%
南通大学	945	1 058	11.96	515	531	3.11	430	527	22.56
盐城工学院	0	69	—	0	21	—	0	48	—
南京农业大学	2 801	2 769	−1.14	1 319	1 319	0	1 482	1 450	−2.16
南京医科大学	1 541	1 583	2.73	536	546	1.87	1 005	1 037	3.18
徐州医科大学	718	747	4.04	300	306	2.00	418	441	5.50
南京中医药大学	1 109	1 202	8.39	350	387	10.57	759	815	7.38
中国药科大学	1 247	1 438	15.32	758	816	7.65	489	622	27.20
南京师范大学	3 490	3 537	1.35	1 757	1 766	0.51	1 733	1 771	2.19
江苏师范大学	1 365	1 469	7.62	584	616	5.48	781	853	9.22
南京财经大学	904	954	5.53	425	431	1.41	479	523	9.19
南京体育学院	174	194	11.49	39	40	2.56	135	154	14.07
南京艺术学院	496	509	2.62	119	118	−0.84	377	391	3.71
苏州科技大学	626	719	14.86	220	254	15.45	406	465	14.53
淮阴工学院	90	125	38.89	0	0	—	90	125	38.89
扬州大学	3 123	3 231	3.46	960	983	2.40	2 163	2 248	3.93
南京工程学院	159	159	0	0	1	—	159	159	0
南京审计大学	339	432	27.43	90	135	50.00	249	297	19.28
江苏理工学院	137	135	−1.46	0	1	—	137	135	−1.46
江苏海洋大学	223	464	108.07	78	118	51.28	145	346	138.62
合计	**61 505**	**65 129**	**5.89**	**25 682**	**26 509**	**3.22**	**35 823**	**38 620**	**7.81**
部属高校合计	**29 681**	**31 268**	**5.35**	**13 475**	**13 722**	**1.83**	**16 206**	**17 546**	**8.27**
部属高校占比/%	48.26	48.01	—	52.47	51.76	—	45.24	45.43	—
省属高校合计	**31 824**	**33 861**	**6.40**	**12 207**	**12 787**	**4.75**	**19 617**	**21 074**	**7.43**
省属高校占比/%	51.74	51.99	—	47.53	48.24	—	54.76	54.57	—

(二) 招生学科/专业结构

2019 年,江苏 7 个一级学科的学术学位硕士研究生招生数增幅超过

30.00%:科学技术史(70.00%)、天文学(66.67%)、水产(56.67%)、测绘科学与技术(36.36%)、冶金工程(33.33%)、马克思主义理论(32.26%)和地球物理学(30.00%)。

江苏5个一级学科的学术学位硕士研究生招生数降幅超过10.00%:林学(−13.53%)、美术学(−14.39%)、特种医学(−20.69%)、中西医结合(−22.22%)和戏剧与舞蹈学(−25.22%)(表1-8)。

表1-8　2018—2019年江苏省硕士研究生(学术学位)招生一级学科分布表

	一级学科	2018年/人	2019年/人	增幅/%		一级学科	2018年/人	2019年/人	增幅/%
1	哲学	210	201	−4.29	23	大气科学	365	345	−5.48
2	理论经济学	93	107	15.05	24	海洋科学	98	120	22.45
3	应用经济学	580	634	9.31	25	地球物理学	10	13	30.00
4	法学	503	507	0.80	26	地质学	65	62	−4.62
5	政治学	136	129	−5.15	27	生物学	935	962	2.89
6	社会学	127	138	8.66	28	科学技术史	20	34	70.00
7	民族学	0	4	—	29	生态学	113	128	13.27
8	马克思主义理论	372	492	32.26	30	统计学	78	88	12.82
9	教育学	454	448	−1.32	31	力学	273	279	2.20
10	心理学	111	111	0	32	机械工程	939	924	−1.60
11	体育学	210	206	−1.90	33	光学工程	290	319	10.00
12	中国语言文学	569	579	1.76	34	仪器科学与技术	188	196	4.26
13	外国语言文学	491	498	1.43	35	材料科学与工程	886	945	6.66
14	新闻传播学	121	141	16.53	36	冶金工程	15	20	33.33
15	考古学	22	20	−9.09	37	动力工程及工程热物理	453	469	3.53
16	中国史	136	133	−2.21	38	电气工程	450	443	−1.56
17	世界史	63	58	−7.94	39	电子科学与技术	542	561	3.51
18	数学	514	530	3.11	40	信息与通信工程	825	782	−5.21
19	物理学	471	482	2.34	41	控制科学与工程	705	721	2.27
20	化学	1 013	1 040	2.67	42	计算机科学与技术	682	732	7.33
21	天文学	15	25	66.67	43	建筑学	104	114	9.62
22	地理学	303	298	−1.65	44	土木工程	594	630	6.06

续　表

	一级学科	2018年/人	2019年/人	增幅/%		一级学科	2018年/人	2019年/人	增幅/%
45	水利工程	384	387	0.78	72	畜牧学	130	139	6.92
46	测绘科学与技术	121	165	36.36	73	兽医学	196	194	−1.02
47	化学工程与技术	566	572	1.06	74	林学	133	115	−13.53
48	地质资源与地质工程	131	119	−9.16	75	水产	30	47	56.67
49	矿业工程	118	122	3.39	76	草学	20	21	5.00
50	石油与天然气工程	15	18	20.00	77	基础医学	353	415	17.56
51	纺织科学与工程	122	126	3.28	78	临床医学	744	740	−0.54
52	轻工技术与工程	143	153	6.99	79	口腔医学	28	27	−3.57
53	交通运输工程	287	299	4.18	80	公共卫生与预防医学	201	220	9.45
54	船舶与海洋工程	58	56	−3.45	81	中医学	108	108	0
55	航空宇航科学与技术	251	245	−2.39	82	中西医结合	45	35	−22.22
56	兵器科学与技术	116	112	−3.45	83	药学	977	1017	4.09
57	核科学与技术	20	21	5.00	84	中药学	206	203	−1.46
58	农业工程	121	127	4.96	85	特种医学	29	23	−20.69
59	林业工程	87	83	−4.60	86	医学技术	0	12	—
60	环境科学与工程	446	454	1.79	87	护理学	35	42	20.00
61	生物医学工程	164	189	15.24	88	管理科学与工程	416	440	5.77
62	食品科学与工程	388	395	1.80	89	工商管理	715	740	3.50
63	城乡规划学	106	118	11.32	90	农林经济管理	33	34	3.03
64	风景园林学	63	71	12.70	91	公共管理	528	515	−2.46
65	软件工程	248	252	1.61	92	图书情报与档案管理	97	102	5.15
66	安全科学与工程	106	109	2.83	93	艺术学理论	97	101	4.12
67	网络空间安全	162	204	25.93	94	音乐与舞蹈学	79	79	0
68	作物学	245	247	0.82	95	戏剧与舞蹈学	115	86	−25.22
69	园艺学	134	128	−4.48	96	美术学	132	113	−14.39
70	农业资源与环境	103	113	9.71	97	设计学	229	233	1.75
71	植物保护	157	155	−1.27		**合计**	**25 682**	**26 509**	**3.22**

2019 年,江苏省有 9 个专业领域的专业学位硕士研究生招生数增幅超过 50%:税务(140.00%)、图书情报(134.09%)、建筑学(117.14%)、旅游管理(86.67%)、出版(86.05%)、应用统计(84.62%)、新闻与传播(73.64%)、国际商务(54.94%)和中药学(53.19%)。

江苏省有 4 个专业领域的专业学位硕士研究生招生数出现下降:风景园林(−1.40%)、公共管理(−8.06%)、中医(−9.26%)和汉语国际教育(−15.87%)(表 1-9)。

表 1-9　2018—2019 年江苏省硕士研究生(专业学位)招生专业领域分布表

	专业领域	2018 年/人	2019 年/人	增幅/%		专业领域	2018 年/人	2019 年/人	增幅/%
1	金融	414	489	18.12	20	城市规划	92	123	33.70
2	应用统计	117	216	84.62	21	农业推广	1 092	1 128	3.30
3	税务	10	24	140.00	22	兽医	169	181	7.10
4	国际商务	162	251	54.94	23	风景园林	214	211	−1.40
5	保险	12	13	8.33	24	林业	117	153	30.77
6	资产评估	45	55	22.22	25	临床医学	2 442	2 453	0.45
7	审计	159	163	2.52	26	口腔医学	101	136	34.65
8	法律	972	1250	28.60	27	公共卫生	138	153	10.87
9	社会工作	266	312	17.29	28	护理	167	250	49.70
10	教育	2006	2041	1.74	29	药学	537	796	48.23
11	体育	387	409	5.68	30	中药学	141	216	53.19
12	汉语国际教育	271	228	−15.87	31	中医	605	549	−9.26
13	应用心理	126	157	24.60	32	工商管理	3 000	3 040	1.33
14	翻译	533	628	17.82	33	公共管理	2 345	2 156	−8.06
15	新闻与传播	220	382	73.64	34	会计	1 471	1 525	3.67
16	出版	43	80	86.05	35	旅游管理	15	28	86.67
17	文物与博物馆	41	45	9.76	36	图书情报	88	206	134.09
18	建筑学	105	228	117.14	37	工程管理	441	478	8.39
19	工程	15 171	16 225	6.95	38	艺术	1 588	1 642	3.40

（三）生源构成

1. 博士研究生

2019 年，江苏省直博生共有 499 人，占博士研究生招生总数的 6.11%，占比较 2018 年略有下降。

“一流大学”建设高校生源数为 1 582 人，占博士研究生招生总数的 19.38%，占比较 2018 年下降 3.30 个百分点。

“一流学科”建设高校生源数为 3 239 人，占博士研究生招生总数的 39.67%，占比较 2018 年下降 1.55 个百分点(图 1－5、表 1－10)。

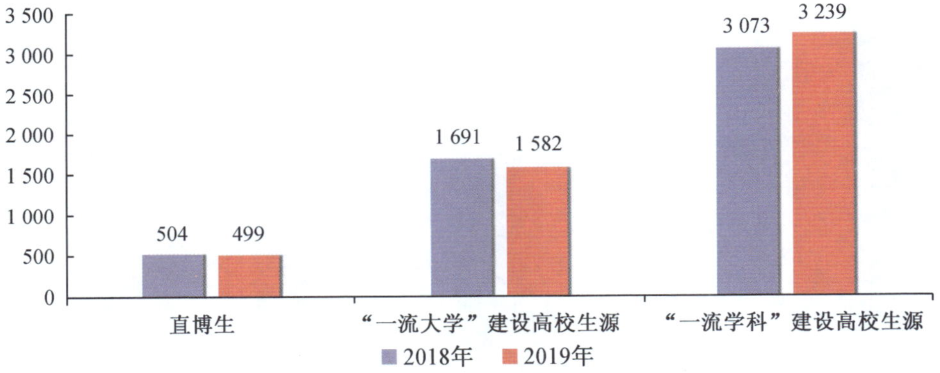

图 1－5　2018—2019 年江苏省博士研究生生源情况(人)

2019 年，南京大学和东南大学博士研究生中的“一流大学”建设高校生源占比较高，分别占博士研究生招生总数的 42.49%和 53.92%。南京信息工程大学(82.88%)、南京理工大学(77.41%)、中国矿业大学(74.56%)、南京中医药大学(72.63%)、中国药科大学(68.80%)、河海大学(65.46%)、南京农业大学(65.29%)、南京师范大学(58.84%)、江南大学(57.73%)和南京林业大学(53.50%)等 10 所高校的“一流学科”建设高校生源占比均高于 50%(表 1－10)。

表 1－10　2018—2019 年江苏省各普通高校研究生培养单位博士研究生生源构成情况表

单位名称	“一流大学”建设高校生源占比/%		“一流学科”建设高校生源占比/%		直博生/人	
	2018 年	2019 年	2018 年	2019 年	2018 年	2019 年
南京大学	62.31	42.49	18.45	17.55	276	292
苏州大学	7.49	6.25	43.72	46.88	0	0
东南大学	47.82	53.92	22.75	21.42	78	71

续 表

单位名称	“一流大学”建设高校生源占比/%		“一流学科”建设高校生源占比/%		直博生/人	
	2018 年	2019 年	2018 年	2019 年	2018 年	2019 年
南京航空航天大学	4.09	7.25	62.65	46.04	46	43
南京理工大学	4.03	3.67	64.54	77.41	15	15
江苏科技大学	4.55	0	9.09	10.71	0	0
中国矿业大学	1.44	2.44	74.10	74.56	25	28
南京工业大学	6.90	4.37	3.45	7.10	0	0
常州大学	9.09	5.56	18.18	11.11	0	0
南京邮电大学	3.66	7.69	25.61	30.77	0	0
河海大学	4.13	5.07	69.17	65.46	36	32
江南大学	4.65	5.05	54.15	57.73	0	0
南京林业大学	4.05	0.64	66.89	53.50	0	0
江苏大学	3.09	3.92	5.67	3.92	0	0
南京信息工程大学	1.96	1.80	90.20	82.88	0	0
南通大学	3.57	3.03	7.14	6.06	0	0
南京农业大学	3.28	2.23	70.07	65.29	28	18
南京医科大学	6.11	4.53	2.18	2.44	0	0
徐州医科大学	4.76	0	4.76	4.00	0	0
南京中医药大学	7.59	5.03	60.76	72.63	0	0
中国药科大学	7.86	4.80	64.63	68.80	0	0
南京师范大学	7.07	9.45	62.38	58.84	0	0
江苏师范大学	0	0	33.33	18.75	0	0
南京财经大学	18.18	7.14	18.18	0	0	0
南京艺术学院	13.95	8.16	13.95	16.33	0	0
扬州大学	3.80	0	8.86	9.09	0	0
全 省	**22.68**	**19.38**	**41.22**	**39.67**	**504**	**499**

2. 硕士研究生

2019 年,江苏省推免生 10 623 人,占硕士研究生招生总数的 16.31%,占比与 2018 年基本持平。

“一流大学”建设高校生源数为 5 637 人，占硕士研究生招生总数的8.66%，占比与 2018 年基本持平。

“一流学科”建设高校生源数为 16 404 人，占硕士研究生招生总数的25.19%，占比与 2018 年基本持平(图 1－6、表 1－11)。

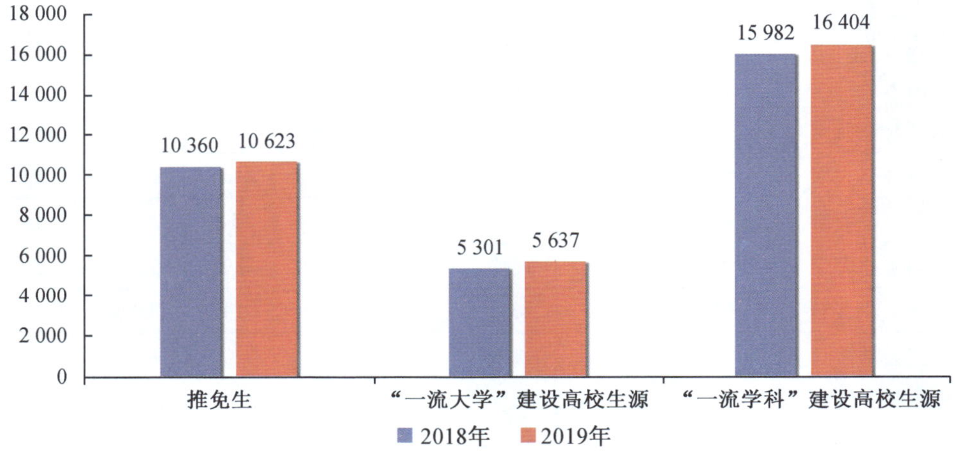

图 1－6　2018—2019 年江苏省硕士研究生生源情况(人)

硕士研究生 2019 年的报录比为 4.83，较 2018 年提高了 0.73(表 1－11)。

2019 年，南京大学和东南大学硕士研究生中的“一流大学”建设高校生源占比较高，分别占硕士研究生招生总数的 38.72%和 30.89%。江南大学(8.66%)、南京工业大学(1.96%)、江苏海洋大学(1.27%)和南京财经大学(1.09%)的“一流大学”建设高校生源增幅均大于 1.00%。

中国药科大学(49.44%)、南京中医药大学(46.42%)、南京信息工程大学(43.43%)、南京航空航天大学(42.75%)和南京林业大学(42.51%)等 5 所高校的“一流学科”建设高校生源占比均高于 40%。盐城工学院(4.35%)、中国矿业大学(1.76%)、江苏大学(1.66%)、江苏海洋大学(1.40%)、苏州大学(1.28%)和南京体育学院(1.07%)的“一流学科”建设高校生源增幅均大于1.00%(表 1－11)。

表 1-11 2018—2019 年江苏省各普通高校研究生培养单位硕士研究生生源情况表

单位名称	“一流大学”建设高校生源占比/%		“一流学科”建设高校生源占比/%		推免生/人		报录比	
	2018 年	2019 年	2018 年	2019 年	2018 年	2019 年	2018 年	2019 年
南京大学	39.76	38.72	28.96	29.43	1 979	2 011	5.46	6.84
苏州大学	2.44	2.58	29.11	30.39	601	702	5.94	7.77
东南大学	31.45	30.89	31.08	30.99	1 691	1 704	5.42	5.59
南京航空航天大学	9.77	7.51	42.42	42.75	485	491	3.52	3.65
南京理工大学	7.88	7.11	44.21	39.53	452	455	4.46	4.76
江苏科技大学	1.42	0.58	4.54	3.23	28	18	1.34	1.44
中国矿业大学	12.27	10.25	31.32	33.08	284	291	3.36	3.84
南京工业大学	0.91	2.87	6.07	6.93	158	142	2.55	3.12
常州大学	0.46	0.76	2.42	2.27	0	0	1.58	1.87
南京邮电大学	0.56	0.68	29.71	26.99	59	55	3.40	4.58
河海大学	2.01	2.40	37.38	36.69	816	770	3.33	4.03
江南大学	4.56	13.22	35.09	30.72	485	491	5.32	5.94
南京林业大学	1.49	1.54	46.05	42.51	142	140	3.22	4.02
江苏大学	1.11	1.90	4.51	6.17	96	66	2.64	3.36
南京信息工程大学	0.80	0.83	51.03	43.43	131	105	2.55	4.01
南通大学	0.63	0.38	2.96	3.78	133	120	2.47	2.72
盐城工学院	0	0	0	4.35	0	0	—	1.31
南京农业大学	1.79	1.37	26.78	26.65	358	415	3.48	4.49
南京医科大学	1.17	1.83	5.06	4.93	562	610	4.09	4.44
徐州医科大学	0.28	0.54	1.81	2.14	11	8	3.75	3.71
南京中医药大学	0.27	0.33	51.76	46.42	350	376	4.19	3.65
中国药科大学	2.65	1.81	54.77	49.44	390	408	5.11	4.98
南京师范大学	4.58	3.51	25.13	24.48	848	903	7.68	9.78
江苏师范大学	1.47	1.29	3.81	3.95	62	71	3.57	4.59
南京财经大学	1.22	2.31	9.85	8.60	16	12	4.49	5.32
南京体育学院	1.72	0	4.60	5.67	10	8	3.30	4.26
南京艺术学院	1.81	1.18	7.26	6.09	36	44	4.63	5.65
苏州科技大学	0.48	0	4.15	3.06	0	0	2.26	2.64

续　表

单位名称	“一流大学”建设高校生源占比/%		“一流学科”建设高校生源占比/%		推免生/人		报录比	
	2018 年	2019 年	2018 年	2019 年	2018 年	2019 年	2018 年	2019 年
淮阴工学院	0	0	2.22	0.80	0	0	0.67	0.52
扬州大学	0.74	1.55	4.90	4.86	177	207	—	4.29
南京工程学院	0	0	2.52	1.26	0	0	3.57	4.69
南京审计大学	3.24	2.78	7.96	8.10	0	0	5.20	4.86
江苏理工学院	0.73	1.48	0.73	1.48	0	0	0.75	0.86
江苏海洋大学	0.45	1.72	2.69	4.09	0	0	1.67	1.29
全　省	**8.62**	**8.66**	**25.98**	**25.19**	**10 360**	**10 623**	**4.10**	**4.83**

二、在校生

（一）博士研究生

2019 年，江苏省在校博士研究生 33 899 人，较 2018 年增加 2 544 人，增长 8.11%。其中，在校学术学位博士研究生 32 661 人，较 2018 年增加 1 929 人，增长 6.28%；在校专业学位博士研究生 1 238 人，较 2018 年增加 615 人，增长 98.72%。

部属高校在校博士研究生 24 124 人（占 71.16%），较上年增加 1 747 人。省属高校在校博士研究生 9 775 人（占 28.84%），较上年增加 797 人（图 1－7、表 1－12）。

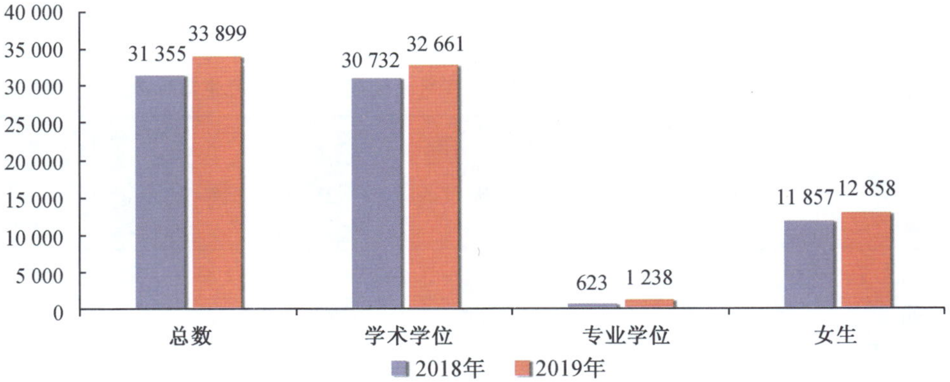

图 1－7　2019 年江苏省普通高校博士研究生在校情况（人）

从学科门类分布来看,江苏省工学在校博士研究生规模最大(15 794 人),之后依次是理学(4 805 人)、医学(3 922 人)、管理学(2 542 人)、农学(1 992 人)、法学(1 517 人)、文学(1 035 人)、教育学(527 人)、艺术学(500 人)、经济学(473 人)、历史学(408 人)和哲学(384 人)(图 1-8)。

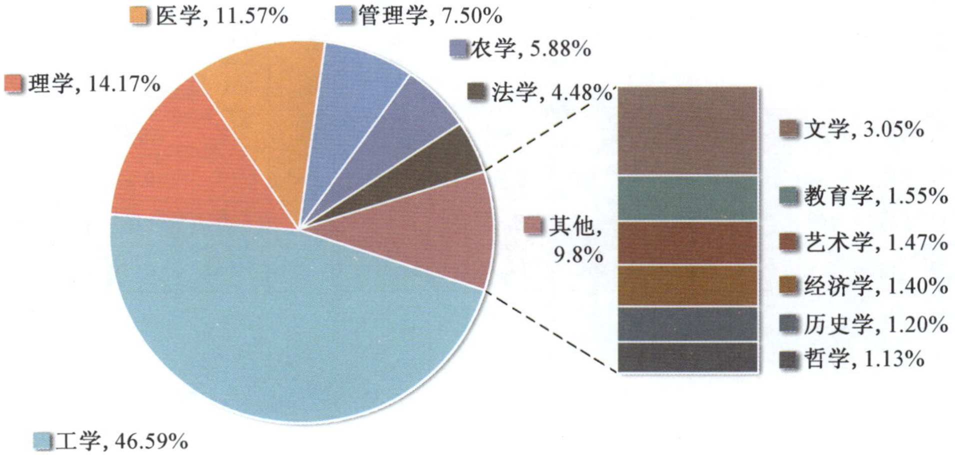

图 1-8　2019 年江苏省在校博士研究生学科门类分布情况

从在校博士研究生总数的增幅来看,由于在校博士生的基数较小,常州大学(57.69%)、江苏师范大学(48.28%)、南京财经大学(45.83%)、南通大学(32.50%)和江苏科技大学(30.99%)的增幅均超过 30.00%。

从在校专业学位博士研究生来看,东南大学、南京医科大学和南京航空航天大学较 2018 年分别增加了 311 人、112 人和 60 人;5 所高校的增幅达到或超过 100.00%,分别是南京航空航天大学(333.33%)、南京医科大学(141.77%)、东南大学(105.78%)、南京农业大学(100.00%)和扬州大学(100.00%)(表 1-12)。

表 1-12　2018—2019 年江苏省各普通高校在校博士研究生情况表

单位名称	在校生总数			学术学位			专业学位	
	2018 年/人	2019 年/人	增幅/%	2018 年/人	2019 年/人	增幅/%	2018 年/人	2019 年/人
南京大学	6 496	6 996	7.70	6 441	6 938	7.72	55	58
苏州大学	1 788	1 859	3.97	1 777	1 840	3.55	11	19
东南大学	3 911	4 424	13.12	3 617	3 819	5.58	294	605
南京航空航天大学	1 789	1 990	11.24	1 771	1 912	7.96	18	78

续　表

单位名称	在校生总数			学术学位			专业学位	
	2018 年/人	2019 年/人	增幅/%	2018 年/人	2019 年/人	增幅/%	2018 年/人	2019 年/人
南京理工大学	1 710	1 836	7.37	1 710	1 836	7.37	0	0
江苏科技大学	71	93	30.99	71	93	30.99	0	0
中国矿业大学	1 520	1 483	−2.43	1 520	1 483	−2.43	0	0
南京工业大学	737	801	8.68	737	801	8.68	0	0
常州大学	26	41	57.69	26	41	57.69	0	0
南京邮电大学	386	414	7.25	386	414	7.25	0	0
河海大学	2 914	3 060	5.01	2 914	3 060	5.01	0	0
江南大学	1 173	1 253	6.82	1 173	1 253	6.82	0	0
南京林业大学	874	940	7.55	874	940	7.55	0	0
江苏大学	1 037	1 083	4.44	1 037	1 083	4.44	0	0
南京信息工程大学	560	472	−15.71	560	472	−15.71	0	0
南通大学	80	106	32.50	80	106	32.50	0	0
南京农业大学	2 036	2 182	7.17	1 998	2 106	5.41	38	76
南京医科大学	580	724	24.83	501	533	6.39	79	191
徐州医科大学	54	64	18.52	54	64	18.52	0	0
南京中医药大学	544	608	11.76	492	509	3.46	52	99
中国药科大学	828	900	8.70	828	900	8.70	0	0
南京师范大学	1 371	1 481	8.02	1 321	1 421	7.57	50	60
江苏师范大学	29	43	48.28	29	43	48.28	0	0
南京财经大学	24	35	45.83	24	35	45.83	0	0
南京艺术学院	155	171	10.32	155	171	10.32	0	0
扬州大学	662	840	26.89	636	788	23.90	26	52
合计	**31 355**	**33 899**	**8.11**	**30 732**	**32 661**	**6.28**	**623**	**1 238**
部属高校合计	**22 377**	**24 124**	**7.81**	**21 972**	**23 307**	**6.08**	**405**	**817**
部属高校占比/%	71.37	71.16	—	71.5	71.36	—	65.01	65.99
省属高校合计	**8 978**	**9 775**	**8.88**	**8 760**	**9 354**	**6.78**	**218**	**421**
省属高校占比/%	28.63	28.84	—	28.5	28.64	—	34.99	34.01

(二)硕士研究生

2019 年,江苏省在校硕士研究生 179 814 人,较 2018 年增加 17 206 人,增长 10.58%。其中,在校学术学位硕士研究生 77 528 人,较 2018 年增加 1 216 人,增长 1.59%;在校专业学位硕士研究生 102 286 人,较 2018 年增加 15 990 人,增长 18.53%(图 1－9、表 1－13)。

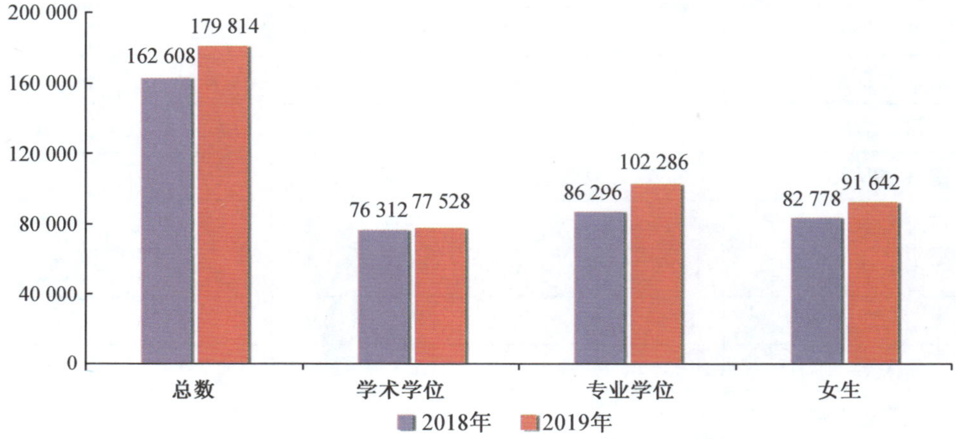

图 1－9　2019 年江苏省普通高校硕士研究生在校情况(人)

部属高校在校硕士研究生 87 026 人(占 48.40%),较上年增加 7 331 人。省属高校在校硕士研究生 92 788 人(占 51.60%),较上年增加 9 875 人(表 1－13)。

从学科门类分布来看,工学在校硕士研究生规模最大(76 716 人),之后依次是管理学(28 290 人)、医学(20 308 人)、理学(11 891 人)、教育学(9 118 人)、农学(7 747 人)、法学(7 169 人)、艺术学(6 689 人)、文学(5 840 人)、经济学(4 640 人)、历史学(758 人)和哲学(648 人)(图 1－10)。

从在校硕士研究生总数的增幅来看,由于在校生基数较小,江苏海洋大学(92.84%)、淮阴工学院(36.97%)、南京体育学院(28.49%)、江苏理工学院(26.40%)和南京审计大学(24.34%)的增幅均大于 20.00%。

由于江苏省硕士研究生培养结构中专业学位研究生所占比重明显提高,学术学位硕士研究生与专业学位硕士研究生之比已接近 4∶6。2019 年,各高校在校学术学位研究生总数增幅较小,仅江苏海洋大学(44.63%)、南京审计大学(34.23%)、南京艺术学院(8.46%)、苏州科技大学(7.95%)、南京医科大学(6.15%)、江苏科技大学(5.95%)和扬州大学(5.08%)的增幅大于 5%;除盐城工学院、南京审计大学以及三所只有专业学位硕士研究生项目的高校(淮

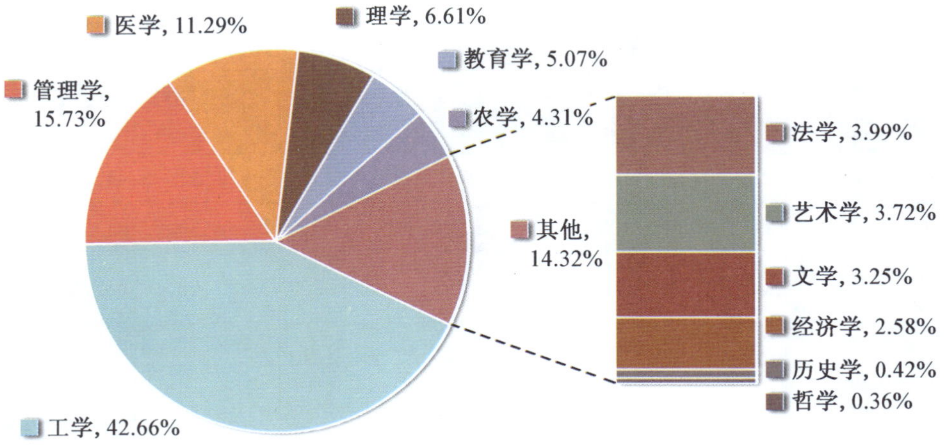

图 1－10　2019 年江苏省在校硕士研究生学科分布情况

阴工学院、南京工程学院和江苏理工学院)外,各高校在校学术学位研究生所占比重均有所下降(表 1－13)。

表 1－13　2018—2019 年江苏省各普通高校在校硕士研究生情况表

单位名称	在校生总数			学术学位			专业学位			学硕占比	
	2018年/人	2019年/人	增幅/%	2018年/人	2019年/人	增幅/%	2018年/人	2019年/人	增幅/%	2018年/%	2019年/%
南京大学	13 406	14 937	11.42	6 253	6 444	3.05	7 153	8 493	18.73	46.64	43.14
苏州大学	11 959	13 160	10.04	5 209	5 248	0.75	6 750	7 912	17.21	43.56	39.88
东南大学	13 225	14 520	9.79	6 145	6 243	1.59	7 080	8 277	16.91	46.47	43.00
南京航空航天大学	8 243	8 953	8.61	4 491	4 467	−0.53	3 752	4 486	19.56	54.48	49.89
南京理工大学	9 549	10 600	11.01	4 515	4 287	−5.05	5 034	6 313	25.41	47.28	40.44
江苏科技大学	3 042	3 412	12.16	1 177	1 247	5.95	1 865	2 165	16.09	38.69	36.55
中国矿业大学	7 695	8 433	9.59	3 781	3 797	0.42	3 914	4 636	18.45	49.14	45.03
南京工业大学	5 927	6 448	8.79	2 533	2 531	−0.08	3 394	3 917	15.41	42.74	39.25
常州大学	2 349	2 647	12.69	1 064	1 095	2.91	1 285	1 552	20.78	45.30	41.37
南京邮电大学	4 752	5 357	12.73	1 823	1 908	4.66	2 929	3 449	17.75	38.36	35.62
河海大学	9 833	10 573	7.53	5 133	5 169	0.70	4 700	5 404	14.98	52.20	48.89
江南大学	6 591	7 189	9.07	3 078	3 073	−0.16	3 513	4 116	17.16	46.70	42.75

续 表

单位名称	在校生总数			学术学位			专业学位			学硕占比	
	2018年/人	2019年/人	增幅/%	2018年/人	2019年/人	增幅/%	2018年/人	2019年/人	增幅/%	2018年/%	2019年/%
南京林业大学	4 128	4 663	12.96	1 718	1 727	0.52	2 410	2 936	21.83	41.62	37.04
江苏大学	7 943	8 803	10.83	3 315	3 221	−2.84	4 628	5 582	20.61	41.73	36.59
南京信息工程大学	2 915	3 345	14.75	1 712	1 795	4.85	1 203	1 550	28.84	58.73	53.66
南通大学	2 502	2 752	9.99	1 535	1 570	2.28	967	1 182	22.23	61.35	57.05
盐城工学院	0	69	—	0	21	—	0	48	—	0	30.43
南京农业大学	7 728	8 039	4.02	4 571	4 606	0.77	3 157	3 433	8.74	59.15	57.30
南京医科大学	4 046	4 478	10.68	1 544	1 639	6.15	2 502	2 839	13.47	38.16	36.60
徐州医科大学	1 992	2 133	7.08	876	884	0.91	1 116	1 249	11.92	43.98	41.44
南京中医药大学	3 137	3 381	7.78	1 084	1 126	3.87	2 053	2 255	9.84	34.56	33.30
中国药科大学	3 425	3 782	10.42	2 216	2 298	3.70	1 209	1 484	22.75	64.70	60.76
南京师范大学	9 186	9 840	7.12	5 239	5 366	2.42	3 947	4 474	13.35	57.03	54.53
江苏师范大学	3 507	3 896	11.09	1 740	1 810	4.02	1 767	2 086	18.05	49.62	46.46
南京财经大学	2 428	2 618	7.83	1 257	1 276	1.51	1 171	1 342	14.60	51.77	48.74
南京体育学院	351	451	28.49	121	121	0	230	330	43.48	34.47	26.83
南京艺术学院	1 308	1 487	13.69	319	346	8.46	989	1 141	15.37	24.39	23.27
苏州科技大学	1 675	1 954	16.66	667	720	7.95	1 008	1 234	22.42	39.82	36.85
淮阴工学院	211	289	36.97	0	0	—	211	289	36.97	0	0
扬州大学	7 739	9 085	17.39	2 797	2 939	5.08	4 942	6 146	24.36	36.14	32.35
南京工程学院	394	449	13.96	0	0	—	394	449	13.96	0	0
南京审计大学	686	853	24.34	222	298	34.23	464	555	19.61	32.36	34.94
江苏理工学院	303	383	26.40	0	0	—	303	383	26.40	0	0
江苏海洋大学	433	835	92.84	177	256	44.63	256	579	126.17	40.88	30.66
合计	**162 608**	**179 814**	**10.58**	**76 312**	**77 528**	**1.59**	**86 296**	**102 286**	**18.53**	**46.93**	**43.12**
部属高校合计	**79 695**	**87 026**	**9.20**	**40 183**	**40 384**	**0.50**	**39 512**	**46 642**	**18.05**	**50.42**	**46.40**
部属高校占比/%	**49.01**	**48.40**	—	**52.66**	**52.09**	—	**45.79**	**45.60**	—	—	—
省属高校合计	**82 913**	**92 788**	**11.91**	**36 129**	**37 144**	**2.81**	**46 784**	**55 644**	**18.94**	**43.57**	**40.03**
省属高校占比/%	50.99	51.60	—	47.34	47.91	—	54.21	54.40	—	—	—

三、毕业与学位授予

（一）博士研究生

2019 年，江苏省普通高校博士研究生毕业人数为 4 952 人，获得博士学位 4 744 人（占毕业生人数的 95.80%）。

其中，学术学位博士研究生毕业人数为 4 921 人，获得博士学位 4 717 人（占毕业生人数的 95.85%）；专业学位博士研究生毕业人数为 31 人，获得博士学位 27 人（占毕业生人数的 87.10%）（图 1－11）。

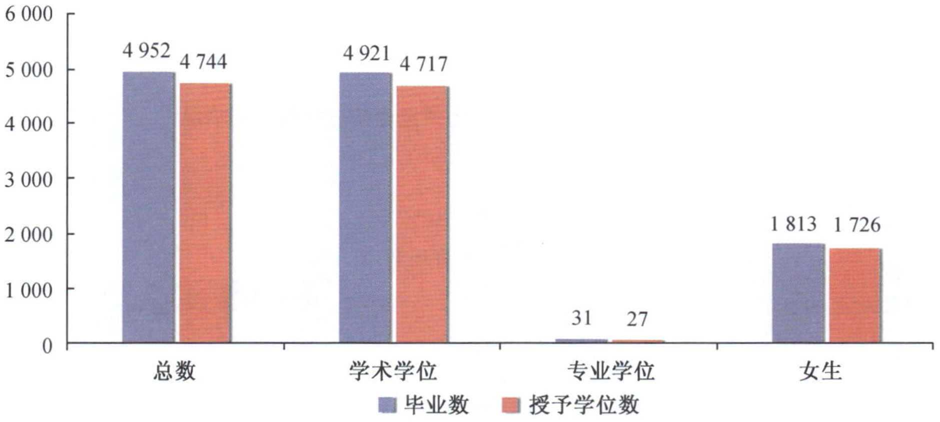

图 1－11　2019 年江苏省博士研究生毕业与授予学位情况(人)

从学科门类分布来看，工学博士研究生毕业人数和授予学位数最多，分别为 2 184 人（占 44.10%）和 2 091 人（占 44.08%）；之后依次是理学、医学、农学和管理学（图 1－12、图 1－13、表 1－14）。

表 1－14　2019 年江苏省博士研究生毕业和授予学位情况表　　单位：人

学科门类	毕业生数	授予学位数	学科门类	毕业生数	授予学位数
哲学	52	52	工学	2 184	2 091
经济学	71	68	农学	332	337
法学	166	147	医学	729	687
教育学	58	56	管理学	261	251
文学	134	123	艺术学	65	66
历史学	56	52	**合计**	**4 952**	**4 744**
理学	844	814			

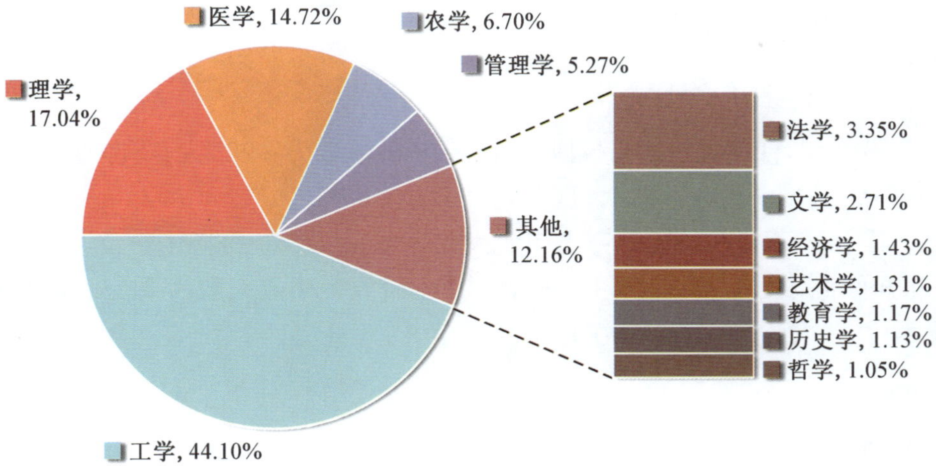

图 1－12　2019 年江苏省博士研究生毕业学科分布情况

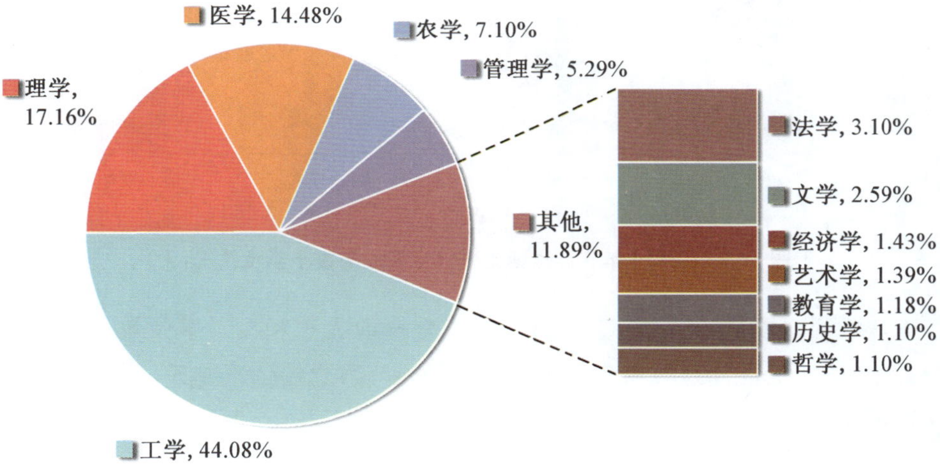

图 1－13　2019 年江苏省博士研究生学位授予学科分布情况

2019 年,部属高校博士研究生毕业人数共计 3 534 人,获得博士学位 3 407 人(占毕业生人数的 96.41%)。省属高校博士研究生毕业人数共计 1 418 人,获得博士学位 1 337 人(占毕业生人数的 94.29%)(表 1－15)。

表 1 - 15　2019 年江苏高校博士研究生毕业和授予学位情况表

单位名称	毕业生数/人			授予学位数/人		
	总数	女生	学术学位	总数	女生	学术学位
南京大学	1 036	405	1 033	985	376	981
苏州大学	321	144	319	269	116	267
东南大学	661	193	657	632	176	629
南京航空航天大学	275	70	275	281	74	281
南京理工大学	270	63	270	270	63	270
江苏科技大学	4	3	4	4	3	4
中国矿业大学	273	53	273	230	42	230
南京工业大学	120	36	120	113	34	113
常州大学	3	1	3	3	1	3
南京邮电大学	48	13	48	48	13	48
河海大学	254	74	254	257	76	257
江南大学	197	84	197	175	70	175
南京林业大学	86	46	86	86	46	86
江苏大学	143	57	143	134	57	134
南京信息工程大学	102	48	102	102	48	102
南通大学	7	3	7	7	3	7
南京农业大学	396	164	396	405	168	405
南京医科大学	144	65	139	138	65	135
徐州医科大学	15	7	15	12	7	12
南京中医药大学	100	64	97	100	67	97
中国药科大学	172	78	172	172	78	172
南京师范大学	216	98	212	212	99	210
江苏师范大学	2	2	2	2	2	2
南京财经大学	3	1	3	3	1	3
南京艺术学院	33	15	33	33	15	33
扬州大学	71	26	61	71	26	61
合计	**4 952**	**1 813**	**4 921**	**4 744**	**1 726**	**4 717**
部属高校合计	**3 534**	**1 184**	**3 527**	**3 407**	**1 123**	**3 400**
部属高校占比/%	71.37	65.31	71.67	71.82	65.06	72.08
省属高校合计	**1 418**	**629**	**1 394**	**1 337**	**603**	**1 317**
省属高校占比/%	28.63	34.69	28.33	28.18	34.94	27.92

（二）硕士研究生

2019 年，江苏省普通高校硕士研究生毕业人数为 44 973 人，获得硕士学位 44 853 人（占毕业生人数的 99.73%）。

其中，学术学位硕士研究生毕业人数为 22 680 人，获得硕士学位 22 530 人（占毕业生人数的 99.34%）；专业学位硕士研究生毕业人数为 22 293 人，获得硕士学位 22 323 人（占毕业生人数的 100.13%）（图 1－14）。①

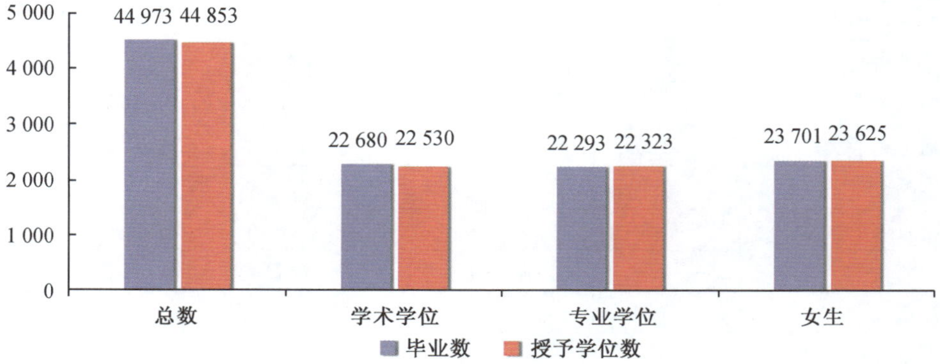

图 1－14　2019 年江苏省硕士研究生毕业和授予学位情况（人）

从学科门类分布来看，工学硕士研究生毕业人数和授予学位数最多，分别为 19 550 人（占 43.47%）和 19 555 人（占 43.60%）；之后依次是医学、管理学、理学和教育学（图 1－15、图 1－16、表 1－16）。

表 1－16　2019 年江苏省硕士研究生毕业和授予学位情况表　　单位：人

学科门类	毕业生数	授予学位数	学科门类	毕业生数	授予学位数
哲学	218	223	工学	19 550	19 555
经济学	1 365	1 362	农学	2 069	2 072
法学	1 777	1 799	医学	5 332	5 275
教育学	2 461	2 448	管理学	5 295	5 273
文学	1 805	1 822	艺术学	1 552	1 547
历史学	237	238	合计	**44 973**	**44 853**
理学	3 312	3 239			

① 少量非应届专业学位硕士研究生延期后达到学位授予条件，故获得学位人数略高于毕业人数。

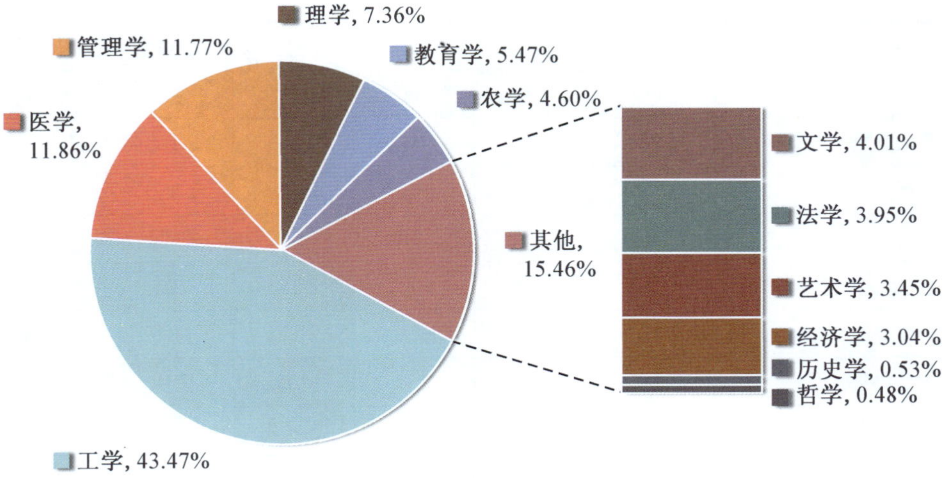

图 1－15　2019 年江苏省硕士研究生毕业学科分布情况

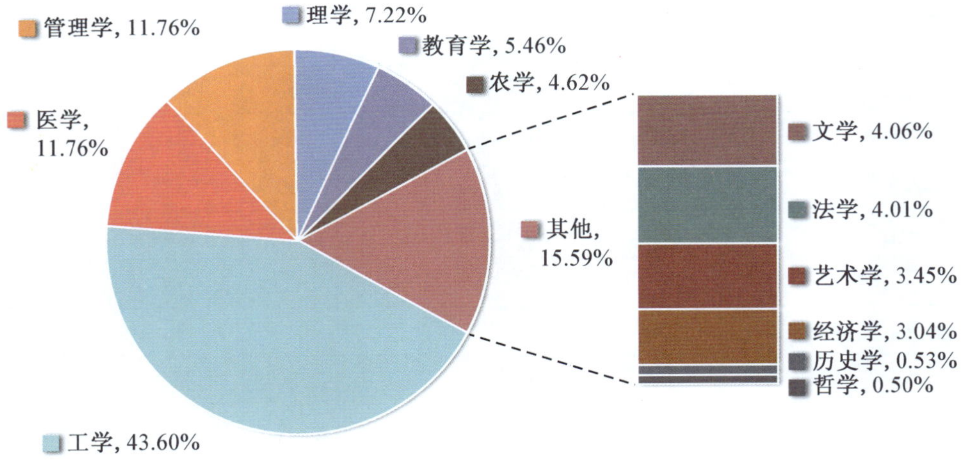

图 1－16　2019 年江苏省硕士研究生学位授予学科分布情况

同年，部属高校硕士研究生毕业人数共计 21 755 人，获得硕士学位 21 784 人（占毕业生人数的 100.13%）。省属高校硕士研究生毕业人数共计 23 218 人，获得硕士学位 23 069 人（占毕业生人数的 99.36%）（表 1－17）。

表 1-17　2019 年江苏高校硕士研究生毕业和授予学位情况表

单位名称	毕业生数/人			授予学位数/人		
	总数	女生	学术学位	总数	女生	学术学位
南京大学	3 654	2 104	1 823	3 763	2 166	1 902
苏州大学	3 322	2 009	1 613	3 194	1 950	1 496
东南大学	3 554	1 588	1 884	3 517	1 571	1 862
南京航空航天大学	2 185	726	1 317	2 183	723	1 317
南京理工大学	2 153	901	1 250	2 153	901	1 250
江苏科技大学	801	245	355	803	234	360
中国矿业大学	2 124	754	1 143	2 122	753	1 142
南京工业大学	1 636	587	746	1 676	594	686
常州大学	620	253	331	620	253	331
南京邮电大学	1 281	495	587	1 280	495	587
河海大学	2 996	1 312	1 529	2 998	1 313	1 533
江南大学	1 854	1 082	943	1 819	1 065	929
南京林业大学	1 262	731	512	1 262	731	512
江苏大学	2 140	930	1 054	2 140	930	1 054
南京信息工程大学	830	429	518	830	429	518
南通大学	804	502	497	797	493	493
盐城工学院	0	0	0	0	0	0
南京农业大学	2 232	1 357	1 101	2 226	1 359	1 101
南京医科大学	1 128	692	451	1 135	684	446
徐州医科大学	586	349	280	572	346	281
南京中医药大学	881	637	305	859	626	307
中国药科大学	1 003	736	661	1 003	736	661
南京师范大学	2 817	2 116	1 588	2 814	2 117	1 585
江苏师范大学	1 027	744	535	1 027	744	535
南京财经大学	757	471	406	752	467	401
南京体育学院	96	42	40	85	40	35
南京艺术学院	325	237	90	325	237	90

续　表

单位名称	毕业生数/人			授予学位数/人		
	总数	女生	学术学位	总数	女生	学术学位
苏州科技大学	430	192	197	423	188	192
淮阴工学院	45	21	0	45	21	0
扬州大学	1 942	1 202	826	1 942	1 202	826
南京工程学院	104	15	0	104	15	0
南京审计大学	265	189	59	265	189	59
江苏理工学院	56	17	0	56	17	0
江苏海洋大学	63	36	39	63	36	39
合计	**44 973**	**23 701**	**22 680**	**44 853**	**23 625**	**22 530**
部属高校合计	**21 755**	**10 560**	**11 651**	**21 784**	**10 587**	**11 697**
部属高校占比/%	48.37	44.56	51.37	48.57	44.81	51.92
省属高校合计	**23 218**	**13 141**	**11 029**	**23 069**	**13 038**	**10 833**
省属高校占比/%	51.63	55.44	48.63	51.43	55.19	48.08

第二章
研究生培养平台建设

高校平台建设落实多方面举措，全面保障研究生教育高质量发展。15 所“一流大学与一流学科建设”高校与 12 所江苏高水平大学建设高校在人才培养改革、师资队伍建设、科学研究创新、国际交流合作和社会实践服务方面积极落实各项政策，加强内涵式建设。以“双一流”高校为例，2016—2019 年，15 所高校共获高等教育国家级教学成果奖一等奖 10 项，在读学生获得各类赛事奖项超过 20 000 项，发表大量高水平代表性论文，人才培养能力进一步提高；通过引进培育，高层次领军人才增幅超过 23%，师资队伍进一步壮大；牵头承担或参与国家重大项目近 3 000 项，获国家科技三大奖 100 项，发表国际顶级期刊论文数十篇，科研创新水平进一步提升；非国家公派赴境外交流学生总数增幅超过 55%，来华攻读学位留学生总数增幅超过 26%，牵头或参与国际（区域性）项目超 100 项，国际交流与合作程度进一步深化；横向课题经费增长近 40%，合作设立近 400 家实体性产教融合新型研发机构，服务社会经济发展能力进一步加强。

学科平台建设取得阶段性进展，充分支撑研究生教育高质量发展。178 个江苏高校优势学科（三期）是江苏省对接国家“双一流”建设的品牌工程，打造了一批高水平的学科平台。2019 年，在优质资源建设方面，共搭建省部级及以上科研平台 82 个。在创新团队建设方面，共引培高层次人才 253 人。在人才培养方面，共开设国家级精品课程 39 门，建有国家级教学平台 12 个，品牌专业 66 个，共获教学成果奖 7 个，优秀学位论文 234 篇。在科学研究方面，新增国家级重大科研项目 109 项，国家科技重大奖项 28 项，发表顶级学术论文 119 篇。在国际交流与合作方面，共建国际合作平台 20 个，开展国际人才培养合作项目 235 项，资助师生参加国际学术交流共 4 825 人次，培养境外留学生共 3 909 名，开设全英文课程 789 门。

第一节 高校平台

在高校层面，目前江苏省研究生培养普通高校共34所，其中南京大学等15所高校为“一流大学和一流学科建设”高校（以下简称“双一流”建设高校），苏州大学等12所高校为江苏高水平大学建设高校。① 高校在人才培养改革、师资队伍引培、科学研究创新、国际合作交流和社会实践服务五个方面积极推进研究生教育发展与改革，是保障研究生教育质量的平台基础。②

一、“双一流”建设高校

2019年，江苏15所“双一流”建设高校以各校一流学科建设为引领，在人才培养改革、师资队伍引培、科学研究创新、国际交流合作和社会实践服务等方面积极推进高校综合改革，着力提升内涵建设，推动研究生教育向更高质量发展。

（一）建设举措

1. 南京大学

在人才培养改革方面：(1) 启动并推进包含“熔合计划、熔炼计划、出彩计划”的“熔炉工程”，发布并实施“立德树人行动计划”；建立学工、教务、研工、团委、就业等部门联合工作制度，构建“大思政”体系。(2) 持续推进人才培养体系改革，更加完善本科“三三制”、硕士“二三三”、博士“四三三”培养模式上下贯通、有机衔接机制。(3) 以“十百千”优质课程和“硕博”贯通课程体系建设为引领，全面推进“思想、学业、学术、生涯”导师制，成立大学生成长支持与研究中心，构建以学生为中心，以高质量学习、高水平科研为导向的学业评价体系。(4) 形成独具特色的“五位一体”“四创融合”“三个协同”的创新创业体系。

---

① 江苏“双一流”建设高校包含2所一流大学建设高校（南京大学、东南大学）和13所一流学科建设高校（苏州大学、南京航空航天大学、南京理工大学、中国矿业大学、南京邮电大学、河海大学、江南大学、南京林业大学、南京信息工程大学、南京农业大学、南京中医药大学、中国药科大学和南京师范大学）。江苏高水平大学建设高校包含8所重点支持高校（苏州大学、南京工业大学、南京邮电大学、江苏大学、南京信息工程大学、南京医科大学、南京师范大学和扬州大学）和4所培育支持高校（南京林业大学、南通大学、南京中医药大学和江苏师范大学）。

② 本章采取同层次内按学校代码排序。由于苏州大学、南京邮电大学、南京林业大学、南京信息工程大学、南京中医药大学和南京师范大学6所高校同为“双一流”建设高校和江苏高水平大学建设高校，因此该6校的建设举措均在“一、‘双一流’建设高校”中进行阐述，后一部分则不再介绍。

在师资队伍引培方面:(1)成立南京大学教师职业道德与纪律委员会、党委教师工作部,出台《南京大学师德考核评价实施办法》,将师德工作成效纳入干部考核和单位评估体系。积极开展"立德树人"主题教育,如举办青年人才座谈会、新教师入职培训等活动。(2)科学制定评聘办法,加大对研究系列队伍的投入,推进落实外籍师资引进计划、非全时兼任教师计划以及管理"校聘岗位"计划。(3)以"头雁工程"为牵引,以"擎天计划""腾飞计划""跨越计划""毓秀计划""后勤231计划"等为支撑,启动"青年人才跨越计划",出台全新一轮"登峰人才支持计划",构建学科人才提升体系。(4)强化聘期目标考核与发展性评价相结合的方式,实施综合性、客观性与动态性评价。

在科学研究创新方面:(1)发布《南京大学关于加快推进哲学社会科学发展的若干意见》和《南京大学人文社会科学成果分类评价实施方案(试行)》;建立科研项目的全过程监督管理体系和动态调整机制。(2)实施科研创新"十百千工程"。在学校层面遴选10个左右具有引领性的重大科学问题和创造技术选题,并在"十"层次项目基础上凝练形成重大项目,实施"卓越研究计划"。(3)聚焦重要科研领域,积极融入国家和地方创新体系,如牵头组建扬子江生态文明创新中心,统筹推进各个层次重要科研平台的布局和建设。

在国际交流合作方面:(1)逐步构建分层次、全方位、重点突出的新型国际合作交流体系。实施"院系国际合作伙伴计划"项目,升级"南京大学国际战略合作伙伴发展项目",资助院系与国外一流高校开展深度合作,举行海外留学展暨伙伴高校研讨会、"南京大学全球视野周"等活动。(2)与世界一流大学成立多个国际科研合作平台,如在数字人文等领域形成国际合作学术网络;与伦敦国王学院及南京市三方共建联合医学研究院等。(3)实施国际重大合作项目交流支持计划和海外合作交流计划,积极拓展与国外一流高校的合作办学项目。(4)与多所世界知名高校长年合作开展地学大学生野外教学,并形成完整的课程体系。推进校级国际化课程建设,提高海外名校学生来校学习的吸引力和接纳能力。(5)聘请外国专家,建立国际教学试验区。出台《南京大学外籍教师聘用暂行办法(试行)》,建立健全外籍人才评价认定指标体系和考核评估体系。设立海外学者服务中心,为海外专家开展交流与教学科研活动提供高效服务。

在社会实践服务方面:(1)深化校地校企融合发展,推进"基础研究→创造技术→成果转化"全链条创新系统。(2)形成"国家高端智库—国家级新型智库—省级新型智库—校级科研机构"的高校新型智库体系。建立"CSSCI

（中文学术期刊引文索引）—CBKCI（中文学术图书引文索引）—CTTI（中国智库索引）”3C中文学术综合评价系统。

2. 东南大学

在人才培养改革方面：（1）全面实施包含“培元计划”“求真计划”“行知计划”“弘文计划”“强网计划”“润心计划”“善治计划”“优服计划”“金钥计划”“领航计划”的“十大育人”计划。（2）构建本硕博贯通的人才培养体系，实现本科阶段通识教育、硕士阶段科研能力、博士阶段创新能力的递进式培养路径。（3）深化公共基础实验教学示范中心和大类学科实验教学示范中心平台建设，提升国家级实验教学示范中心、国家级虚拟仿真实验教学示范中心的内涵质量。（4）增加创新创业类通选课程资源，开设创新创业基本理论和基本方法类课程，强化创新创业实践平台内涵建设，为大学生创新创业实践提供坚实的学科支撑。

在师资队伍引培方面：（1）建立师德师风建设的长效机制，引导教师“以德立身、以德立学、以德施教”。（2）实施“高端师资倍增计划”，构建“人文社会科学资深教授”“首席教授”“特聘教授”“青年首席教授”“青年特聘教授”“至善青年学者”等人才工程体系。举办校内优秀青年人才高层论坛和海外青年学者论坛，加大优秀中青年人才培养和引进力度。（3）创新教学培育体系，建立多元化的教师教育教学能力提升机制。

在科学研究创新方面：（1）实施“原创能力突破计划”，推动加强战略性、全局性、前瞻性问题研究，力争在基础理论、战略高技术、行业共性核心技术以及新兴尖端技术等领域取得突破和进展。遴选并发布“东南大学十大科学与技术问题”。大力推进国防重大科研计划立项和国防类重点实验室建设。（2）积极谋划国家或国际级大项目、大平台、大团队、大成果，新增“智慧建造与运维国家地方联合工程研究中心”国家级平台，推进网络通信与安全紫金山实验室等前沿科学中心建设。（3）积极推动新型科研机构建设与发展，成立东南大学丘成桐中心等28个新型科研机构。深入推进大数据计算中心等全校大型共享平台建设，提升科研公共平台支撑能力和服务水平。

在国际交流合作方面：（1）大力实施“卓越大学伙伴计划”，构建“立足亚太、深化欧洲、重点北美、辐射拉美”的世界一流大学合作网络。（2）与国外高水平高校与科研院所联合成立科学研究中心。持续推进国际联合研究生学院建设。（3）聘请外籍教师来校开设本科生和研究生核心课程或开展联合教学，已经建成17个全英文专业。

在社会实践服务方面:(1) 推进江宁区环东南大学知识创新圈、江北新区创新研究院和玄武设计产业园等产学研项目建设。出台《东南大学支持建设南京市新型研发机构实施细则(试行)》,授权办理新型研发机构 28 家,备案 12 家。(2) 推进建设东南大学道德发展智库和东南大学中国特色社会主义发展研究院。

3. 苏州大学

在人才培养改革方面:(1) 构建“1+3”思想政治教育机制,建立“德政导师”制,强化博士研究生思想政治教育“全员化、全程化、全维化”机制。(2) 以一流本科教育改革行动计划和博士研究生教育综合改革试点“双轮驱动”,提升拔尖创新人才培养水平。(3) 打通本硕博课程,实施“以能力培养为导向”的一体化课程改革,专项培育前沿性课程、精品课程、精品教材、教改课题,开发建设新生研讨课、微课程(群)、研究性教学课等。(4) 强化创新创业能力养成训练,在课程项目中增加“创新创业类课程”。

在师资队伍引培方面:(1) 出台《苏州大学建立健全师德建设长效机制的实施办法》《苏州大学“高尚师德”奖教金评审办法》,建立师德投诉举报平台,畅通师德监督渠道。(2) 以“讲座教授”“客座教授”“兼职教授”等多种方式柔性引进海外知名专家和学者。

在科学研究创新方面:(1) 与华为公司合作共建镜像化、数字化、智能化“云中大学”;共建“高端铝材制造及应用技术研究院”;获批放射医学与辐射防护国家重点实验室。(2) 建立健全分类评价体系,建立基础学科和应用学科的评价标准和激励机制。

在国际交流合作方面:(1) 探索推进“在地国际化”,成立学生海外交流协会,打造国际化校园。(2) 建立剑桥—苏大基因组资源中心等多个高水平、国际化的合作研究机构;联合创办世界首家巴斯德学院—苏州大学巴斯德学院;与中国红十字会联合创办全球首家红十字国际学院。(3) 共同发起组建“中国—东盟高等医学教育大学联盟”(与 8 个国家的 22 所医科类大学共同发表《贵州宣言》)、“江苏—澳门 · 葡语国家高校合作联盟”、“江苏—安省大学合作联盟”、“南亚—东南亚大学联盟”。

在社会实践服务方面:(1) 推动“名城名校”融合发展战略,牵手实施“高端人才汇聚工程”。与苏州工业园区新签共建苏州市独墅湖医院,与吴江区合作共建未来校区。(2) 东吴智库入选由中国社会科学院中国社会科学评价研究院组织评价的“中国核心智库”。

4. 南京航空航天大学

在人才培养改革方面：(1) 以“徐川思政工作法”为核心，组建了“川流不息”工作团队，建立课程思政教学新方法和新体系。(2) 出台了《高水平人才培养体系行动计划》，进一步优化高水平、复合型创新人才培养体系。(3) 完善“科学普及、创新实践、科研竞赛、学术报告、创意推动、创业拉动”六位一体的创新创业培养体系，建立科学长效的项目选培机制。(4) 建设一批以高水平科研项目为载体的“主题创新区”和“科研训练区”。

在师资队伍引培方面：(1) 实施“长空学者”计划和国际青年科学家高峰论坛，完善引培体系，拓展引聘网络，吸引优秀人才。(2) 创设国际前沿科学研究院，实施“人才特区”政策，革新人才引进渠道，广揽海内外高水平团队来校工作。

在科学研究创新方面：(1) 坚持以国防领域重大战略需求为牵引，瞄准国防科技前沿问题和共性关键技术，形成特色鲜明的国防科研体系。(2) 成立科学技术研究院，推动“航空航天科学与工程”学科群各学科深度融合与开放创新。

在国际交流合作方面：(1) 与国际航空航天类一流大学深入合作，对部分航空航天类专业采取“2+2”合作办学模式。(2) “暑期国际课程项目”引聘来自 34 个国家和地区的 228 位外籍教师开设全英文课程。(3) 与中国航空工业集团等单位共同发起“空中丝路联盟”。

在社会实践服务方面：(1) 新增校地研究院 4 个，新增国家技术转移分中心 11 个，共建校企联合机构 12 个，新增校企联盟 63 个。(2) 建立军民融合产业发展研究中心、航空产业发展战略研究中心等 6 个工信智库。

5. 南京理工大学

在人才培养改革方面：(1) 跨行业合作，推进卓越工程师教育培养计划，培养应用型工程师；跨学科合作，创建江苏首家钱学森学院，培养工程科学家；跨领域合作，组建三部委共建的知识产权学院，培养复合型工程师；跨国界合作，建设中法工程师学院，培养国际化工程师。(2) 加快教育信息化，开展沉浸式互动智慧教室建设，开发教师学生端教务系统 App，提升服务与管理效率。(3) 组建教育部中美青年创客交流中心，连续四年承办南京赛区中美创客大赛，打造全国知名的创新创业活动高端品牌。

在师资队伍引培方面：(1) 持续实施师资队伍建设“卓越计划”，打造“青年拔尖人才选聘计划”和“紫金论坛”等人才引进品牌项目。(2) 构建“四型七类”人才分类评价机制。

在科学研究创新方面:(1) 培育认定17个以院士、“长江”、“杰青”为带头人,“优青”和“青年千人”等为骨干的科研领军团队。(2) 集中建设“火炮发射与控制”“智能弹药”等14个高层次科研平台。

在国际交流合作方面:(1) 新增“图像测量技术研究”示范型国家国际科技合作基地,联合组建“光学技术与应用联合实验室”等3个国际联合实验室或研究中心;共建江苏唯一的中法工程师学院和江苏省首家白俄罗斯研究中心;成立学校首个国别研究中心——南京理工大学沙特研究中心。(2) 推进“海外学术伙伴计划”项目建设,累计培育14个国际合作团队。(3) 开设11个本科专业、16个硕士专业大类,以及12个博士专业大类的全英文课程。

在社会实践服务方面:(1) 牵头组建中高知识产权运营交易平台,助力高校专利成果推广转化,服务产业经济发展。(2) 打造“一园八院”的校外研究院格局,获批教育部首批高等学校科技成果转化和技术转移基地。

6. 中国矿业大学

在人才培养改革方面:(1) 开展“书记校长思政第一课”“研究生学术道德月”等系列活动,打造“动力中国”矿大特色育人品牌。(2) 组建多学科交叉融合的矿业、安全国际班,实施学生海外学习及联合培养、未来科学家计划等。(3) 构建“3211”创新创业人才培养体系。

在师资队伍引培方面:(1) 实施“越崎学者计划”和“高端人才计划”,举办海外青年学者“越崎论坛”,推进成立“北美人才工作站”,实施基础课教师海外培训和青年教师海外研修计划,全面提升师资队伍水平。(2) 实施基础课教师海外培训和青年教师海外研修计划,全面提升师资队伍水平。

在科学研究创新方面:围绕“三深一新”和“三低一新”领域,重点建设绿色智能协调开采等14个学科创新项目、深部资源流态化开采前沿科学中心等4个学科拓新平台和能源矿业经济、安全科技与管理智库。

在国际交流合作方面:将国际矿业、能源与环境高等教育联盟拓展为“一带一路”能源国际合作平台,共建中厄矿业学院、巴中矿物资源英才中心。

在社会实践服务方面:倡议发布《潘安湖宣言:资源型城市转型发展与生态文明建设行动计划》,成立中国资源型城市转型发展与乡村振兴研究中心。

7. 南京邮电大学

在人才培养改革方面:(1) 实施本科卓越计划和研究生创新能力培养工程,构建“一个保障理念、二项保障原则、三纵三横保障范围、四个保障环节、五项保障建设”的人才培养质量保障体系。(2) 构建国、省、校三级精品在线开放课程与教学体系;实施教学名师、教学团队培育工程,邀请外籍院士加入教学团队;建设集材料制备、器件加工、集成电路设计、系统开发为一体的电子信息类公共实验平台。

在师资队伍引培方面:(1) 实施一批领军人物、一批教学名师、一批中青年骨干教师、一批优秀团队“四个一批”计划。(2) 开辟高层次人才职称评审“绿色通道”,设立校长特聘教授/副教授制度。实施“一流学科师资骨干派出计划”,通过多种渠道支持中青年教师赴外访学。(3) 实施“高峰创新团队引培计划”,培养和引进一批活跃在国际学术前沿、符合国家重大战略需求的一流科学家、学科领军人物和创新团队。

在科学研究创新方面:(1) 推进“校院联动、以院为主,突出平台”的新型科研组织模式,聚焦学科亮点和特色,推进“科研特区”建设,优化固定编制和流动编制相结合的组织模式。(2) 实施“重大项目与标志性成果培育计划”,建立重大项目与标志性成果联动培育机制。(3) 实施“重点科研创新平台提升计划”,加大对国家级平台的投入和支持,关注省部级平台标志性成果产出能力提升,强化校级科研平台培育和考核,有序推进国际合作实验室培育和建设。

在国际交流合作方面:(1) 实施“人才培养国际化项目”“一流学科硕博生海外研学计划”和“一流学科师资骨干派出计划”。(2) 与美国波特兰州立大学合作共建中外合作办学机构“南邮波特兰学院”。(3) 与美国加州大学伯克利分校、剑桥大学等世界高水平大学开展学分课程项目、双硕士和双博士培养国际化合作项目。(4) 首次引入国际合作线上交流项目,与剑桥大学、麻省理工学院等世界名校达成协议,为学生提供各类长短期课程项目。(5) 建设国家级和省级留学生英语精品课程,已建成高水平电子信息类双语授课精品课程。开设“海外名师讲堂”,丰富国际化课程授课形式。(6) 发挥学校作为国际电信联盟(ITU)学术成员单位的作用,开展国内外高水平、高层次学术交流活动。

在社会实践服务方面:实施“一市一院”校地协同创新战略,与地方政府共建校地研究院,探索解决科研成果转化“最后一公里”新模式;实施“一企一技”校企协同创新战略,与电子信息龙头企业深度合作,加强高水平应用型科研成果培育,产出一系列具有自主知识产权的高水平应用成果。

8. 河海大学

在人才培养改革方面:(1) 出台《河海大学人才培养规划(2018—2022

年)》,探索“知识构建＋专业实践＋价值塑造”全过程育人、“校内培养＋基地培养＋社会实践”全方位育人、“校内导师＋基地导师＋管理人员”全员育人的“三全育人”专业学位研究生校企协同培养新模式。(2) 创建认证标准、工作程序具有国际实质等效,强化人文素质、国际视野和行业企业专家全程参与等中国特色的水利类专业认证体系,填补国内空白。(3) 构筑“三优一高”教学资源,“理论教学、实验实践、创新创业”三位合体,以力学知识为基础,创建“四层次递进”和“五阶段贯通”的创新创业教育体系。

在师资队伍引培方面:(1) 实施“大禹学者”计划,完善校内人才分层培养的体系。(2) 深化推进高校教师考核评价制度改革,扭转不科学的教育评价导向,综合评价教师的发展前景。

在科学研究创新方面:(1) 水利工程学科聚焦国家水科学与水安全重大前沿科学问题五个重点研究方向,环境科学与工程学科瞄准六个特色方向。(2) 实施科研平台建设与条件保障计划、水利大科学创新联盟建设计划以及重大项目与重大成果培育计划。

在国际交流合作方面:(1) 积极实施国际科教平台计划,建立健全对外开放办学体系,拓展中外合作办学。(2) 推进建设“全球变化与水循环”国际合作联合实验室。(3) 实施“国际合作项目培育计划”,深度参与国际水利重大工程和项目的策划与论证。(4) 依托师资国际化水平提升计划,以多种方式吸引和聘用海外高层次人才和优秀外籍教师,提高外籍教师聘任比例,打造具有丰富海外背景的教师队伍。(5) 实施“学科优势共享计划”,成立“一带一路”水战略联盟,实施“一带一路”“澜湄合作”水利高层次人才计划。

在社会实践服务方面:成立全球首家河长制研究与培训中心,组织编写河湖长制系列培训教材、适用技术指南、评估技术大纲与工作手册等,聚力打造河湖长制国家级智库平台。

9. 江南大学

在人才培养改革方面:(1) 实施以培育一流拔尖人才和教学优秀成果为重点的“双培计划”。(2) 建成虚拟仿真教学实验室和“工程认知—实践求证—工厂实训—系统实战”递进式工程实践能力培养体系,形成“教学中心—科创平台—实习实践基地”校内校外联合的实践教育平台。

在师资队伍引培方面:(1) 建立滚动淘汰的一流学科建设岗位设置与团队建设制度,实施教学优秀教师培养计划。(2) 创新开展“至善责任学者”人才特区建设,推进“至善特聘教授、至善教学名师、至善责任学者、至善青年学者、至善创新团队”等“至善”系列人才队伍建设。(3) 实施国际学术教育大师双聘制，实施青年教师国际教育科技留学和青年拔尖人才提升培育工程，建立青年教师成长档案库。

在科学研究创新方面：(1) “学科(管委会主任)—中心(首席科学家)—方向(PI)—子方向(子 PI)—团队”组成环环相扣的学科科研运行架构。组建跨学科创新团队和研究中心 32 个，国际化知名交叉型创新团队 4 个。(2) 牵头《国家中长期科学与技术发展规划纲要(2021—2035)》食品专题和工业合成生物学子专题战略研究。(3) 筹备成立汇聚人造食品、感知科学、精准营养三大方向的未来食品中心。

在国际交流合作方面：(1) 与世界一流大学(学科)共建一批部省级和校际国际联合实验室。与食品科学领域世界知名大学新建联合办学项目 4 个，达成联合建设食品科学与工程全英文专业的协议。(2) 牵头 27 个国家 49 所大学成立国际首个“一带一路”高校食品教育科技联盟，共同签署《太湖宣言》，共建“教育共同体”。

在社会实践服务方面：(1) 打造产教深度融合的“校企合作创新实验室”，开创“让企业把研发中心建在大学里”的协同创新模式。(2) 打造具有中国特色和世界影响的新型智库，连续多年发布《中国食品安全发展报告》《中国食品安全网络舆情发展报告》。

10. 南京林业大学

在人才培养改革方面：(1) 打造一批思政课程示范课堂，选树一批“水杉思政名师”；实施学生教育管理工程，建设森林公园式校园。(2) 构建“学科交叉—项目引领—校内外协同平台”“知识获取—学术创新”“校内导师—国外导师—学术交流”的科教协同学术学位研究生培养模式和“校内培养—基地培养”“知识构建—顶岗实践”“校内导师—基地导师”的产学协同专业学位研究生培养模式。(3) 依托 5 个国家级实验教学示范中心和虚拟仿真实验中心，构建“三衔接一提升”虚拟仿真实验教学体系，将课程思政、创新创业教育有机融入虚拟仿真实验教学项目。(4) 成立创新创业学院，构建“赛教融合”的创新创业人才培养模式。

在师资队伍引培方面：(1) 建立健全国家、省、校三级教学团队建设机制。(2) 建立林业工程一流学科特区，制定并实施一流学科人才特区政策。实施“水杉学者”“水杉英才”“学术领军英才”“杰出青年学者”“青年拔尖人才”“青年骨干教师”系列培养计划和“卓越名师”“教学标兵”“教学新秀”系列培养计划。(3)深化职称评审分类评价,出台实施教学专长型、技术服务与推广型高级专业技术职务评聘办法。

在科学研究创新方面:(1)联合中国林科院、北京林业大学等高校院所和德华集团、东方汽轮机集团等行业龙头企业,构建高水平协同创新平台体系。建设机电产品包装生物质材料国家工程中心。(2)出台《一流学科特区首席科学家负责制实施办法》,实行创新团队带头人(PI)负责制,赋予PI人财物高度自主权。(3)设立"(杰出)青年创新基金",实施"学科基础创新计划",鼓励学者投身基础和应用基础研究。实施"原始创新成果培育计划",为解决制约国家林业重大创新需求的"卡脖子"技术问题提供理论支撑。

在国际交流合作方面:(1)实施"江苏高校中外合作办学高水平示范性建设工程"和"全英文授课专业建设工程"。(2)启动"国际联合平台建设工程",出台《南京林业大学国际合作联合实验室建设计划实施方案》,依托省部共建"林产化学与材料国际创新高地"培育国家级国际联合实验室,致力于打造具有全球影响力的"林产工业硅谷"。(3)设立"一流学科留学基金",同步推进海外留学计划和留学南林计划;设立"一流学科国际合作与交流专项基金",同步推进"师资国际培育"工程和"国际师资引进"工程,引进全职外籍教师,加速师资国际化进程。(4)实施"来华留学提质增效工程",构建厚植中国文化与"林业基因"的来华留学高层次人才培养体系。

在社会实践服务方面:(1)成立知识产权服务中心,建立导向明确、分类合理、客观公正的科技成果转化评价、考核和奖励机制。实施成果转移转化绩效奖励,激发科技人员投身科技成果转化的积极性。(2)组建生态文明建设与林业发展研究院,发布我国首部生态林业蓝皮书《中国特色生态文明建设与林业发展报告》,填补了我国生态林业发展评估方法的空白。

11. 南京信息工程大学

在人才培养改革方面:(1)打造气象文化实践课程品牌。以"气象印记·美丽中国"主题活动等教育活动为载体,将气象精神和文化融入专业思政教育。(2)设置龙山书院、长望学院、雷丁学院、藕舫学院,建立高层次人才分类培养体系。(3)在大气与地理科学类等三个大类开展本硕博一体化联合培养,合作构建基于科教融合的"三化一制(小班化、国际化、个性化、导师制)"创新人才培养模式。(4)邀请气象行业专家与学校共同开展"信大金课"建设,建设信息化教学资源库,打造大气科学慕课群。围绕"多维度、个性化、国际化"教学理念,打造一批具有示范作用的一流在线教学资源。

在师资队伍引培方面：(1) 推进“三化”工程转型升级，实施“五化提升”工程。继续实施“博士化、国际化、精英化”人才战略；重点推进“团队化”和“工程化”人才战略。(2) 实施高端人才靶向引进、海外院士工作站、智荟江北人才特区，推行 N+10 人才服务新政，推进长望学者计划和龙山学者计划等措施，实现“改造水土”向“营造生态”转变。

在科学研究创新方面：(1) 大力推进科研团队化工程，深入研究围绕气象灾害的机理、预报预测和大气污染治理的“卡脖子”问题。(2) 依托教育部气候与环境变化国际联合实验室和气象灾害预报预警与评估省部共建协同创新中心进行科研攻坚。

在国际交流合作方面：(1) 成立“耶鲁大学—南京信息工程大学大气环境中心”，与哈佛大学共同建立“空气质量和气候联合实验室”。(2) 推动世界气象组织与教育部签署《国际组织人才培养协议》，倡议成立国际气象教育联盟；设立亚洲区域气象培训中心，深入开展国际气象教育培训。

在社会实践服务方面：与南京江北新区共建校区、园区、景区、社区一体化的“环南信大”知识经济圈——中国气象谷。依托中国气象谷已成立 5 家新型研发机构，成功孵化企业 12 家。

12. 南京农业大学

在人才培养改革方面：(1) 将“中国故事”“南农元素”融入思政教育，促进思政课程与课程思政的协同创新，探索形成农业高校特色思政教育体系。(2) 试点开展不同类型农业人才差异化的分类培养，发起全国农业高校实践平台共享，引领传统农业人才培养的“现代转型”。(3) 实施“世界眼光、中国情怀、南农品质”三位一体的博士拔尖创新人才培养改革，全面推进本硕博培养体系的贯通。

在师资队伍引培方面：(1) 推进实施“钟山学者计划”，构建“学科—团队—人才”模式。(2) 实施“一人一议”制，设立一流建设学科人才引进特区，建立人才引进绿色通道。

在国际交流合作方面：(1) 与美国密西根州立大学合作建立“南京农业大学密西根学院”，与东京大学合作成立植物分子生态学国际联合实验室，建成“全球健康联合研究中心”等一批具有学科特色的高水平国际合作平台。(2) 以创办高水平英文期刊为窗口，汇聚全球多领域、跨学科的领军人才和中青年才俊。

在社会实践服务方面：主动服务乡村振兴战略，采取“优势学科对接特色产业”的精准扶贫模式，打造乡村振兴的“高端智库”；完善“两地一站一体”链式农技推广新模式；探索“线下”建联盟、“线上”做服务的“双线共推”农技推广新方式。

13. 南京中医药大学

在人才培养改革方面：(1) 探索“思正志行”思政课实践教学模式，培育打造“杏林传播力”“杏林新生代”等一批思政教育精品项目，将中医药优秀传统文化渗透到大学生的生涯教育、专业思想教育之中。(2) 与中科院共建“新中药学院”，联合培养“卓越科学家”型拔尖创新中药人才。建立中医学(9 年制本博连读)、中药学(4＋5 本博连读)、中医学(5＋3 一体化)等贯通式培养机制，培养“卓越工程师”型应用人才。(3) 构建国家、省、校三级精品在线开放课程体系，20 家附属医院联合组建教学联盟，形成统一建设标准、统一质量控制、统一组织管理、统一教学要求的临床教学团队。

在师资队伍引培方面：(1) 打造一支符合岗位需求、素质精良的实验技术支撑队伍，在有效承接职称评审权下放的过程中，设置并评聘 3 个正高级实验师专业技术职务岗位。(2) 实施“青年拔尖教授、副教授”职称评聘计划；启动名师培育计划，制定校级教学名师评选办法，设立“杏林优秀教学奖”“中医励耘奖”等教学专项奖励。

在科学研究创新方面：(1) 组织国医大师、长江学者、国家“杰青”领衔的学术团队协同攻关，组建若干跨学科研究团队，构建“引育一个领军人才，带动一支研发团队，打造一个创新载体，形成一个特色研究”的创新模式。(2) 以解决中药学学科群的重大科学问题和制约行业发展的关键技术为导向，在中药资源化学、合成生物学、中药智能制造等交叉研究领域重点突破。(3) 牵头成立中药产业资源循环利用发展联盟。加强中药制药过程新技术国家重点实验室等国家级平台建设。

在国际交流合作方面：(1) 合作开展中国—澳大利亚中药材产业合作基地、中医药科研中心、中澳健康保健研究院、医学代谢组学联合实验室、中医与再生医学孔子学院等多个高端国际合作平台，持续推进中医孔子学院、国际经方学院以及海外中医药中心建设。(2) 全面履行 WHO 传统医学合作中心的各项职责，完成重大委托研究任务“传统医学纳入国家卫生系统的中国实践及其政策保障研究”。(3) 建立并积极开展互联网中医医院实体化运行，与澳大利亚、法国、美国以及美洲、欧洲其他国家合作实现健康咨询、远程教学、远程诊疗、国际贸易系列功能。

在社会实践服务方面：(1) 与南京市政府合作共建南京健康广场，共同打造集健康文化、健康普及、健康服务、健康产业于一体的南京城市新名片。(2) 形成学校与附属医院、附属药企科技协同创新体系，牵头发起成立“一流中医药大学建设联盟”，成为“长三角医学教育联盟”创始成员单位(2019)。

14. 中国药科大学

在人才培养改革方面：(1) 实施以“导师制、个性化、国际化、多元化”为特色的拔尖创新人才培养计划；完善“新工科”背景下的“卓越制药工程师教育计划”；构建临床药学“5＋2”本科衔接专业硕士的长学制药学硕士教育体系。(2) 提出“基于校企融合的药学硕士专业学位‘5 同’培养模式”，形成“药学人才培养战略研究报告”，组建“国家执业药师发展研究中心”，建设药师人才培养基地。(3) 启动新一轮课程改革项目建设，构建“MOOC＋SPOC＋AP”在线课程体系。(4) 构建以“互联网＋健康”为核心内涵的实践育人创新创业教育体系。

在师资队伍引培方面：(1) 成立师德建设领导小组，制定《中国药科大学关于建立健全师德建设长效机制的实施办法(试行)》《中国药科大学教师师德失范行为负面清单及处理办法(试行)》。(2) 制定《中国药科大学“教学型特聘教授”实施办法(试行)》，已完成三届“国邦卓越奖教金”评选；推行教师“预聘—长聘”制。

在科学研究创新方面：(1) 实施科技创新团队培育计划，立项学科高峰创新团队 11 个，学科高原创新团队 48 个。(2) 建成 30 个覆盖临床前创新药物研发各节点的省部级以上技术平台。

在国际交流合作方面：(1) 实施“研究生海外研修与国际交流计划”，设置“德传海外访学激励基金”；出台《中国药科大学“探索世界计划”学生奖学金管理办法》。(2) 落实密西根大学等 2＋2 双学位项目；与莫纳什大学等开展短期和毕业实习项目；与帕多瓦大学等开展联合培养项目。(3) 牵头成立中美药学院校联盟，被纳入中美社会和人文对话行动计划。

在社会实践服务方面：(1) 实施新药品种培育与科技成果转化推进工程，畅通产学研成果转化机制，建成“实验室”向“生产线”转化的桥梁，实现“企业进高校”和“服务入企业”的“零距离”对接转化。(2) 牵头成立国家药物政策与产业经济研究中心，制定《中国药物经济学评价指南》等指导性文件。(3) 通过龙头企业引领，探索出“高校＋产业＋企业＋贫困户”帮扶新模式，走出了一条产学研相结合的中药产业融合发展的扶贫新路径。(4) 对西藏藏医药大学和新疆医科大学开展对口支援工作,在人才培养、科学研究、学科建设等方面提供全方位支持。

15. 南京师范大学

在人才培养改革方面:(1) 构建思想政治理论课程、博雅教育课程、学科专业课程三位一体的思想政治教育教学体系。创新研究生思想政治课教学方式,形成特色鲜明的“网络化学习机制”“学术化专题教研群”“过程化教学评价体系”。(2) 依托优势学科组建“李旭旦实验班”“陶行知实验班”“地理科学英才班”;强化教师教育特色,实施“未来教育家”计划。(3) 实施专业学位研究生教育分层、分类多元化的培养机制改革,形成具有南师特色的教育硕士高水平实践能力“融合式”培养体系、法律硕士“定制式”培养体系、艺术硕士“项目驱动式”培养体系等。(4) 面向全校研究生开设“社会科学研究方法”和“自然科学研究方法”等方法类课程;推进“互联网+”优质在线开放课程建设,建设金课、慕课等优质在线开放课程;构建“研究—规划—开发—应用”教育专业学位教学案例库建设一体化模式。(5) 推进大学生创业孵化示范基地建设,建成大学生创新创业中心。

在师资队伍引培方面:(1) 成立党委教师工作部,构建师德考评监督体系。(2) 修订出台辅导员和本科生班主任队伍建设办法,实施辅导员职业能力提升工程。(3) 出台优秀特殊人才发展绿色通道实施办法,加大优秀青年人才引培力度,出台博士后管理工作规定、“中青年领军人才”培养计划、正高级职务直评等实施办法。(4) 探索构建针对文、理、工、艺、体不同学科且适应教学、科研、创作、实践多种类型教师及不同岗位教职工的多元评价体系。

在科学研究创新方面:(1) 推进实施高层次科研项目增长计划、科研奖项“双提升”计划,助力重大成果产出;构建学校新时代哲学社会科学发展新格局的八大行动计划,巩固和提升人文社科优势。(2) 修订学校学术期刊认定办法,制定哲学社会科学应用性成果、文学艺术创作实践成果评价与认定办法。(3) 充分发挥地理学、教育学和马克思主义理论等优势学科的辐射引领作用,分别组建三大学科联盟,通过学科间的交叉融合,培育学科新兴生长点。

在国际交流合作方面:(1) 实施“国际合作伙伴计划”,启动“国际伙伴学院”及“国际化示范学院”建设工作。(2) 设立“一带一路”留学南师研究生奖学金和“丝绸之路”中国政府奖学金项目。

在社会实践服务方面:(1) 建设苏宁创业园、南京师范大学科技园等具有示范效应的创新创业实践教学基地。(2) 加强智库等决策咨询研究机构建设与协同创新，三方合作共建“江苏经济现代化发展研究院”“江苏省非物质文化遗产研究基地”“江苏省社会主义文化理论研究中心”新型智库。(3) 与 20 多所学校开展联合办学，完成“国培计划”等系列教师培训和社会服务工作。在全国中小学成立了 50 个基础教育研究基地、30 多个教授工作室，在 22 个省市、200 多所学校建立数字化课堂观察平台。(4) 建设江苏省地理信息产业技术研究院，提出新一代 GIS 的基本框架，突破多项相关关键技术，研发相关软件平台数十个，在全国得到广泛应用，部分平台入选江苏省军民融合重点示范项目。

（二）建设成效

江苏 15 所“双一流”建设高校全面贯彻党的教育方针政策，落实立德树人根本任务，以一流为目标、学科为基础，加快一流大学和一流学科建设，有力提升了江苏高等教育在人才培养、科学研究、社会服务、文化传承创新和国际交流合作中的综合实力，取得了阶段性成果。①

1. 人才培养机制持续完善

江苏“双一流”建设高校始终牢牢把握立德树人这一根本任务，统筹推进思想政治工作体系、课程教学体系和管理服务体系建设，不断完善人才培养机制。据统计，2018 年，江苏“双一流”建设高校作为第一完成单位共获得高等教育国家级教学成果奖一等奖 10 项，占全国获奖总数的 20%；共获得二等奖 37 项，占全国获奖总数的 9.25%。从省内高校来看，江苏 15 所“双一流”建设高校获奖数量共 47 项，占全省高校获奖总数的 81.1%，其中一等奖均由“双一流”建设高校获得。江苏“双一流”建设高校在全省高校深化教学改革、提高人才培养质量方面起到了引领示范作用。

江苏“双一流”建设高校在读本科生、硕士生、博士生（含留学生）积极参与国内外有关机构组织的大型赛事，在政府部门、学会、协会、基金会组织的评奖中表现优异，获奖项数连年攀升，总计超过 20 000 项。据统计，2016—2019 年，全省“双一流”建设高校在读学生（含留学生）以第一作者或通讯作者发表的学术论文不仅数量颇丰，质量也较高。就各高校提供的 2 798 篇代表性论文看，共包含 SCI 论文 2 325 篇、EI 论文 80 篇、SSCI 论文 61 篇、A&HCI 论文 4 篇和 CSSCI 论文 158 篇。其中，本科生与硕士研究生学术发表占比分别为

① 本部分内容根据《江苏高校“双一流”建设监测指标分析报告》相关内容总结而成，监测数据包含 2016—2019 年的多年累计数据。

11.40%、27.40%。

2. 一流师资队伍不断壮大

江苏15所"双一流"建设高校不断加大高层次人才引培力度,加快聚集领军人才和创新团队,为建设"强富美高"新江苏提供了强有力的人才支撑。

高层次人才数量稳步增长。据不完全统计,2016—2019年,江苏"双一流"建设高校共新增中国科学院院士、中国工程院院士、"长江学者"特聘教授、国家杰出青年基金获得者、"万人计划"杰出人才和领军人才、"长江学者"青年学者、国家优秀青年科学基金获得者、"万人计划"青年拔尖人才等国字号高层次人才585人次,增幅不低于23.08%。①

另外,江苏"双一流"建设高校教师在任国内外重要期刊主编、副主编近600人,其中在外文期刊任职人数占60%以上;在任国内外学术社团会长、副会长、秘书长等700多人,其中在国际性学术社团任职人数的占比将近15%。

3. 科研创新水平稳步提升

江苏"双一流"建设高校充分发挥高校科学研究主力军的作用,准确把握国家科技发展新形势、新趋势,扎根中国大地开展前瞻性研究,产出了一批引领性原创性成果,以一流科研支撑一流高校和一流学科建设。

从科研项目立项来看,2016—2019年,江苏"双一流"建设高校牵头承担或参与研究国家重点重大项目2 864项②,在国家创新体系中发挥了重要作用。

从科研成果的产出来看,江苏"双一流"建设高校掌握了一批关键核心技术。2016—2019年全省"双一流"建设高校共获得国家科技三大奖③ 100项(其中主持57项,参与43项),占全省高校获奖总数的80.60%。其中,在最高级别的奖励上,江苏"双一流"建设高校也屡有突破。国家最高科学技术奖在2016—2019年一共有8人获得,南京理工大学王泽山教授获得了2017年度国家最高科学技术奖。国家科学技术进步奖特等奖近4年一共产生了5项,江苏"双一流"建设高校就参与了其中的2项。在人文社科方面,2016年以

---

① 由于高校的监测指标部分数据不完全公开,此项统计为不完全统计。另外,监测指标之一"高层次人才"有100项的上限,因此部分高校不能将引培的高层次人才全部纳入统计,全省高层次人才的实际数据会比目前统计数据要大。

② 国家重点重大项目主要包含国家重大专项项目、国家重点研发计划项目、国家自然科学基金委重点重大项目、国家社科基金重大招标项目、教育部哲学社会科学研究重大课题攻关项目、国防科技重点重大项目、国家艺术基金、国家文化创新工程项目等。

③ 国家科技三大奖为国家自然科学奖、国家技术发明奖和国家科学技术进步奖。

来，3 所高校入选国家哲学社会科学文库成果 5 项。

根据各高校报送的数据进行筛选与统计，2016—2019 年，江苏“双一流”建设高校以第一单位或通讯单位在 *Nature* 和 *Science* 正刊发表的论文数为 19 篇，覆盖 6 所高校。在人文社科领域，全省“双一流”建设高校教师以第一作者在权威期刊《中国社会科学》发表高水平学术论文十余篇，涉及法学、中国语言文学、政治学、社会学、哲学、中国史等一级学科。

4. 国际合作与交流不断深入

江苏“双一流”建设高校人才培养国际化大幅提升，境内外学生双向交流更加活跃，形成了江苏高等教育的良好国际品牌和形象。据统计，全省“双一流”建设高校获得学校资助（非国家公派）赴境外交流的学生人次从 2016 年的 2 705 人增加到 2019 年的 4 216 人，增长率为 55.86%。全省“双一流”建设高校中来华攻读学位留学生总数由 2016 年的 9 130 人增加到 2019 年的 11 506 人，增幅达 26.02%。其中，攻读学士学位增加 24.55%，攻读硕士学位增加 20.12%，攻读博士学位增加 43.91%。来华攻读学位留学生人数大幅增加，特别是攻读博士学位留学生的人数显著提升。

高校间的国际合作也更加紧密。据统计，2016—2019 年，江苏 15 所“双一流”建设高校牵头或参与的国际和区域性重大科学计划及科学工程有 108 项，发起成立或加入的国际组织和联盟超过 106 家，有效促进了学校一流学科的国际合作与交流，显著提升了国际影响力。

5. 服务社会经济发展能力不断加强

江苏“双一流”建设高校主动与经济社会发展紧密相连，与现代产业结构深度融合，不断提升教育服务经济社会发展的能力和水平，为建设“强富美高”新江苏，推动高质量发展走在前列提供了坚实的人才支撑和智力保障。从横向课题经费数看，从 2016 年的 39.3 亿增加到 2019 年的 54.8 亿，增长了 39.44%，横向课题经费累计总额超过 188 亿。其中，有 12 所高校的增长率均超过了 30%。从高校与政府、企业合作设立市场化运作的实体性产教融合新型研发机构数看，2016—2019 年，江苏 15 所“双一流”建设高校与政府、企业合作设立了 398 家产教融合新型研发机构，吸引政府和企业投入大量经费，成为服务经济社会发展的重要力量。

二、江苏高水平大学建设高校

2019 年，12 所江苏高水平大学建设高校发挥学科优势，强化办学特色，积极推进人才培养模式改革，强化师资队伍建设，提升科研创新水平，深化国际交流与合作，充分支持社会经济发展。

(一) 南京工业大学

在人才培养改革方面：(1) 实施研究生培养“163工程”。以“服务需求、提高质量”为“一条主线”，实施生源质量提升、国际交流推进、名师名导百人、导师能力培育、创新创业发展、学术氛围增进“六大发展计划”，构建研究生培养过程保障、思政教育管理、成果产出考评“三大支撑体系”。(2) 成立创新创业学院，与中国科学院过程工程研究所、中国科学院大学化学工程学院合作共建“南工大—过程所英才班”。

在师资队伍引培方面：(1) 出台《南京工业大学专业技术职务评聘工作暂行办法》，增加社会服务型教师类型。(2) 注重学科、科技、人才三联动，把一体化团队建设作为创新型团队建设、提升师资队伍质量水平的重要举措，形成“大师＋团队”“教学＋科研”“基础＋应用”的一体化创新团队。

在科学研究创新方面：参与发起“长三角高等工程教育联盟”，率先探索区域高等工程教育高质量发展机制创新。

在国际交流合作方面：(1) 实施国际化人才培养工程，创新海外交流新模式。(2) 推行“国际伙伴计划”，与世界知名高校及科研机构共建联合实验室或研究中心，搭建稳定的联合培养、交换生平台，开展优势互补、互利共赢的科研合作。(3) 启动“国际短学期”项目，与英国剑桥大学、德国亚琛工业大学等五所国际知名院校建立国际短学期合作项目。

在社会实践服务方面：(1) 纳入国家级科技企业孵化器管理服务体系，建成大学生创客梦工厂、中美创客空间等创业载体。(2) 通过项目拉动、技术中心共建、产业联盟、国际合作等形式建立协同技术创新机制，搭建科技成果有效转化平台，打造学科特色的产业集群新载体。

(二) 江苏大学

在人才培养改革方面：(1) 实施思政工作“八项工程”，推进“思政＋”的叠加与协同向“思政×(乘)”的贯通与融入发展。(2) 通过优化专业结构，打造特色优势专业，升级改造传统专业，增设新工科专业，建设跨学科微专业。(3) 实施课程教学三大工程——面向全体教师实施“OBE”理念深入教学实践的认知工程、课程体系优化与课程内涵提升的反向设计工程和依据《华盛顿协议》质量标准实施优质教学资源建设工程。(4) 加强专业学位案例库建设，带动教学模式向案例式、研讨式、互动式转变；与学校机电培训学院合作开设校内企业实践课程。(5) 实施"双创＋卓越化""双创＋国际化""双创＋新工科"教育改革计划，构建"纵横有道"的创新创业教育体系。

在师资队伍引培方面：(1) 出台《江苏大学全面落实研究生导师立德树人职责实施细则（试行）》和《江苏大学研究生指导教师工作规范》，进一步强化新导师岗前培训和老导师轮训工作，启用导师应知应会网上试题库（2019 年），全面加强对研究生导师的管理和考核。(2) 推进"院士慧聚工程""英才培育工程""团队建设工程""队伍国际化工程"和"师德师风建设工程"等"五大工程"。(3) 打破唯论文、唯学历的片面倾向，在适当提高学术要求的同时，增强政策灵活性，强化品德与业绩多重导向，鼓励教师发挥个人特色和强项。(4) 单独设置思政教授、副教授资格条件，健全实验系列人员的正高级评审条件，出台《江苏大学教学型资格教授聘用办法》。

在科学研究创新方面：(1) 牵头组建全国首个"农机装备再制造创新联盟"，成立江苏省农机装备再制造技术重点实验室；获批为科技部国际联合研究中心，国家级平台实现新突破。(2) 按照自然科学和哲学社会科学不同学科领域，科学设置分类评价标准，构建以创新质量和实际贡献为导向的科研评价和奖励机制。实行动态考核与过程监督，设立合理考核周期和考核目标，激励原创科技成果产出和科研成果转化。

在国际交流合作方面：(1) 在主要部门设置国际化工作科，配备国际化专员，为达到相应条件的二级单位逐步配备分管领导和专兼职国际化工作秘书，加强国际科研平台、联合培养项目、来华留学生等管理服务。(2) 成立语言文化中心、留学中国预科教育联盟国际预科中心（中文）、"一带一路"国际人才学院和产学融合研究院。(3) 成立金山英才班海外研修专项，不断拓展海外研修渠道。(4) 大力推进中外合作办学，与英国克兰菲尔德大学联合建立江苏大学克兰菲尔德大学未来技术研究生院；实施"一院一项目"工程，要求每个学院至少建成 1 个中外合作办学（双学位联合培养）项目。(5) 大力实施"四个 100 计划"，每年选派 100 名教师赴境外访学、聘请 100 名外籍教师来校工作、引进 100 名海外博士、招收 100 名外籍博士后。(6) 响应国家"一带一路"建设和中非合作需求，开展农业机械化培训，牵头发起并成立农业装备国际（产能）合作联盟和农业工程大学国际联盟（17 个国家和地区的 33 所高校成员单位），并当选为首任理事长单位。

在社会实践服务方面：(1) 依托技术经理人事务所，打造高水平科技成果转化服务队伍。围绕科技成果转化对“培育—评估—市场—转化”的需求，着重建设一支有特色、专业化的技术转移人才队伍。(2) 制定科技成果转化“123”计划(每个学院确立 1 个战略重点合作地区、2 个战略重点服务行业、3 个战略规模合作企业)，探索“产业研究院＋研究生分院”的新型科技服务平台。

(三) 南京医科大学

在人才培养改革方面：(1) 加强思政教育和课程思政建设，形成 14 门研究生课程思政示范课程。(2) 大力推进医学生“培养模式创新工程”，实施教改试点班，在全国较早建立“5＋3”临床医学一体化人才培养模式，探索“5＋3＋X”临床医学博士专业学位培养模式，构建以“5＋3”为主体的标准化、规范化临床医学人才培养体系。(3) 以预防医学研究、转化医学研究和临床应用研究互为依托，探索与实践以临床问题为导向的医药结合、医工结合、多学科交叉融合的博士培养新模式。

在科学研究创新方面：(1) 深入推进科技提升一揽子计划。(2) 形成以生殖医学国家重点实验室和“环境与人类健康”国际联合研究中心为核心、29 个省部级重点实验室(工程中心)和 2 个江苏省协同创新中心为主要载体的多层次、高水平科技创新平台集群。(3) 联合发起成立长三角医学教育联盟；牵头成立江苏高校临床医学学科联盟、江苏省肿瘤专科联盟和口腔颌面外科诊治联盟。

在国际交流合作方面：(1) 建立全国首家海外教学医院，与孟加拉国、巴基斯坦等国高校建立了联合研究中心。(2) 发起成立“一带一路”国际医学教育联盟(覆盖 18 家国外高校，与亚洲 10 多个国家的卫生教育与行政机构签署合作备忘录)；与中俄两国多所医科大学共建“中俄医科大学联盟”。

在社会实践服务方面：(1) 新建一批高层次的科研与转化平台、载体，转化医学研究院落户江北新区。(2) 与全省多地建立产学研战略合作，建立多所附属医院和生物医药创新转化聚集区。依托优质医科资源，开展大型义诊活动，建设江苏省基层卫生人员实训指导中心。(3) 积极参加对新、藏、青、陕等欠发达地区的对口支援和帮扶，牵头制定“组团式”医疗援疆标准，在新疆建立多所医院。

(四) 扬州大学

在人才培养改革方面：(1) 持续打造“一院一品”“研本 1＋1”等思政品牌，

构建完善“大思政”“大学工”工作体系。(2) 聚力打造专业优化升级工程、课程改革创新工程、教材建设引领工程、课堂革命推进工程、实践教学强化工程、双创教育振兴工程、学生素养拓展工程、青年教师(教学)发展工程、教师教学荣誉工程等九大工程,着力构建有中国底色、江苏亮色和扬大特色的高水平人才培养体系。

在师资队伍引培方面:(1) 充分发挥优势学科“储才器”作用,引领高端团队加速整合。(2) 积极实施一流师资集聚工程,充分发挥杰出人才“牵引器”作用,引领高端团队加速集聚。(3) 实施《高端人才支持计划》《人才引进办法》等,充分发挥特殊政策“加速器”作用,引领高端团队加速成果产出。(4) 充分发挥全程服务“大管家”作用,引领高端团队加速发展。

在科学研究创新方面:实施“重大项目、重大平台、重大成果和高水平科研团队”培育计划、“科研能力提升计划”、“国家项目增量计划”、“重大项目攀登计划”、“重大学术交流支持计划”。

在社会实践服务方面:(1) 实施“校地合作平台共建计划”“高层次人才校地共享计划”“新型高端智库共建计划”“服务地方发展新型创新载体建设计划”等,全力服务地方经济社会及产业发展。(2) 构建校地企协同的科技成果转移转化全方位服务网络,形成“人才培养—科研创新—成果培育—成果转移转化”全链条式技术转移和社会服务体系。(3) 建立“乡村振兴战略研究院”和“乡村振兴协同创新中心”,主动服务乡村振兴战略。

(五) 南通大学

在人才培养改革方面:(1) 全面实施德育跟进、教学跟进、管理跟进、服务跟进和实践跟进五位一体的“跟进式”育人体系。(2) 设立“新工科”人才培养特区,探求人才培养与地方需求、拔尖引领相适应,建立张謇学院、通科微电子学院、阿里云大数据学院等现代产业学院,构建“政产学研”一体的人才培养体系。(3) 探索U(大学)—G(政府)—S(中小学)协同合作的“新师范”人才培养模式。(4) 积极探索“新医科”人才培养模式在医教结合、医工结合、智能医学等方面的改革。

在师资队伍引培方面:(1) 依托特色教学名师团队、特色文化传承团队、特色科研交叉团队推动师资队伍的专业发展。(2) 施行分型管理和分类评价,增设“社会服务型”岗位,鼓励教师开展社会服务;二级单位配有“人才专员”,为引进人员提供各项保障服务。

在科学研究创新方面:(1) 统筹学科、平台、人才情况,采用“学科带头人

＋科研平台＋创新团队”的组织方式。(2) 以科研质量和贡献度为导向，不断完善科研激励机制，建立以培养高层次人才、产出高质量成果为目标导向的科研评价体系。

在国际交流合作方面：(1) 与斯洛文尼亚卢布尔雅那大学、亚美尼亚国立艺术学院等大学合作成立了中斯艺术教育研究中心、亚美尼亚艺术研究中心。(2) 推进与澳大利亚阿德莱德大学等国外大学开展合作办学、学生互换、学分互认。

在社会实践服务方面：(1) 成立服务地方工作处、技术转移中心、大学科技园“三位一体”的成果转化与技术转移部门；构建“学院分管领导—学院联络员—科技挂职人员—技术经纪人”为主线的工作体系。(2) 按照“团队—龙头企业、学院—行业”，“优势学科—重点产业”一一对应的工作思路，联动打造战略合作平台，建立行业学院，形成“点线面一体”服务模式。

(六) 江苏师范大学

在人才培养改革方面：(1) 成立“人才培养特区”，持续实施卓越人才培养计划，实施《“本硕一体化”卓越中学教师培养项目推免生选拔办法》，探索本硕一体化卓越教师培养新路径。(2) 成立创新创业学院，推进大学生实践创新工程，打造创新创业国家级“金课”，构建跨学科协同创新的教育孵化平台和“3＋25＋N”学科竞赛培育模式。

在师资队伍引培方面：(1) 设立学术委员会办公室，统筹推进学术管理体系建设，组建学术委员会各专门委员会，充分保障教师在学术事务中的决策、审议、评定和咨询等权利；出台并实施《学院教授委员会规程》，所有专业学院均成立教授委员会；取消科研机构负责人行政级别，推进科研机构与专业学院融合运行。(2) 坚持师德为先，突出成果质量和贡献；根据教师类型，分类建立评价标准；破除“五唯”倾向，建立青年英才职称评聘绿色通道。(3) 持续实施特殊人才引进计划、境外人才引进计划、科技创新团队引进计划，建立海外人才工作站。

在科学研究创新方面：(1) 构建“三院一体”科研管理服务体系，提升分类管理水平和精细服务能力，推进科研管理由行政管理向服务管理转型。(2) 制定《省部级以上科研平台培育办法(试行)》《国家级重大重点项目培育项目申报与遴选办法(试行)》《高级别科研成果培育办法(试行)》等政策文件，培育重大成果。(3) 制定《自然科学导向性期刊目录》《人文社会科学科研业绩认定办法》等，创新评价机制。

在国际交流合作方面：(1) 以江苏圣理工学院等中外合作办学机构为平台，搭建英国、俄罗斯、澳大利亚等海外培养基地，打造“留学苏师”品牌，推进专业国际化认证和学位联授、互授。(2) 落实学生出国出境研修资助计划，搭建英国、俄罗斯、澳大利亚等海外培养基地，选派优秀学生赴海外学习。(3) 牵头成立中俄教育类高校联盟。

在社会实践服务方面：(1) 打造科技、教育、咨询三大社会服务品牌，积极探索科技成果转化的企业化运作路径，构建“技术研发—成果转化—产品孵化—产业熟化”的成果转化架构体系。(2) 构建“一带一路”语言服务体系，服务国家“推普脱贫攻坚”计划。在农村和少数民族地区开展语言文字普及攻坚，实施“语言筑桥慈善计划”，搭建典型与非典型语言使用者(如聋人、自闭症儿童)之间的语言沟通桥梁。

第二节 学科平台

一、江苏高校优势学科建设

为进一步提升江苏高校学科建设水平，对接国家“双一流”建设，江苏省遴选了全省 31 所高校共 178 个学科进入江苏高校优势学科三期项目立项建设学科(以下简称优势学科)范围，其中，A 类学科 44 个，B 类学科 100 个，C 类学科 34 个。经统计，“双一流”建设高校和江苏高水平大学建设高校(共 21 所)拥有 156 个优势学科，占 87.64%(表 2-1)。

表 2-1 不同支持类型建设高校的优势学科(三期)分布情况 单位：个

高校类型	A类	B类	C类	总计
“双一流”建设高校	37	69	13	**119**
江苏高水平大学建设高校	15	56	14	**85**
普通高校	3	6	13	**22**
全省	**44**	**100**	**34**	**178**

注：12 所江苏高水平大学建设高校中有 6 所也是“双一流”建设高校，统计数据有所重叠，本书后同。

江苏高校 178 个优势学科在建设过程中，基本目标明确、总体思路明晰，重点把握得当，保障制度完善，具体举措切实有效。经 2018—2019 年的建设，优势学科总体呈跨越式发展，国内外学术声誉不断提升，综合实力不断增强，整体水平持续提高。各优势学科紧密围绕建设任务和目标，在优势资源建设、创新团队建设、人才培养、科研创新、国际交流与合作、社会服务贡献等方面已取得阶段性成果。

(一) 优质资源建设

优质平台资源是学科发展的重要基础与支撑。各优势学科积极推进各类国家级与省部级平台建设，进一步夯实学科科研创新与人才培养基础。据统计，2019 年，江苏高校优势学科共建有国家级科研平台 8 个，省部级以上科研平台 74 个(表 2 - 2)。

表 2 - 2　2019 年江苏省优势学科(三期)优质资源建设标志性成果　　单位：个

成果类别	A 类	B 类	C 类	全省
国家级科研平台	7	1	0	**8**
省部级科研平台	18	33	23	**74**

注：国家级科研平台包含国家(重点)实验室、国家工程实验室、国家工程(技术)研究中心建设、国家级 2011 协同创新中心等。省部级科研平台包含国家地方联合工程研究中心(工程实验室)、教育部工程研究中心、江苏省工程技术研究中心、江苏省协同创新中心、省部共建协同创新中心、教育部哲学社会科学研究基地、江苏省哲学社会科学研究基地、江苏省重点高端(培育)智库建设等。

(二) 创新团队建设

高端人才是学科建设的核心竞争力，高层次创新团队是推动学科发展的关键动力。各优势学科高度重视学科创新团队建设，通过内部培养、外部引进“双管齐下”，充实高层次人才队伍，使领军人才规模显著改善。据统计，2019 年，江苏高校优势学科新增高层次人才 253 人(表 2 - 3)。

表 2 - 3　2019 年江苏省优势学科(三期)创新团队建设标志性成果　　单位：人

成果类别	A 类	B 类	C 类	全省
高层次人才引培	87	107	59	**253**

注：高层次人才主要包括中国科学院院士、中国工程院院士、“973”计划首席科学家、“万人计划”领军人才、“万人计划”教学名师、“长江学者”特聘教授、国家杰出青年科学基金获得者、国家级百千万人才工程人选、“长江学者”青年学者、国家优秀青年科学基金获得者、“万人计划”青年拔尖人才、国家级百千万人才工程人选、国家自然科学基金委创新群体、国务院学科评

议组成员、江苏省社科名家、江苏特聘教授、教育部创新团队、科技部重点领域创新团队、江苏省双创团队、教育部新世纪优秀人才支持计划、省“333 工程”二层次培养对象等。

（三）人才培养

“立德树人”是学科发展的根本宗旨，加强人才培养是学科建设的基本出发点。为更好地满足国家及地区社会经济发展对人才的需要，各优势学科积极构建定位明确、层次清晰、衔接紧密的创新人才培养和支持体系。据统计，2019 年，江苏高校优势学科共建有国家级精品课程 39 门，国家级教学平台 12 个，省级及以上品牌专业 66 个，省级及以上教学成果奖 7 个，96.58%的博士学位论文抽检 100%合格，优秀学位论文 234 篇（表 2－4）。

表 2－4　2019 年江苏省优势学科（三期）人才培养标志性成果

成果类别	A类	B类	C类	全省
精品课程/门	17	16	6	**39**
国家级教学平台/个	5	5	2	**12**
品牌专业/个	13	28	25	**66**
教学成果奖/个	2	4	1	**7**
博士学位论文抽检 100%合格达成率/%	96.97	95.95	100.00	**96.58**
优秀学位论文/篇	63	137	34	**234**

（四）科研创新

科研创新水平的提升是学科发展的重要标志。江苏高校优势学科面向学科发展与学术前沿，完成高水平的应用科学研究，取得众多原创性科研成果，获得大量自主知识产权，进一步提升自主创新能力。据统计，2019 年，江苏高校优势学科共获国家科技重大奖项 28 个，高水平自然科学科研成果奖 59 个，高水平社会科学科研成果奖 39 个；国家级重大科研项目 109 个，高水平自然科学科研重点项目 82 个，高水平社会科学科研重点项目 89 个；顶级学术发表 119 篇，高水平学术发表 2 122 篇（表 2－5）。

表 2-5　2019 年江苏省优势学科(三期)科研创新标志性成果

成果类别	A类	B类	C类	全省
国家科技重大奖项/个	10	11	7	**28**
高水平自然科学科研成果奖/个	20	21	18	**59**
高水平社会科学科研成果奖/个	12	24	3	**39**
国家级重大科研项目/个	24	64	21	**109**
高水平自然科学科研重点项目/个	24	41	17	**82**
高水平社会科学科研重点项目/个	29	58	2	**89**
顶级学术发表/篇	55	54	10	**119**
高水平学术发表/篇	717	1 152	253	**2 122**

注：国家科技重大奖项包含国家自然科学奖\科学技术发明奖\科学技术进步奖二等奖及以上、国防科学技术奖一等奖及以上。高水平自然科学科研成果奖包含高等学校科学研究优秀成果奖(科学技术)二等奖及以上、江苏省科学技术一等奖及以上等。高水平社会科学科研成果奖包含高等学校科学研究优秀成果奖(人文社科)二等奖及以上、江苏省哲学社会科学优秀成果奖一等奖及以上等。国家级重大科研专项包含国家科技重大专项、国家重点研发计划、国家重大科研仪器研制项目。高水平自然科学科研重点项目包含国家自然科学基金重大项目/重大研究计划/重点项目。高水平社会科学科研重点项目包含国家社科基金重大项目/重点项目/特别委托项目、江苏省软科学研究项目、江苏省社科基金重点项目、江苏省教育科学“十三五”规划重大课题和重点资助课题等。顶级学术发表包括包含 Cell、Nature、Science 等世界顶级期刊。高水平学术发表包含在本学科公认的其他顶级期刊。

(五) 国际交流与合作

实施国际化战略、加强国际交流与合作是学科发展过程中提升国际影响力的重要途径。各优势学科充分发掘富有大学与学科特色的国际化资源，打造精品级国际合作项目。据统计，2019 年，江苏高校优势学科共建有国际合作平台 20 个，国际合作项目 235 个，担任重要国际学术职务(理事及以上)193 人次，邀请境外专家讲座报告 3 175 次，国内外重要学术会议报告 4 349 次、主办(承办)国际性学术会议 247 场，资助师生参加国际学术交流 4 825 人次，境外学习经历学生数(三个月以上)2 631 人次，招收培养境外留学生 3 909 人，进行全英文授课 789 门(表 2-6)。

表 2-6 2019 年江苏省优势学科(三期)国际交流与合作标志性成果

成果类别	A 类	B 类	C 类	全省
国际合作平台/个	9	6	5	**20**
国际合作项目/个	53	144	38	**235**
担任重要国际学术职务(理事及以上)/人次	87	80	26	**193**
邀请境外专家讲座报告/次	1 186	1 597	392	**3 175**
在国内外重要学术会议上报告/次	1 450	2 423	476	**4 349**
主办、承办国际性学术会议/场	77	133	37	**247**
资助师生参加国际学术交流/人次	1 817	2 446	562	**4 825**
境外学习经历学生数(三个月以上)/人次	825	1 431	375	**2 631**
招收培养境外留学生/人	1 586	1 325	998	**3 909**
全英文授课门数/门	203	443	143	**789**

(六) 社会服务与文化传承

为提高自身社会经济价值,各优势学科始终面向经济社会发展中的紧要问题和学术前沿,充分发扬学科特色,积极发挥创新驱动作用。

在创新创业方面,江苏优势学科与当地政府、行业、企业合作,建立校企合作运营实体,加快地方产业转型升级,提升产业发展层次和水平。设立企业委托项目,积极筹措资金,产出关键技术成果,显著提升相关企业技术水平,有力促进地方经济发展。

在服务特定行业领域方面,江苏优势学科依托深厚的学术积淀提升社会服务力度,承担重大、重要的政府和社会项目,通过校企合作、技术支持、学术支持等方式,为地方经济做出贡献。

在科学普及与文化传承方面,相关优势学科将学科特色融入社会文化传承当中,积极承担公益项目,将我国具有代表性的传统文化发扬光大。同时,部分优势学科将前沿研究成果与基础教育相结合,开展各类活动,为科学普及提供坚实力量。

此外,在今年的新冠肺炎疫情防控中,全省相关优势学科坚持服务贡献的建设导向,瞄准需求、主动作为,积极开展技术攻关和理论原创性研究,取得了一批关键性技术突破。一是攻关临床救治。相关优势学科成功研发新型冠状病毒 SARS-CoV2 IgG/IgM 抗体检测试剂盒,研制“羌藿祛湿清瘟合剂”和“芪参固表颗粒”中药制剂,研发肺部 CT 影像快速筛查系统,用于患者和易感人群的防治和排查。二是聚焦防控技术。相关学科成功研制重大疫情远程监测取样机器人,推出“新冠肺炎疫情分析及管控平台”“AIOT 体温异常筛查系统”“AI 机器人疫情筛查服务”,研发移动式医疗废物处置车,通过高科技手段强化疫情防控。三是发挥智库作用。相关优势学科提交的多份研究报告刊载《人民日报》、《光明日报》内参或被吸纳进入江苏省委省政府统筹疫情防控和社会经济发展的政策举措之中。

二、第三方评价

(一) ESI 学科评价

根据科瑞・唯安公司(Clarivate Analytics)于 2020 年 1 月发布的《基本科学指标集》(Essential Science Indicators,简称 ESI,下同)数据统计结果,2019 年,江苏 27 所高校的 146 个学科进入 ESI 前 1%,较 2018 年新增 22 个学科。其中,7 个学科进入全球前 50 位,与 2018 年持平;14 个学科进入全球前 100 位,较 2018 年新增 1 个(表 2-7)。[①]

表 2-7 2019 年江苏高校 ESI 学科评价结果(截至 2020 年 1 月)

高校	前 1‰学科	前 1%(不含前 1‰)学科
南京大学(17)	化学★ 材料科学◆	地球科学◆、计算机科学、物理学、工程学、数学、环境科学与生态学、药理学与毒理学、农业科学、生物学与生物化学、分子生物学与遗传学、临床医学、神经科学与行为学、社会科学总论、植物与动物科学、免疫学
苏州大学(13)	材料科学★ 化学◆	药理学与毒理学、生物学与生物化学、工程学、物理学、分子生物学与遗传学、神经科学与行为学、临床医学、数学(新增)、计算机科学(新增)、免疫学(新增)、农业科学(新增)
东南大学(12)	工程学★ 计算机科学★	数学◆、材料科学、物理学、临床医学、药理学与毒理学、生物学与生物化学、化学、神经科学与行为学、社会科学总论、环境科学与生态学(新增)

① ESI 相关统计数据由江苏省教育评估院课题组提供。

续 表

高校	前1‰学科	前1%(不含前1‰)学科
南京航空航天大学(5)	工程学◆	材料科学、计算机科学、化学、社会科学总论(新增)
南京理工大学(4)	工程学	计算机科学、材料科学、化学
江苏科技大学(3)		工程学、材料科学(新增)、化学(新增)
中国矿业大学(7)	工程学(新增)	工程学、地球科学、材料科学、化学、数学(新增)、计算机科学(新增)
南京工业大学(4)		材料科学、化学、工程学、生物学与生物化学
常州大学(3)		材料科学、化学、工程学
南京邮电大学(4)		计算机科学、材料科学、化学、工程学
河海大学(5)		工程学、计算机科学、环境科学与生态学、地球科学、材料科学
江南大学(6)	农业科学★	工程学、化学、生物学与生物化学、材料科学、临床医学
南京林业大学(4)		植物与动物科学、工程学、农业科学(新增)、材料科学(新增)
江苏大学(7)		材料科学、工程学、化学、农业科学、临床医学、药理学与毒理学(新增)、生物学与生物化学(新增)
南京信息工程大学(4)		计算机科学◆、地球科学、工程学、环境科学与生态学
南通大学(4)		神经科学与行为学、临床医学、工程学、药理学与毒理学(新增)
南京农业大学(8)	农业科学★ 植物与动物科学◆	微生物学、环境科学与生态学、生物学与生物化学、工程学、分子生物学与遗传学、化学(新增)
南京医科大学(8)	临床医学	药理学与毒理学、分子生物学与遗传学、免疫学、神经科学与行为学、生物学与生物化学、社会科学总论、化学(新增)
徐州医科大学(1)		临床医学
南京中医药大学(2)		药理学与毒理学、临床医学
中国药科大学(5)	药理学与毒理学★	化学、临床医学、生物学与生物化学、材料科学(新增)

续 表

高校	前1‰学科	前1%(不含前1‰)学科
南京师范大学(7)		化学、农业科学、工程学、材料科学、植物与动物科学、地球科学、环境科学与生态学(新增)
江苏师范大学(2)		化学、工程学
南京财经大学(1)		农业科学(新增)
扬州大学(7)		农业科学、化学、植物与动物科学、材料科学、工程学、临床医学、计算机科学(新增)
中国人民解放军陆军工程大学(2)		计算机科学、工程学
昆山杜克大学(1)		临床医学

注:表中标注“★”说明该学科进入全球前50位;标注“◆”说明该学科位列全球前51—100位;备注“(新增)”说明该学科于2019年新进入ESI前1%。

从高校数来看,江苏拥有ESI前1%学科的高校数占全国的9.44%,位列第一(图2-1)。

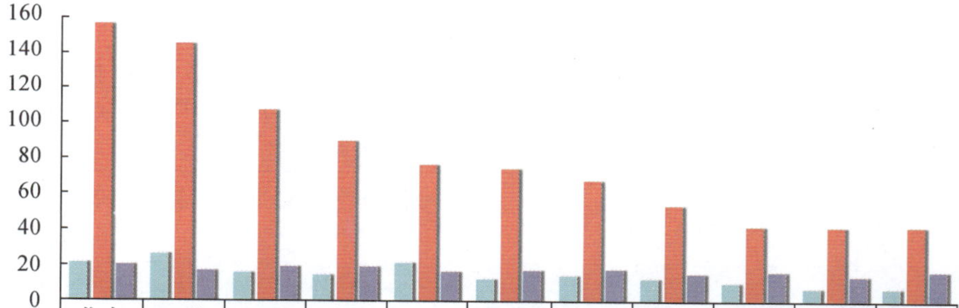

	北京	江苏	上海	广东	山东	湖北	浙江	陕西	四川	天津	湖南
高校数	22	27	17	16	22	13	16	13	11	8	10
学科数	157	146	108	91	77	69	68	54	43	42	42
学科领域数	21	18	20	20	18	18	19	17	18	15	18

图2-1 2019年ESI学科评价结果全国境内高校分布情况(前1%)

从学科数来看,江苏146个学科进入ESI前1%,占全国的12.03%,位列第二。另外,10所高校共14个学科进入ESI前1‰,高校数与学科数均位列第二。

从学科领域来看,江苏ESI前1%的学科分布于18个学科领域(学科领域总数为22),与山东等并列第五。

对比2016—2019年ESI数据统计结果，江苏在2019年进入ESI前1%和1‰的学科数和高校数均持续增加。在学科数方面，ESI前1%学科数较2018年新增22个，增幅达17.74%(图2－2)，较2016年累计新增49个，增幅达50.52%。ESI前1‰学科数较2018年新增1个，较2016年累计新增9个。在高校数方面，ESI前1%学科涉及高校数较2018年新增1所，较2016年累计新增4所。ESI前1‰学科涉及高校数较2018年新增1所，较2016年累计新增6所。

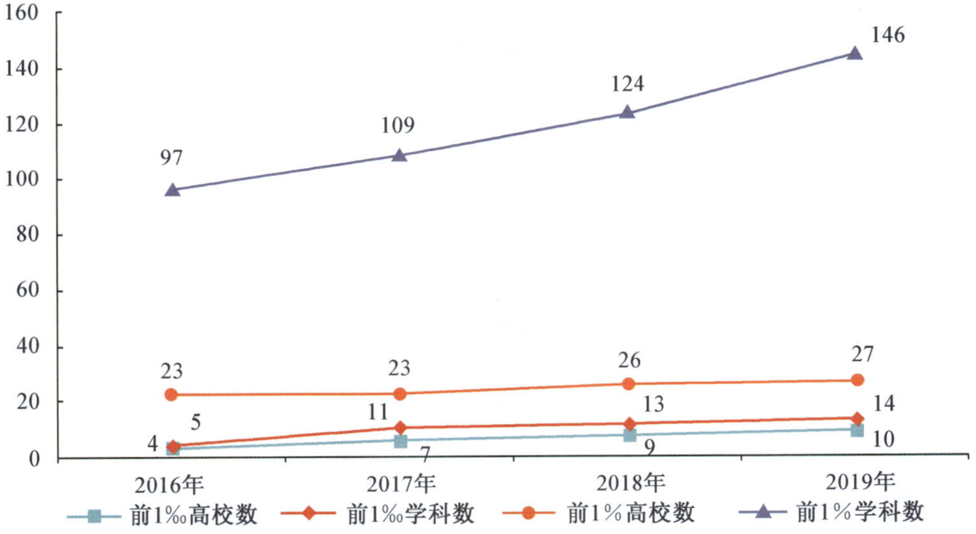

图2－2 江苏ESI前1%和前1‰学科数和涉及高校数变化趋势(2016—2019年)

(二) QS学科评价

2020年2月，夸夸雷利·西蒙兹咨询公司(Quacquarelli Symonds，QS)发布了最新一期QS世界高校学科评价结果(QS World University Rankings by Subject 2020，简称QS学科评价)。QS学科评价的对象包括艺术与人文、工程与技术、生命科学与医学、自然科学和社会科学与管理五大学科领域的48个学科。评价指标主要包括学术声誉、雇主声誉、科研产出和科研影响力等。鉴于不同学科参评高校数量并不统一，本报告统计在各自学科内排名前25%的学科。

本次评价结果显示，江苏4所高校共14个学科进入各自学科前25%(表2－8)，学科数位于全国第四(图2－3)。较2018年新增1所高校2个学科。

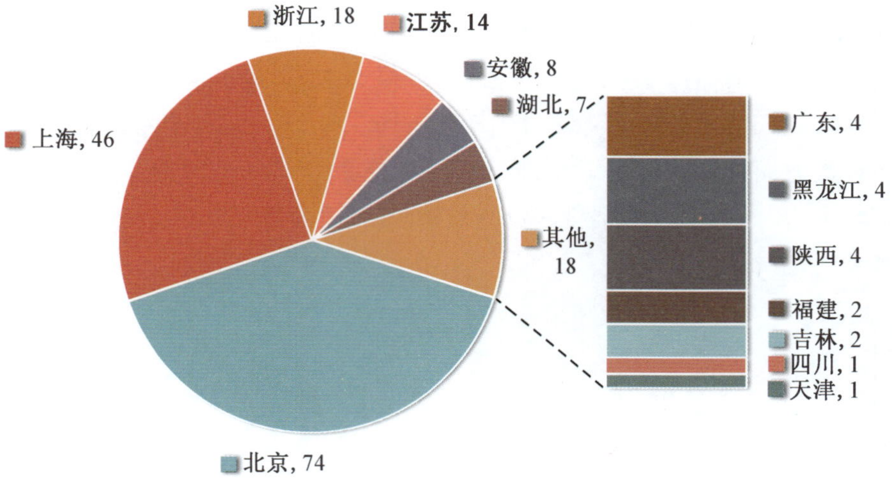

图 2-3　2019 年 QS 学科评价全国境内高校省域分布情况(前 25%)(个)

表 2-8　2019 年江苏省普通高校 QS 学科评价结果(前 25%)

高校	学科名单
南京大学(11)	现代语言学、化学工程、电子与电气工程、生物科学、数学、环境科学、药学、化学、材料科学、物理学与天文学、计算机科学与信息系统(新增)
江南大学(1)	农学与林学(新增)
南京农业大学(1)	农学与林学
中国药科大学(1)	药学

(三) ARWU 学科评价

2019 年 6 月，世界大学学术排行榜(Academic Ranking of World Universities，ARWU)发布了最新一期全球学科评价结果(Global Ranking of Academic Subjects 2019，简称 ARWU 学科评价)。ARWU 学科评价的对象为自然科学、工程学、生命科学、医学和社会科学五大领域的 54 个学科。评价指标包括科研产出、科研影响力、国际合作、学术获奖等。鉴于不同学科参评高校数量并不统一，本报告统计在各自学科内排名前 25%的学科。

本次评价结果显示，江苏 18 所高校共 77 个学科进入各自学科前 25%(表 2-9)，学科数位于全国第二(图 2-4)。较 2018 年新增 3 所高校 21 个学科。

表 2－9　2019 年江苏省普通高校 ARWU 学科评价结果(前 25%)

高校	学科名单
南京大学(17)	数学、物理学、化学、地球物理学、大气科学、生物医药工程、生物技术、材料科学与工程、计算机科学与工程、化学工程、纳米科学与技术、能源科学与工程、环境科学与工程、矿业与矿物工程、水资源(新增)、遥感技术(新增)、公共卫生(新增)
苏州大学(8)	化学、生物医药工程、化学工程、材料科学与工程、纳米科学与技术、能源科学与工程、药学、环境科学与工程(新增)
东南大学(11)	机械工程、电气与电子工程、自动化与控制、通信工程、仪器科学与技术、计算机科学与工程、土木工程、化学工程、材料科学与工程、纳米科学与技术、交通科学与工程
南京航空航天大学(4)	机械工程、仪器科学与技术、能源科学与工程、航空航天工程
南京理工大学(6)	仪器科学与技术、计算机科学与工程、材料科学与工程、自动化与控制(新增)、化学工程(新增)、纳米科学与技术(新增)
中国矿业大学(3)	矿业与矿物工程、化学工程(新增)、能源科学与工程(新增)
南京工业大学(5)	化学工程、材料科学与工程、化学(新增)、纳米科学与技术(新增)、能源科学与工程
河海大学(2)	水资源、海洋工程(新增)
江南大学(2)	食品科学与工程、生物技术
江苏大学(3)	化学工程、能源科学与工程(新增)、食品科学与工程(新增)
南京信息工程大学(3)	大气科学、计算机科学与工程、环境科学与工程(新增)
南京农业大学(5)	食品科学与工程、生物技术、农业科学、兽医学、环境科学与工程(新增)
南京医科大学(1)	药学
中国药科大学(1)	药学
扬州大学(1)	兽医学
常州大学(1)	化学工程(新增)
南京邮电大学(3)	电气与电子科学(新增)、通信工程(新增)、材料科学与工程(新增)
中国人民解放军陆军工程大学(1)	通信工程(新增)

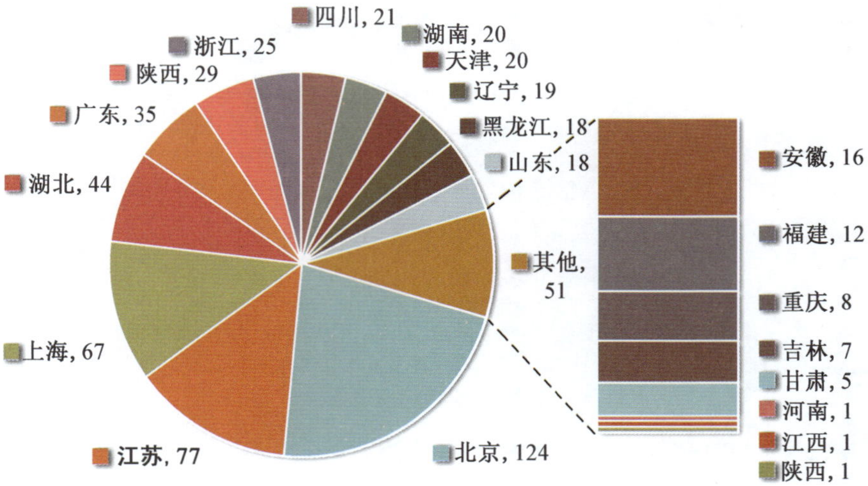

图 2-4　2019 年 ARWU 学科评价全国境内高校省域分布情况(前 25%)(个)

(四) U. S. News 学科评价

2019 年 10 月,《美国新闻和世界报道》(U. S. News & World Report, U. S. News)公布了最新一期全球高校在 22 个学科领域中的评价结果。评价指标包括科研产出、科研影响力、科研声誉与国际合作等。鉴于不同学科参评高校数量并不统一,本报告统计在各自学科内排名前 25%的学科。

本次评价结果显示,江苏 12 所高校共 26 个学科进入各自学科前 25%(表 2-10),学科数位于全国第三(图 2-5)。较 2018 年新增 4 所高校 11 个学科。

表 2-10　2019 年江苏省普通高校 U. S. News 学科评价结果(前 25%)

高校	学科名单
南京大学(6)	化学、工程学、地理学、材料科学、物理学、计算机科学(新增)
苏州大学(2)	化学、材料科学
东南大学(5)	计算机科学、工程学、土木工程(新增)、电气与电子工程(新增)、机械工程(新增)
南京航空航天大学(1)	工程学
南京理工大学(3)	材料科学、工程学(新增)、电气与电子科学(新增)
江南大学(1)	农业科学
南京农业大学(2)	农业科学、植物与动物科学

续　表

高校	学科名单
中国药科大学(1)	药理学与毒理学
中国矿业大学(1)	工程学(新增)
河海大学(1)	土木工程(新增)
南京信息工程大学(2)	计算机科学(新增)、电气与电子工程(新增)
南京工业大学(1)	化学(新增)

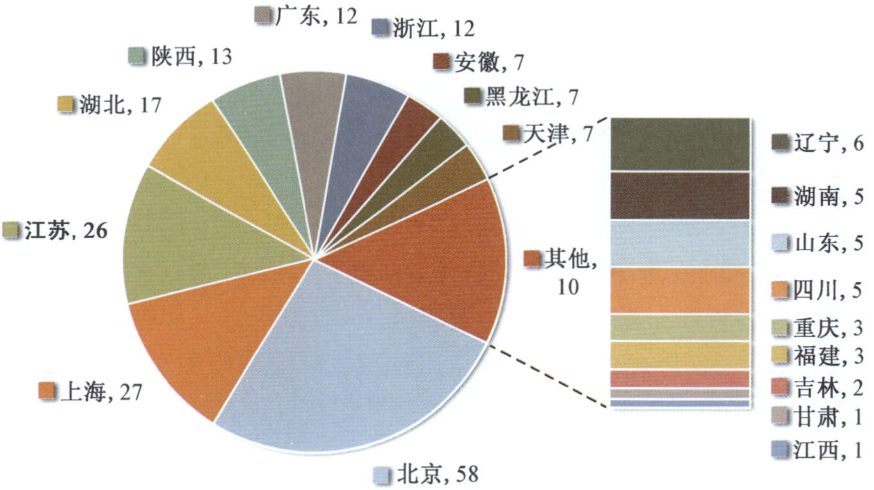

图 2-5　2019 年 U.S. News 学科评价全国境内高校省域分布情况(前 25%)(个)

综合国际学科评价结果，2019 年，江苏高校学科发展水平不断提升，整体水平位于全国前列(表 2-11)。

表 2-11　2019 年江苏省普通高校在国际学科评价中的结果汇总

第三方学科评价项目	ESI 学科评价(前 1%)		QS 学科评价(前 25%)		ARWU 学科评价(前 25%)		U.S. News 学科评价(前 25%)	
	2018 年	2019 年	2018 年	2019 年	2018 年	2019 年	2018 年	2019 年
高校数	26	27	3	4	15	18	8	12
学科数	124	146	13	14	61	77	16	26
全国排位(学科数)	2	2	4	4	2	2	3	3

第三章
研究生教育立德树人工作

习近平总书记在全国教育大会上的重要讲话中多次提到“立德树人”，并强调：“要把立德树人融入思想道德教育、文化知识教育、社会实践教育各环节，贯穿基础教育、职业教育、高等教育各领域，学科体系、教学体系、教材体系、管理体系要围绕这个目标来设计，教师要围绕这个目标来教，学生要围绕这个目标来学。”江苏研究生教育始终坚持“立德树人”这一核心观念，把立德树人融入思想政治教育、科学道德与学风建设以及多元育人路径中。

高校思想政治教育工作关系到培养什么样的人、如何培养人以及为谁培养人这个核心问题，是决定研究生培养质量的关键因素，是落实立德树人根本任务的重要途径。为更好地开展立德树人工作，需要将立德树人与思想政治教育有效融合。江苏高校将立德树人工作融入思想政治教育的主要措施有：优化顶层设计，构建一体化育人体系；加强队伍建设，构建全员育人模式；发挥新媒体优势，强化网络思政教育。

科学道德与学风建设是落实立德树人根本任务的重要载体。发挥立德树人工作的实效性需要立足学风建设，将立德树人和科学道德与学风建设有效融合，切实提高研究生的学术道德水平，规范研究生的学术行为。江苏高校将立德树人融入科学道德与学风建设的主要措施有：完善规章制度，规范学风建设工作；搭建学术活动平台，营造良好学术风气；坚持学术不端“零容忍”，强化学术诚信。

育人路径的设置与选择作为研究生培养过程中的重要环节，是提升研究生培养质量的前提，同时也是对“如何培养研究生”的直观诠释。江苏高校将立德树人融入多元育人路径中的主要措施有：融入专业特色，构建科研育人格局；搭建实践平台，拓展实践育人路径；关注学生心理，凸显服务育人价值。

第一节 思想政治教育

在研究生思想政治教育中，江苏高校思想政治教育呈现出百花齐放的良好局面。一是优化顶层设计。各高校以服务学生成长与发展为核心，积极探索一体化的研究生思想政治教育工作体系。二是强化队伍建设。各高校以师资队伍建设为重点，着力构建全员育人模式，切实提高思想政治教育的针对性和实效性。三是突出方法创新。各高校充分发挥新媒体优势，拓宽思想政治教育工作领地，积极引导高校思想政治教育方法的改革创新。

一、优化顶层设计，构建一体化育人体系

新时代加快高校思想政治教育工作的核心是构建日趋完善的思想政治教育工作体系。在构建这一工作体系的过程当中，各高校强调顶层设计的优化，积极构建全员、全过程、全方位的一体化育人体系。下面以南京大学、扬州大学、南京师范大学、南京工业大学和常州大学为例，详细介绍各校在研究生思想政治教育育人体系构建中的具体举措。

南京大学加强顶层设计，构建研究生主题教育的体系化框架。根据党中央和教育部重要会议精神，南京大学为加强研究生思想教育的常态化和体系化建设，以"五育并举"为框架，设计并开展了研究生思想教育"主题教育月"系列活动。南京大学分别以"爱国爱校、新生入学、学术朋辈引领、安全与健康、学术诚信"等为主题，以党团活动为支点，以"菜单"式管理为特色，充分发挥学校、院系、导师和研究生骨干队伍协同育人的积极性，形成研究生思想教育常态化的互补联动机制，有效地增强了思想教育活动的参与度和接受度，全方位提升了思政育人的现实成效。

扬州大学优化顶层设计，健全体制机制。学校按照"统一领导、聚合资源、协同育人"的理念，构建了"大思政""大学工"领导体制、工作机制和责任体系；制定了"三全育人"综合改革实施方案，构建了十大育人体系，建立了工作落实和考核评价机制。扬州大学研究生思想政治教育工作的具体措施有：第一，聚焦育人效能。构建"大思政""大学工"工作格局，将立德树人目标与成效贯穿于"三全育人""五育并举"建设标准、目标任务和考核评价全过程，发挥协同育人合力。第二，聚焦价值引领。将思想道德、科学精神和人文素养融入制度文化、学术文化和党建文化之中，发挥价值引领功能，同构师生学术共同体，促进

共同成长。第三,聚焦教育本源。从构建“四大心理场”入手,建立“五位一体”工作格局,将心理育人融入学生全面发展各环节,实现润物无声、潜移默化的育人效果。第四,聚焦责任担当。立足学科专业特色,聚焦社会服务需求,实施“三联三融”“四位一体”研究生实践服务模式,在实践锻炼中增长见识、提升能力,培养家国情怀和责任担当。

南京师范大学多措并举,构建多维度全方位研究生思政教育工作体系,全面落实“立德树人”根本任务。南京师范大学研究生思想政治教育工作的具体举措包括:第一,科学指导。依托全国重点马克思主义学院和“立德树人协同创新中心”省部共建协同创新中心,进行科学设计,着眼质量提升。第二,样板示范。推动教育部“三全育人”综合改革试点、党建标杆院系、“研究生样板党支部”和“研究生党员标兵”创建经验辐射全校各院。第三,分类试点。在 19 个学院从 6 个方向全面推进研究生党建与思想政治试点工作,固化工作成果。第四,因时而化。结合重要时点,开展思想教育,如开学季“南师欢迎你,启程我的学术之路”迎新宣传,毕业季“学术之路,感谢有你”毕业主题教育活动。第五,新媒传声。“南师研究生”公众号构建有温度、有深度、有力度的思政平台,获教育部学位与研究生教育发展中心“优秀媒体建设奖”等 6 个重要奖项。第六,培训强基。创新研究生党支部书记培训内容和形式,以支部书记党建素养能力建设为杠杆,激活支部党建活力,增强党员党性修养。

南京工业大学着力构建一体化育人体系,紧扣立德树人根本任务,以服务学生成长为重点,全力构建全员育人、全过程育人、全方位育人的“三全”育人格局。学校从教育规律和人才成长规律出发,深入实施研究生思想政治教育工作质量提升工程,努力构建德智体美劳全面培养的“五育并举”教育体系,通过完善体系架构、强化导师责任、开展主题教育活动、营造学术氛围、搭建创新创业平台、打造品牌文化活动、提供全方位服务等措施,把思想价值引领贯穿研究生教育管理全过程和各环节。学校切实加强思政课程和课程思政协同建设,引导广大研究生积极培育和践行社会主义核心价值观,实现“党建育人、学术育人、文化育人、服务育人”的有机融合。

常州大学坚持立德树人根本任务,以提高研究生培养质量为核心,秉承“以人为本,顺应需求,尊重人格,服务发展”理念,突出红色文化引领,发挥本研一体学工队伍优势,强调“三全育人”和“五育并举”,努力实现研究生思想政治教育规范化和系统化,不断提高研究生思想政治教育的针对性和实效性。学校加强学生思想引领,把握立德树人方向,构建学校“纲”“目”统领、学院为

"面""体"支撑的思政教育工作机制。学校层面以重大时间节点为契机，举办习近平新时代中国特色社会主义思想专题讲座、开展"我和我的祖国——庆祝新中国成立70周年"等主题教育活动。学院层面改"大水漫灌"为"精准滴灌"，开展形式各异、富有学院特点的思政教育，引导研究生与时代同频共振，担当使命砥砺前行。同时，学校还积极探索红色文化育人的思政教育新模式，以常州市红色文化资源和学校红馆为依托，组织开展"信仰公开课"等丰富多彩的红色文化教育活动，强化红色文化引领，坚定理想信念，厚植爱国情怀。学校突出思政课程和课程思政的综合作用，强调管理服务与奖学金评比、贫困生资助、勤工助学、文化建设和社会实践等工作相结合，积极开展劳动教育，把思想政治教育融入研究生课程教学、科研实践、日常管理各个环节。

二、加强队伍建设，构建全员育人模式

思想政治教育的关键在教师。江苏各高校加快建设思想政治教育教师队伍，加大思想政治教育教师激励力度，大力加强思想政治教育师资队伍后备人才培养，为培养社会主义建设者和接班人提供师资保障。下面以南京农业大学、南京林业大学、南京中医药大学和南京医科大学为例，介绍各校思想政治教育师资队伍建设工作。

南京农业大学重视队伍建设，切实强化管理育人。具体举措包括：第一，加强党支部建设和作风建设，认真、热情并高效服务师生。第二，加强研究生辅导员队伍建设。坚持研究生辅导员例会制度和辅导员沙龙，每月定期举办相关活动，促进工作交流。选送优秀辅导员参加教育部培训，鼓励辅导员申报研究生课题，提升调查研究能力。第三，加强研究生党团组织建设，积极优化组织育人。深化研究生会改革，增强思想政治工作针对性。成立"校研究生会功能性党支部"，组织校研究生会党员开展政治学习，教育、管理和监督党员，指导研究生会围绕学校党委中心工作开展活动，保持和增强研究生会的政治性、先进性和群众性。

南京林业大学强化思政教育师资体系建设，学校形成了校党委书记、校长，研工部部长、学院党委书记，专职辅导员、研究生导师，专职思政教师等多个层次的思政育人师资体系。具体举措包括：第一，组织实施"水杉思政名师培育工程"，培养思政领军人才。第二，通过专题培训、高级研修、社会调研、挂职锻炼，打造专兼结合的思政课教师队伍。第三，修订《辅导员条例》，落实辅导员双重身份、双线晋升和辅导员专业技术职务晋升等专项政策，打造一批专

业化、职业化的研究生辅导员队伍。第四，通过设立思政培训专项经费，保障对辅导员、思政教师、研究生导师思政业务的定期培训。第五，制定《教师师德失范行为负面清单及处理办法》和《研究生导师十不准规定》，在教师技术职务评聘、导师遴选、评优评奖等方面，实行师德一票否决制。第六，打造“水杉师德大讲堂”品牌活动，大力宣传师德师风楷模。第七，推进全程育人，校党委书记为新生讲第一课，辅导员及导师讲授职业规划及就业指导课，暑期组织学生进行社会实践和志愿者活动，将教育活动贯穿研究生在校的全过程。

南京中医药大学成立由校党委书记和校长任组长，分管思政工作和分管教学工作校领导及有关部门负责人为成员的思政工作领导小组，统筹推进思政教育教学改革工作。具体举措包括：第一，改革教学评价方式，把价值引领、知识传授、能力培养纳入学生的课程学习评价。第二，建立书记、校长为新生上“入学第一课”制度，全面实行校领导随堂听、督思政课。第三，构建各学科体系间教师的交流沟通机制，定期开展调研研讨，协同育人，确保将思想政治教育工作落实到学生学习的各个环节，并将“不忘初心，牢记使命”等主题教育贯穿培养全过程。

南京医科大学强化队伍建设，具体举措包括：第一，全面实施本科生—研究生管理“一体化”，增加研究生专职辅导员，建立以研究生导师和辅导员为主体的研究生思想政治教育工作队伍，明确二级培养单位研究生教育管理职责，责任落实到每个部门、每个人，形成全员育人的良好氛围。第二，加强研究生导师立德树人职责，举办研究生导师培训班，开展“最受欢迎研究生导师”“研究生导师星火团队”评选，加强教师学术诚信建设，发挥师生之间教研活动、情感联系的多元作用，规范和强化研究生导师在学生思想政治教育中的首要责任。第三，优化研究生党支部设置，严格选拔配备支部书记，举办研究生党支部书记和学生干部培训班，不断提升支部书记和学生干部的政治素养与业务能力。

三、发挥新媒体优势，强化网络思政教育

打造网络思政教育品牌，构筑立德铸魂育人高地，是新形势下高校思想政治教育的新要求和新手段。江苏各高校注重新媒体技术的运用，打造网络新媒体平台，积极加强和改进新形势下高校思想政治教育工作，切实增强思想政治教育工作的感染力和影响力。下面以南京理工大学、江苏大学、南京医科大学为例，呈现各校运用新媒体平台开展研究生思想政治教育工作的实践探索。

南京理工大学以新媒体平台为载体，打造“南理工研究生”微信平台，组织开展“我最爱的导师评选”“毕业季·致青春”“达人零距离”“南理工后裔”等一系列网络主题教育活动，实现线上线下教育互动。学校还成立研究生“红话筒”政治理论宣教团，制作了《入党誓词的N种版本》等系列微党课视频。相关活动和作品先后被评为教育部全国高校“两学一做”支部风采展示活动微党课精品作品，获江苏省教育工委微党课评选活动一等奖、江苏省委宣传部“我读马列经典”微信朗读活动季度“最美的信仰之声”第一名等。

江苏大学强化网络思政教育。学校通过完善研究生教育部门官方媒体平台，发起形式多样、寓教于乐的网络思政活动。“江大研究生教育”微信公众号被教育部学位与研究生教育发展中心研究生媒体联席会议评为“优秀媒体建设奖”。依托媒体平台，学校在研工部网站、微信公众号开设“研师导思”专栏，面向团队开放，鼓励宣传报道。

南京医科大学为加强师生思想理论教育和价值引领，以“南京医科大学研究生”微信平台建设为抓手，积极搭建网络新媒体育人平台，2019年共推送246篇图文，总阅读量147余万人次，其中单篇最高阅读量130余万人次。微信平台在省学联发布的江苏高校研究生微信影响力榜单长期位居前列。学校建立研工部与新媒体中心微信平台双向负责机制，构建网络思政育人的新阵地。首先，公众号主要负责各项校园活动的报名宣传及结果公示，如第二届“图说南医”摄影大赛、“诗情画医——来自时光旅行者的信”作品征集活动及“研究生趣味运动会”等。其次，宣扬志愿者文化，结合“五四”青年节及雷锋月等，展示志愿者的风采，助力思政育人。最后，公众号贯彻“服务同学”的宗旨，编辑高质量的原创推送，推出“南京医科大学汇报答辩通用模板”医学科普等系列推文。公众号坚持讲好学校故事，为促进网络育人营造良好氛围。

第二节　科学道德与学风建设

在研究生科学道德与学风建设过程中，江苏各高校围绕制度建设、活动开展以及诚信意识等方面积极开展相关工作，推动研究生科学道德与学风建设工作再上新台阶。一是完善制度建设。各高校立足校情、院情和生情，从实际出发，制定学风建设管理办法等各项规章制度，建立健全学风建设的体制机制。二是丰富活动形式。各高校以开展形式多样的学术道德与学风建设活动为手段，科学谋划、多措并举，切实加强和改进学风建设。三是强化学术诚信。

各高校以优化科研诚信和学术诚信环境为目标,以推进科研诚信和学术诚信建设为重点,着力打造共建共治共享的科研诚信和学术诚信建设新格局。

一、完善规章制度,规范学风建设工作

制度建设是学风建设的前提条件。江苏各高校高度重视研究生学术规范和科研诚信教育,不断推出加强学风建设的制度措施,努力开创学风建设新局面,营造了良好的学术科研氛围。下面将以常州大学、苏州大学、南京工程学院、盐城工学院为例,展现各校在科学道德与学风建设中的制度设计。

常州大学聚焦学风建设成效,提升道德品质修养,以制度建设保障学风。学校制定和完善《常州大学研究生学术道德规范》等规章制度,坚持和落实学院党政领导与研究生面对面制度、导师走访宿舍制度、研究生辅导员入住宿舍制度等,全面从严管理,形成刚性约束。

苏州大学研究生培养方案规定《学术规范与学术诚信教育》由“科学道德和学风建设案例教学”及“学术诚信教育网络教学”两部分组成,计 1 学分,作为研究生思想政治课的有机组成部分。学校开发建设研究生学术诚信网络教育和考核平台,内容涵盖了《科研诚信知识读本》以及国家、江苏省和苏州大学关于学术规范一系列文件,研究生在网络平台可完成自学任务和自主测试,测试通过后签署《苏州大学研究生科研诚信与学术规范承诺书》。

南京工程学院制定了《南京工程学院全面落实研究生导师立德树人职责实施细则(试行)》,明确要求导师将思想政治教育与课程学习、科学研究、实习实践指导等工作相互渗透、有机结合。学校通过学位论文质量内控关口、做实预答辩(预审)环节、引入学位论文网上提交与审核机制,在研究生中形成了良好的学习风尚,提高了研究生导师的责任心。学校通过举办自觉抵制学术不端行为倡议和“弘扬科学精神,优化学术环境,营造科研氛围,恪守学术道德”签字、开展科学道德讲座等活动,加强对研究生在科学道德方面的教育。同时,学校严抓考风考纪,在每学期末召开诚信考试动员大会,并要求研究生签署诚信考试承诺书,对于考试违纪、论文抄袭等事件严肃处理,并通过优化各项奖励制度,使各项奖学金政策真正成为其成长成才的保障,进一步加强学风建设。

盐城工学院制定《盐城工学院研究生学术道德和学术规范管理办法》,严明学术纪律,规范学术管理,监督学术行为。学校建立研究生学术诚信档案,将科学道德和学术诚信宣讲作为研究生入学教育的重要环节,并将研究生科

学道德与学术诚信教育作为必修环节，纳入研究生培养方案和考核体系，建立学术诚信档案。

二、搭建学术活动平台，营造良好学术风气

江苏各高校均高度重视学风建设，以构建良好的科研生态为目标，以营造风清气正的科研环境为核心，通过开展“科学道德与学风建设”专题宣讲活动，系统设计并整体优化研究生科研环境。现以南京理工大学、东南大学、中国药科大学、江南大学为例，呈现各校在学术活动平台搭建中的实践探索。

南京理工大学搭建学术活动平台，强化学风建设，加强研究生学术文化建设。学校每年组织开展研究生学术文化节“菁华节”“走进前沿”“对话杰青”等形式多样的学术交流活动400余场，组织研究生参加江苏省研究生暑期学校和学术创新论坛。学校每年深入开展“科学道德和学风建设宣讲教育”活动，按照“三个一”（一场集中主题报告会、一次主题班会、一次导师主题谈心谈话）的要求，实现教育活动的全覆盖。

东南大学以讲座形式面向全体研究生开设科学与人文素养必修课程，每年举办150余场，每年受益学生达到4万人次，实现硕士、博士研究生科学素养教育全覆盖。学校每年春季学期举办为期3个月的研究生学术科技节、研究生学术报告会，推动研究生将学术道德内化于心，外化于行。

中国药科大学围绕研究生科学道德与学风建设开展系列座谈，听取资深教授、青年教师和研究生代表等各方面的意见建议。学校将科学道德教育纳入新生入学第一课，每年以“树立学术规范理念、规范学位论文写作”为主题举办多期讲座，将“研究生学术道德与学术规范”设置为必修课程。

江南大学在研究生新生入学教育中设立“科学道德与学风建设宣讲报告会”专题，邀请德高技精的导师结合自身学术生涯向研究生分享对学术诚信的理解，强调研究生遵守学术规范、坚守学术诚信、维护学术尊严的重要性；组织师生集中收看全国科学道德和学风建设宣讲教育报告会，感受科学家精神；组织观看“共和国的脊梁——科学大师名校宣传工程”演出剧目，使师生接受爱国奋斗精神的洗礼；组织各学院开展形式多样的学术道德与学风建设活动。学校把科学道德和学风建设相关内容融入研究生日常教育，为切实在研究生中形成正确的学术道德观、建立良好的学术风气奠定基础。

三、坚持学术不端“零容忍”,强化学术诚信

江苏各高校应用信息化手段完善和规范研究生的学术行为,引导学生遵守学术规范、恪守学术诚信、抵制学术不端,逐步构建起科学道德和学风建设的长效机制。以下将以中国矿业大学、南京信息工程大学、南京理工大学、中国药科大学、河海大学、南京体育学院为例,介绍各校在学术诚信教育上的典型做法。

中国矿业大学应用信息化手段完善和加强研究生培养过程中学风建设、学术不端问题的预防和处置机制,加大对学术不端、学位论文作假行为的查处力度,使用了“课程作业管理系统”“论无忧——学位论文规范性检测云服务系统”和“研究生论文学术不端检测系统”等信息系统,辅助任课教师、导师和管理人员发现作业、学位论文中的学术不端现象,有效预防抄袭、剽窃等行为,引导学生遵从学术规范、树立学术诚信。

南京信息工程大学坚持“零容忍”,涵养良好学术生态,将科学道德与学术诚信纳入研究生评奖评优和思政考核评价体系,建立科研诚信负面清单,树立学术规范鲜明导向,把握学术道德考评的“度量标尺”。学校通过一系列措施、活动的落实,将科学道德与学风建设经常化、规范化、制度化,形成了崇尚诚实的良好研创风尚。

南京理工大学修订博士硕士学位授予细则。根据《南京理工大学研究生管理规定》《南京理工大学博士硕士学位论文抽检实施办法》《南京理工大学研究生和导师违反学术道德与纪律处分条例》等相关管理办法,对《南京理工大学博士、硕士学位授予细则》进行了修订,增加了学位论文评审结果处理规定,进一步增加和明确学风方面的内容与要求。通过相关制度的制定和实施,加大了对学术不端行为的调查和惩处力度,提高了违规成本。

中国药科大学印发《关于建立健全师德建设长效机制的实施办法》《研究生导师资格审定工作实施办法》《学术不端行为查处办法》等文件,从组织保障、监督检查、评价激励、责任落实等方面,对系统推进科学道德建设提出明确要求。学校定期统计近年学位论文查重情况,分析学术不端行为各种表现形式,严格开展研究生学位论文查重检测工作。学校对所有应届博士研究生及按10%—15%比例随机抽取的硕士研究生学位论文开展答辩前盲审工作。

河海大学规范学位工作条例与标准,进一步严格论文评阅、答辩程序及学位授予程序,制定了《河海大学预防和处理研究生学术不端行为办法》,扎牢严

防研究生学术不端行为的制度笼子。学校通过不断完善制度建设，努力创新教育途径和方法，逐步构建起科学道德和学风建设长效机制。

南京体育学院修订了《学位论文作假行为处理办法》《学术不端行为处理暂行规定》，更加严格和明确相关程序，从研究生论文发表、学位论文学术不端检测到学位论文答辩等环节，进行全程跟踪和监督，对学术不端的行为零容忍，一旦发现马上进行调查和处理。学校通过不断完善学风建设管理制度，进一步净化了研究生教育的学术环境。2019 年，研究生毕业论文学术不端检测超标率较 2018 年有大幅度下降，所有的硕士学位论文都要研究生和导师共同签署原创声明和诚信承诺书。学位论文相似度检测中，如果超过 30%相似度红线，即认定为学术不端，取消当年的毕业答辩资格，并视其情节轻重作相应的处理。

第三节　研究生多元育人路径

育人路径的设置与选择作为研究生培养过程中的重要环节，是提升研究生培养质量的核心前提，同时也是对“如何培养研究生”的直观诠释。江苏各高校积极开展多元育人路径的探索。多元育人路径融入专业特色，强调实践平台的搭建并关注学生心理发展状况。

一、融入专业特色，构建科研育人格局

依托专业特色和学科特点是构建科研育人路径的重要方式。江苏省各高校紧紧围绕专业与学科特征，通过讲座、讲堂、茶座、科技文化节等形式，不断开拓形式多样的育人路径。现以江南大学、南京林业大学和南京农业大学为案例进行具体介绍。

江南大学打造基于学院、学科特点的思政文化育人品牌，如纺织服装学院思政类栏目“教授茶座”、化工学院“化山论见”研究生科研与人生精神系列讲座、生工学院“朱宝镛大讲堂”、食品学院学生导师“一对一”“对话大师”活动、人文学院“湖畔杏坛”研究生论坛等。

南京林业大学基于专业特色打造“水杉”品牌。学校注重研究生学术和文化素养的培养，开设“水杉”文化讲堂，邀请蒋剑春院士、“森林小木屋”原型人物徐凤翔教授等名家开设讲座。学校每年举办“水杉”研究生科技文化节，开展丰富多彩的科技、文化、体育活动。学校每年在研究生中组织开展“水杉”学

术讲堂、“水杉”学术沙龙500余场，丰富研究生的校园生活，营造浓厚的文化艺术氛围。

南京农业大学以提高研究生学术创新能力为核心，着力加强科研育人。学校立足研究生学术属性，重点打造“研究生神农科技文化节”品牌，实施研究生精品学术活动，举办研究生国际学术会议。

二、搭建实践平台，拓展实践育人路径

实践是理论转化的根本途径，也是人才培养的重要环节。为有效提升研究生实践能力，江苏各高校结合多方优势，依托新媒体平台发展新项目，以参与、服务等形式构建出一系列典型的实践育人路径。现以江南大学、南京航空航天大学、中国矿业大学、常州大学、南京理工大学和南京医科大学为例进行详细介绍。

江南大学立足实践，从组织方式、活动内容、评价体系等方面，提升实践育人工作的吸引力、凝聚力，扩大覆盖面，使广大青年在社会实践和志愿服务中了解国情、奉献社会、服务人民。具体措施主要有：第一，树立互联网思维，完善信息化实践体系，提升组织育人凝聚力。学校依托新媒体平台，开发“第二课堂成绩单”系统，构建与学生直接联系的网络组织体系；组织志愿服务队，赴全国各地开展社会实践。第二，探索项目制模式，培育专业化实践队伍，彰显实践育人影响力。学校与无锡市禁毒委员会办公室、国家税务总局无锡市税务局等合作，设计“食品安全进社区”“益起设计”“博爱青春”等品牌项目，依托学科专业服务社会需求。第三，打造“小彩虹”名片，建立常态化实践机制，激发文化育人引领力。学校将社会实践和志愿服务纳入人才培养方案，强化资源保障力度，注重适时评估。学校全年为世界物联网博览会等26场赛会活动提供志愿服务。

南京航空航天大学持续推进“研究生硕博团暑期社会实践”活动。学校组织党员骨干培训班成员开展“军工记忆”暑期实践，拍摄制作纪录片《我眼中的航天人》，并向部分校友颁发了德育聘书，邀请老军工和校友们返校为同学们开展航天精神教育活动。

中国矿业大学结合学科特色，每年组建“博硕士服务矿区科技实践团”，前往煤矿企业一线送技术服务，成员均为在读硕士和博士研究生。五年来，实践团先后去过阳煤集团、兖矿集团、潞安矿业集团、义马煤业集团、龙煤集团、铁煤集团、神华宁夏煤业集团，脚步遍及东北、西南、西北、华北地区的煤矿线。

该实践团获得了“江苏省大学生志愿者暑期‘三下乡’社会实践活动优秀团队”称号。另外，学校结合徐州红色革命文化资源，因地制宜地开发红色教育实践活动，组织研究生志愿者参与整理淮海战役亲历者口述史资料45万字左右，使研究生志愿者在亲身参与中增知识、受教育，继承和弘扬革命精神。

常州大学搭建社会实践平台，提升研究生社会责任感。法学院与常州市司法局联合举办“12·4”法治宣传节活动，研究生到社区和中小学举办法治课堂，参与地方人民法院、检察院、司法局(公证处)等单位法治实践，推动研究生深度融入地方法治建设。艺术学院与常州市一加爱心社、妇幼保健院等单位建立了长期稳定的志愿服务关系，与校外机构“同频”，协助参与市级志愿服务活动。

南京理工大学搭建社会实践平台，强化研究生责任教育。校院两级层面组织开展多种形式的社会实践活动，教育引导研究生在社会实践中长知识，增才干，做贡献，并注重三个结合：一是与思想政治教育结合，如开展“重走复兴之路”“一带一路”“改革开放四十周年”等专项社会实践活动；二是与专业实践、研究课题相结合，如开展“博士服务团”“互联网＋”“节能减排”等社会实践活动；三是与就业指导相结合，如开展“国防行‘移动思政课堂’”“优博名企行”等活动。

南京医科大学高度重视实践育人作用。学校秉承“专业与实践融通”的教育观，经多年探索与实践，以暑期“博士团”三下乡活动品牌系列互动为载体，以培养研究生的创新精神和实践能力为重点，充分发挥专业社会服务在立德树人中的重要作用，着力实现全程育人、全方位育人。几年来，暑期“博士团”先后来到盐城大丰区、东台市沿海滩涂垦区、宿迁、淮安市第二人民医院、南京市第二十九中学等地，通过体检、义诊，组织健康讲座等多种形式，大力拓展社会实践领域，把专业教育搬到社会实践大课堂，使学生深化医德认知，增强服务群众意识，在为基层人民群众送医送药的过程中涵育高尚医德，努力成为担当民族复兴大任的时代新人。

三、关注学生心理，凸显服务育人价值

关注研究生的心理发展状况，及时了解研究生在学习和生活过程中出现的心理问题，并采取科学的手段来进行干预，是研究生多元育人路径中的重要组成部分。下面以南京大学、南京农业大学、南京林业大学、南京工业大学、徐州医科大学、江苏海洋大学和江南大学为例进行介绍。

南京大学完善研究生心理健康教育机制。学校针对研究生特点开设新生专场心理讲座，组织超过80%的新生参加心理普查；开设研究生“心理健康导论”课程；在研究生中聘任心理委员，实现网格化管理；组织开展“研究生心理活动节”；面向研究生导师开展心理健康培训，帮助导师了解心理健康知识，以便在工作中做到多预防、早预警。

南京农业大学关爱特殊研究生群体，大力促进心理育人。学校定期采集家庭经济困难、学业困难、人际关系困难和心理健康问题等特殊研究生群体信息，帮助他们解决实际困难。学校建立研工部、研究生辅导员、导师、社区管理员“四级”预警防控体系，完善心理危机干预工作预案。学校每年组织研究生新生参加心理普查工作，参与率在95%左右。

南京林业大学健全保障体系，关注学生身心健康。学校每年对所有研究生新生进行心理测评，对重点学生分档立卡，重点关注。学校构建学校、学院、班级、宿舍四级心理防控体系，定期培训心理委员，对学生心理问题早发现、早预警、早干预。学校建立心理健康月报制度，定期回访建档学生；建立全天候心理咨询室值班制度，每周7天都可以预约咨询；建立心理辅导教师联系学院制度。学校每年还开展“5·25”心理健康节活动，开展心理健康知识培训，引导研究生关注心理健康。

南京工业大学建立“朋辈式”教育模式，形成心理健康教育网络。为了提升心理育人质量，促进学生身心和谐发展，学校制定《关于加强研究生心理健康教育工作的实施意见》，成立“研究生心理健康协会”，建立健全三级心理健康教育工作网络体系，开展了首届心理联络员、心理气象员培训，从队伍建设、资源导入、环境营造三方面促进研究生心理健康朋辈教育。

徐州医科大学坚持育心与育德并举，积极构建“教育教学、实践活动、咨询服务、预防干预、平台保障”的心理健康教育工作格局，建立学校、院系、学科、导师“四级”预警防控体系，引导学生树立理性平和的心态和健全的人格。

江苏海洋大学积极开展心理健康教育。根据研究生的心理特点，开展心理健康普查、心理健康教育、心理咨询和危机干预等工作，经常开展一些文体活动来化解研究生心理压力。学校开发有针对性的个体服务和团体辅导项目，充分利用微信公众号等媒体，培养学生理性平和、积极向上的健康心态。

江南大学基于现状开展问卷调研，做好研究生主观幸福感专项调研工作，共回收3 466份有效问卷并形成研究生心理现状与需求调研报告；基于专题开展宣传教育，面向政工干部、研究生导师与学生代表开展研究生心理危机识别与干预的专家讲座，发放《研究生心理手册》，有计划地接待新生参观心理中心，为研究生开设专题心理讲座；基于实效组织实践活动，组织研究生参与心理健康演讲比赛、情绪专题讲座以及户外拓展等各种心理健康教育活动；基于需求提供咨询服务；基于防范做好危机干预，在 52 个研究生新生班级增设心理保健委员，组织开展心理专项业务培训，开展心理健康素质普测和心理健康素质选测工作。

第四章
研究生教育综合改革

研究生培养模式改革的三大举措。随着教育体制改革的不断深入和教育需求的多样化发展，人才培养模式的改革及其内涵发展逐渐成为中国高等教育重点关注的议题之一，高层次人才培养模式的改革与发展更是关系到国家综合国力和民族振兴的大事。江苏各高校主动承担起研究生人才培养模式改革的责任，着力于模式探索、制度完善和产教深度融合等层面。研究生培养模式改革的举措主要包括：探索多元化人才培养模式；完善研究生培养制度；推动产教深度融合。

研究生课程建设的五大举措。2017 年，教育部、国务院学位委员会印发《学位与研究生教育发展"十三五"规划》，将研究生课程建设作为研究生教育综合改革的重要内容之一。江苏各高校为提高研究生课程教学质量，先后采取了多项有力的举措。研究生课程建设的举措主要包括：完善研究生课程体系；加大课程建设经费投入；优化课程与教学资源；建立健全教学质量监测体系；加强教学案例库建设。

研究生国际交流与合作的七大举措。国际交流与合作是拓宽研究生国际视野、提升研究生教育质量的重要途径。在经济全球化的大背景下，研究生教育国际化已经成为世界各国研究生教育发展的重要趋势。江苏省作为研究生教育大省，十分重视研究生的国际交流与合作，致力于培养具有国际视野的研究生高层次人才。江苏各高校国际交流与合作的举措主要包括：完善研究生国际交流与合作制度；提高研究生国际交流的覆盖率；保障研究生国际化经费支持；建立国际化课程体系；加强研究生国际化培养平台建设；拓展对外合作办学项目；建设海外研究生实践基地。

研究生科研创新实践活动实施成效显著。研究生科研创新实践大赛旨在深化人才培养模式改革，充分发挥大赛的导向作用、激励作用和推动作用，以赛促学、以赛促教、以赛促改，提升研究生培养质量。暑期学校作为常规研究生教育的重要补充，在实现高等教育优质资源共享等方面具有重要意义。研究生科研创新实践大赛调查结果表明，领队和指导老师及参赛研究生对大赛的总体满意度很高，89.00%的参赛研究生表示参加大赛后的收获很大，其中认为收获非常大的有53.20%，认为收获较大的有35.81%。研究生暑期学校调查结果表明，66.71%的学生对此次暑期学校表示非常满意，27.08%的学生对此次暑期学校表示满意。

第一节　培养模式改革

因为办学理念的惯性约束、制度和资源的羁绊、评估机制不够完善等问题，我国研究生的培养模式改革面临着不少的困难和"瓶颈"。要解决这一系列的问题，根本出路在于深化改革。江苏各高校在研究生人才培养模式改革过程中，开展了对模式创新、制度建设和产教深度融合等关键问题的探索。

一、探索多元化人才培养模式

江苏省各高校对多元化人才培养模式的探索主要着眼于培养方案的优化、培养目标的调整、培养制度的完善、培养体系的健全等方面，将人才培养工作模块化、条理化，现以南京大学、南京医科大学、南京中医药大学和常州大学为例进行详细介绍。

南京大学是教育部14所研究生教育综合改革试点单位之一。2019年，该校研究生教育综合改革举措主要包括以下几方面：(1)坚持"四三三"博士教育改革的核心，执行既定的博士资格考核和弹性分流机制，对博士生培养质量起到了加压促优、正向激励的作用。"四三三"博士教育改革方案按照最初设定的"连续三次未通过博士资格考核须退出""博士学业六年内未通过博士资格考核须退出"标准对在读博士研究生进行了考核分流。(2)坚持把关南京大学博士生资格考核与弹性分流机制，博士研究生培养质量提升成效显著。教育部在教建议字〔2019〕249号文件中充分肯定了南京大学做法，认为南京大学为树立全国博士生培养模式改革树立了示范。(3)推动南京大学博士生基本修业年限从三年改成四年，自2020年起招收博士生基本修业年限为四年。(4)解决院系开通三年级硕博连读通道的诉求，扩大本校博士优质生源来源。2019年，27名三年级学术学位硕士研究生获得硕博连读申请资格，学术学位硕士研究生申请硕博连读数量提升10%。(5)从"博士资格考核—学业六年内—学业第八年始"三个时间节点和"学校—院系—导师"三个服务层次，构建贯穿博士生培养全过程的三级三层学业预警与支持机制，打破单一出口质量控制的短板，凸显南京大学研究生教育高质量发展的内涵。(6) 专业学位研究生改革依托教育部综合改革试点计划，加强“课程体系、实践基地、质量标准”三要素建设，推动院系形成“三位一体”的特色化专业学位培养模式。2019 年首期改革进入收官之年，38 个专业实施了新培养方案，一批专业学位实践课程和基地投入使用，实现了专业学位从外挂成长型到体系内嵌型、自主发展型到规范提升型、局部探索型到系统推进型的转变。

南京医科大学深化“5＋3＋X”临床医学专业学位研究生教育综合改革。学校优化专业学位研究生培养体系，以提升实践能力为导向，不断完善管理体系，改革课程设置，更新教学内容，优化临床培训计划，重视临床科研能力训练，完善学位授予条例，持续深化以提高临床能力为核心的培养体系。针对临床医学人才培养过程中存在的普遍问题，学校坚持“学生中心、结果导向、持续改进”的理念，明确分类考核，完善结果导向的专业型临床医学人才选拔培养制度，不断实践并构建了临床专业硕士培养质量提升体系。学校实施“校内优选”招生选拔模式，选拔优秀的本校“5＋3”接轨培养临床(口腔)医学专业学位应届硕士毕业生直接攻读全日制“5＋3＋X”博士，切实落实临床医学博士专业学位研究生教育与专科医师规范化培训模式接轨。同时，学校在全日制博士专业学位研究生培养方面，完成了全日制博士专业学位研究生 33 个专业方向的培养方案制定，在省内及独立设置医科院校中率先出台全日制博士专业学位研究生各专业培养方案。

南京中医药大学创新人才培养体系，探索新医科发展新模式。学校承担教育部“中医拔尖创新人才培养模式改革(9 年本博一贯制)”试点项目，通过融通中西的卓越课程体系，实施顶尖临床实训计划和海外游学计划，按照“九年一贯，整体优化，分段培养”的整体思路，培养“学贯中西、国际视野、大师潜质、追求卓越”的复合型拔尖医学人才。学校联合中科院上海药物所成立“新中药学院”，在全国率先探索中药学(“4＋5”本博一体化)拔尖创新人才培养模式改革，实施医药协同、基础与临床融合，着力培养“卓越科学家”。学校与附属康缘药业合作成立“康缘中药学院”，培养中药制药(“4＋3”本硕连读)卓越工程师。由此，学校形成了卓越医生、卓越科学家、卓越工程师并行的人才培养体系，并在新医科建设背景下探索出了人才培养的新路径。

常州大学积极探索复合型技术转移研究生多学科协同培养新机制，成立了由江苏省科技厅、教育厅批准设立的江苏省首家技术转移研究院，打造专业化、高层次技术转移人才培养的“试验田”。学校在全国率先启动高端技术转移人才培养工作，制定了《常州大学面向技术转移领域研究生培养管理暂行办法》，通过在工程管理硕士中设置技术转移培养方向和在工程硕士领域开展多学科联合培养两种模式，进行复合型技术转移领域研究生多学科协同培养探索。具体举措如下：(1) 研究制定研究生培养方案，突破“技术转移”学科的限制，建立跨学科、跨专业、跨平台的课程教学和实习实训体系，构建了与高校、科研院所、大型企业联合培养模式；(2) 组织编制技术经理人培养教材，探索技术转移服务从业人员的职业生涯教育，面向在校学生开设技术转移选修课；(3) 建立技术交易市场暨双创路演中心等专业化交易撮合实训平台，锻炼学生的实战经验，发挥“交易、共享、服务、交流、展示”五位一体的功能。

二、完善研究生培养制度

研究生培养制度是人才培养工作系统化、规范化的重要保障。江苏各高校非常重视培养制度对于研究生教育质量的积极作用，细化培养环节管理，加强信息化管理平台建设，有效利用教育评估体系。下面以徐州医科大学、江南大学和苏州科技大学为例，呈现江苏完善研究生培养制度的经验与举措。

徐州医科大学不断完善研究生培养制度，具体举措包括以下几个方面：(1) 打破理论实践分阶段培养的传统模式。学校落实导师“第一责任人”制度，在指导研究生入学后进行课程学习的同时，积极开展科学研究或临床实践，注重研究生科研能力的提高和个人原创成果的产出，加强学科领导，提升学科整体培养成效。(2) 强化临床医学专业学位研究生的培养特色。学校遵循临床医学应用型人才培养规律，强化临床训练和考核标准，依托研究生培养单位，整合临床学院的学科资源，按照国家住院医师规范化培训的标准，组织专业学位研究生进行临床轮转和临床能力考核，安排公共卫生、药学专业学位硕士研究生赴疾控中心和技术型药企等政产性质的单位进行培训。(3) 加强研究生培养的信息化管理平台建设。学校依托研究生信息管理系统，推行“学校—学院—导师”二级管理、三级负责的研究生教育管理模式，发挥学院直管的作用，规范和监控各培养环节。(4) 有效利用教育评估体系。从医学学科结构和医学研究生培养的特点出发，学校建立评价研究生培养的指标体系，设置医学研究生导师评价量表、课程任课教师评价量表以及研究生课程体系评价问卷等教学评价内容，及时建立“教—学”反馈机制，推动教学方式和研究生课程体系的动态优化。

江南大学细化培养环节管理，加强质量过程监控。学校将培养质量的保障重心前移，充分发挥中期考核的筛选与淘汰作用，保障资源的有效利用。学校试点开展博士和硕士研究生限期统一完成中期考核，督促其按期开题。2016年和2019年，研究生院两次修订《江南大学研究生学籍管理办法》，对拟超最长学习年限的研究生，提前采取学院专家组答辩形式，由专家决定是否延期。同时，学校还启用个性化学业预警功能，随时提醒研究生学业进度和时间节点，督促其有计划、按部就班地在学制内完成学业。

苏州科技大学完善研究生培养制度的主要举措有：(1) 制定(修订)研究生培养方案。学校根据学科(专业)评估和专业学位培养综合改革需要，结合各专业研究生指导性培养方案，对原有招生专业(方向)、新增学科或专业学位类别(领域)的培养方案进行了全面优化和制定。(2) 推动研究生教育教学改革研究。学校继续推进省级和校级研究生教育教学改革与研究课题的申报和立项管理等工作，积极推动各学院致力于研究生培养模式改革研究，总结研究生科研与实践创新能力培养模式改革成果，推进省级和校级研究生教育成果的培育与推荐。(3) 继续推进双导师制，深化产教深度融合。学校高度重视研究生工作站的建设，发挥其在研究生实践创新能力培养中的促进作用，遴选研究生工作站高水平专业技术人员开展研究生联合培养，推进专业学位研究生双导师制，鼓励导师团队指导培养，发挥江苏省产业教授的实践指导能力，定期邀请产业教授开展学术报告及联合授课等。(4) 持续开展校际联动，增强研究生学术交流。学校积极主办、承办研究生学术创新论坛、暑期学校、学术会议、联合设计与研究等学术交流活动，推动国内外高校加强合作与交流。(5) 鼓励学生参加学科竞赛，提升研究生实践能力。学校积极组织研究生参加全国及江苏省数学建模竞赛、中国研究生创新实践系列大赛等高水平学科竞赛，以赛促学，以赛促研，旨在全面提升研究生培养质量。

三、推动产教深度融合

产教融合是实现研究生人才培养与社会需求相结合的有效举措，同时也是推动人才培养供给侧结构性改革的重要路径。江苏省研究生工作站与产业教授是江苏省研究生教育实践中的名片工程，两个项目已相继开展了近十年，在促进研究生教育产教融合(尤其是专业学位研究生培养)中起到了较强的深化作用。

2019年，全省共有2 292家与江苏高校合作的研究生工作站提交了合作培养年报数据。一方面，研究生工作站为研究生培养提供了充分的条件支撑。据统计，2 292 家研究生工作站内配有专业技术人员（管理专家）超过 22.63 万人（表 4－1）。专业技术人员中拥有硕士及以上学位的占 26.56%，其中拥有博士学位的占 3.37%；拥有中级及以上职称的占 44.16%，其中拥有高级职称的占 15.08%。2 292 家研究生工作站与高校合作各类课题数量达 4 819 个，站均超过 2.10 个。

表 4－1 2019 年江苏省研究生培养普通研究生工作站培养条件情况

培养单位	研究生工作站专业技术人员（管理专家）情况					与高校合作课题数量/个
	总数/人	博士学位拥有占比/%	硕士学位拥有占比/%	高级职称拥有占比/%	中级职称拥有占比/%	
“双一流”建设高校	155 116	3.49	25.00	14.77	27.71	2 849
江苏高水平大学建设高校	87 169	3.33	22.70	15.88	30.28	2 204
其余高校	35 931	2.77	19.89	17.06	33.43	772
全省	226 372	3.37	23.19	15.08	29.08	4 819

注：硕士学位拥有占比统计对象为仅有硕士学位，中级职称占比统计对象为仅有中级职称。

同时，研究生工作站广泛参与到研究生的培养环节中。据统计，2 292 家研究生工作站中，参与研究生学位论文开题的占 69.15%，参与研究生学位论文中期考核的占 65.79%，参与研究生学位论文答辩的占 51.75%，全程参与指导研究生学位论文的占 47.64%（表 4－2）。

表 4－2 2019 年江苏省研究生工作站参与研究生学位论文指导情况 单位：%

培养单位类型	参与开题	参与中期考核	参与答辩	全程参与
“双一流”建设高校	68.92	65.85	48.92	45.69
江苏高水平大学建设高校	65.94	62.19	49.13	44.75
其余高校	72.58	66.13	59.41	54.03
全省	69.15	65.79	51.75	47.64

2019 年，共有 1 001 位江苏省产业教授提交了合作培养年报数据。据统计，1 001 名江苏省产业教授开设课程或讲座共计 1 071 门（场），合作指导研究生数量共计 1 958 名，合作科研项目 1 036 项，合作发表著作或论文共 748

篇,合作获授权专利 924 项(表 4－3)。

表 4－3　2019 年江苏省产业教授高校合作情况

培养单位类型	开设课程或讲座/门(场)	合作指导研究生/名	合作科研项目/项	合作发表著作或论文/篇	合作获授权专利/项
“双一流”建设高校	671	1276	663	489	601
江苏高水平大学建设高校	421	732	380	258	314
其余高校	173	285	156	128	139
全省	**1 071**	**1 958**	**1 036**	**748**	**924**

此外,江苏省教育厅与江苏省产业技术研究院(以下简称“省产研院”)、华为公司就学科建设和研究生联合培养达成了合作协议。据统计,2019 年共 9 所高校与省产研院签订了合作协议,在 32 个学科领域开展了实质性合作,共有 115 名研究生参加了“集萃研究生”联合培养计划。10 所高校与华为公司开展了实质性合作,共建 8 门研究生课程,开展 16 个研究生产学合作项目,12 名教师参加了华为人工智能师资培训,60 名研究生参加了华为人工智能工程师认证学习。

另一方面,江苏各高校充分利用产教融合提供的资源和平台,大力优化研究生培养的实践环节。下面以江苏大学、南京工业大学为例,介绍学校在推动产教深度融合中的具体做法。

江苏大学深化产教融合的主要措施有:(1) 牵头成立“江苏省学位与研究生教育学会产学研合作培养专业委员会”。学校邀请南瑞集团、扬建集团、江苏润果等省内知名企业代表参会,会议讨论并通过了《产学研合作培养专业委员会管理办法》《产学研合作培养专业委员会 2019—2021 年年度工作方案》,并对产学研联合培养中遇到的问题及积累的相关经验进行了深入的交流。(2) 建立江苏大学苏州集萃研究生院与实践基地。学校继续深化与江苏省产业技术研究院的合作,联合苏州相城区政府,成立江苏大学苏州集萃研究生院。同时,学校进一步优化产业教授的校内选拔推荐机制,努力将江苏大学苏州集萃研究生专业实践基地打造成国家级示范基地。(3) 在研究生实践基地建立党支部。2019 年,学校试点在山东双轮股份有限公司、南京融点食品科技有限公司两家研究生实践基地设立临时党支部,使研究生在企业进行生产实践的同时不断加强党的理论知识学习。临时党支部负责人由学校里和企业联系密切的党员教师担任，临时党支部积极参加实践基地所在单位的党支部活动，使进行专业实践的学生党员能够及时学习党的先进理念，不断提高政治觉悟与政治素养。(4) 筹划建立区域性研究生工作站总站。学校针对进入研究生工作站的研究生管理困难的问题，拟与地方政府合作，以扬中市为试点，筹划建立江苏大学扬中研究生工作站总站，由高校和地方政府合作，共同负责进站研究生的管理。

南京工业大学整合校内实践平台，构建国家、省级、校级三级研究生寓教于研实践创新平台。学校夯实四级研究生工作站(校级联合培养基地、江苏省研究生工作站、江苏省优秀研究生工作站校级培育点、江苏省优秀研究生工作站)平台，发挥产业教授引领作用。南京工业大学与地方共建张家港学院，探索产学研用合作新模式。学校通过将产业学院、研究院建在地方企业，直接对接产业和地方经济发展需求，贯通产教融合渠道，寓教学科研于社会服务，为区域经济汇聚发展新动能提供有力支撑。2019 年张家港学院招录 30 名研究生，联合张家港企业申报省研究生工作站 4 家，获批 1 家。学校签署共建联合实验室框架协议、校企产学研合作框架协议 8 份，签署共性技术研发项目合同 3 个，申报苏州市科技项目 1 项。

第二节　课程建设

课程教学是研究生培养中的重要环节。江苏各高校越来越重视对研究生课程体系的建设和改革，并采取了多项有力的举措，如完善研究生课程体系建设，加大对课程建设的经费支持，不断优化课程与教学资源，建立健全教学质量监测体系以及加强教学案例库建设等。

一、完善研究生课程体系

为进一步完善研究生课程体系建设，江苏高校加大对研究生国际化课程的开设，提高本硕博课程设计的连贯性，打造具有示范作用的教学资源，健全“国—省—校”三级课程建设体系，深化校企合作培育课程。以下总结南京农业大学、南京林业大学、南京信息工程大学和南京财经大学在完善研究生课程体系方面的举措。

南京农业大学推动本硕博课程贯通与分级，完善一级学科课程体系，宽口径夯实知识基础；邀请知名专家开设博士生前沿课程专题讲座，紧跟科学研究前沿和热点难点;系统建设全英文课程,引入国际化教育理念;建设研究生在线课程,优化授课模式。

南京林业大学建立健全"国一省一校"三级课程建设体系。学校遵循"保证质量、重点建设、注重实效"的原则,以国家、省、校三级质量工程建设项目为契机,建立并不断完善三级课程建设体系。

南京信息工程大学围绕"多维度、个性化、国际化"教学理念,打造了一批具有示范作用的一流教学资源,构建通识类、专业课程类、公共基础类、创新创业类四大模块"金课"体系。学校邀请气象行业专家与学校共同开展"三百工程",即引进一百名气象行业专家,实行局校合作一百门课程和一百部教材。

南京财经大学不断深化校企合作培育课程,探索与行业领军企业联合培养人才新机制,构建"理论教学、模拟实验、参观座谈、实践实习"为一体的课程体系,为研究生提供贴近市场、专注专业、实操演练和实践教学的学习机会。另外,学校积极与校外相关企业合作,设立研究生期货人才培育工程项目,开设"期货专题理论与实施教学"课程。

二、加大课程建设经费投入

加大对研究生课程建设的经费投入,是保障研究生课程质量的重要前提。江苏各高校加大对研究生课程建设经费的投入主要从两方面开展:一是完善课程建设的立项工作,使经费分配更加规范;二是制定相关的制度,加强对课程经费的管理。以下对河海大学、南京林业大学和中国矿业大学在加大课程建设经费投入方面的举措进行介绍。

河海大学每年对研究生课程建设投入约 240 万元,课程建设项目实施周期为两年。学校定期组织开展中期检查与结题验收工作,资助经费根据项目实施情况分期划拨。

南京林业大学强化制度建设及经费保障。学校出台《全英文授课专业建设项目管理暂行办法》《专业学位研究生课程案例库建设项目管理办法(试行)》等文件,加速推进研究生课程改革,近 3 年累计投入课程建设经费近 1 000 万元。

中国矿业大学加大经费投入,持续推进课程体系改革。2019 年投入 128 万元,重点建设工具类、案例教学类以及全英文课程等。学校立项重大项目"研究生工具类课程教改专项"(30 万元)1 项、"案例库建设与案例教学"10 项、"工程伦理"课程建设专项 12 项、国际化课程建设项目 7 项、思政教学团队建设项目 2 项。

三、优化课程与教学资源

课程建设离不开丰富的课程与教学资源的支撑。完善研究生国际化课程体系，选用高水平英文原版教材，系统建设全英文课程以及开展研究生精品课程和教材等项目申报是江苏各高校优化课程与教学资源的重要举措。以下是南京航空航天大学、河海大学、南京农业大学和南京审计大学在丰富教学资源和优化课程体系方面的主要举措。

南京航空航天大学推进研究生国际化课程，选用近 5 年出版或再版的高水平英文原版教材，并予以稳定经费支持。2019 年，共选用高水平英文原版教材 249 部。同时，学校资助或奖励出版研究生教材 6 部。另外，学校建成“工程伦理”研究生在线课程，并在疫情期间依托精品课程在线教学平台，积极开展教学方法创新，丰富教学资源，不断完善新形态下的线上教学设计，保障研究生教学质量。

河海大学开展了校级研究生精品课程、精品教材、案例课程、规划教材及在线课程建设项目的申报和实施工作，每年立项 40—50 项。课程建设突出了学校特色与学科特色，如在线课程“水利数学”“水资源管理”，结合了水利特色与学科优势。同时，学校还分层次分类型申报研究生课程建设项目，推进了研究生教学改革。另外，学校将研究生课程与教材建设项目作为教师职称评选的重要参考指标，明确了课程和教材建设在研究生人才培养中的重要作用。

南京农业大学鼓励教师编写教材和使用教学案例，丰富研究生课程教学资源；通过开设“科研伦理与学术规范”课程，让研究生深刻认识到学术诚信和规范的重要性，加强学术道德建设。

南京审计大学在提倡使用国家级优秀教材和教育部推荐的研究生教学用书的同时，鼓励各学科根据学科特点自编反映本学科特色的讲义、教材或多媒体课件，有选择地使用合适的外文原版教材。

四、建立健全教学质量监测体系

教学质量监测体系是保障研究生课程质量的重要措施。江苏各高校不断完善研究生教学评价和反馈体系，加强课程体系和教学督导制度建设，发挥研究生管理信息系统的预警作用与课程的育人功能。现以南京大学、南京理工大学、南京审计大学和江苏大学在教学质量监测体系建设上的举措为例进行介绍。

南京大学研究生教学评价主要有公共课程学生网络评价、品牌课程多维度评价及专业课程院系自评等。学校计划于2020年正式成立研究生教学督导团,对研究生日常教学活动、教学管理(含档案管理)及教学研究涉及的各类专项工作等进行督导。

南京理工大学建立研究生课程、授课教师的准入、退出和奖惩机制,强化授课教师的质量意识。学校充分发挥教学督导和学生评教制度的作用,建立对研究生课程授课质量的监督、评价和信息反馈机制。学校围绕"加强研究生教学管理,提高研究生教学质量"宗旨,定期开展教学督导座谈会,开展"研究生教学质量月"活动,收集意见和建议并反馈至各培养单位。

南京审计大学建立教学督导和评价制度。学校制定《南京审计大学研究生教育督导工作暂行办法》,遴选校级研究生教育督导9人,加强对研究生培养全过程的质量监测和评估;制订专业学位研究生实践教学质量监督评价办法,保证实践教学质量。

江苏大学充分发挥"研究生管理信息系统"及时跟进与预警的作用,实行研究生课程教学与考核全程监控。学校开展校院领导听课制度、教育督导听课制度、研究生课程评教制度等,加强教学督导和过程监管。同时,学校在教学过程管理中将"价值引领"作为一个重要监测指标,在精品课程的遴选立项、评比和验收中设置"价值引领"或"德育功能"指标,充分体现课程育人功能。

五、加强教学案例库建设

江苏各高校采取多样化的举措来加强研究生案例库建设,如南京邮电大学以教学案例库为抓手,强化课程建设;南京林业大学制定相关的政策条例来提升专业学位示范基地及案例库建设质量;江苏师范大学实施案例教学,推进专业学位案例库建设;南京信息工程大学依托专业学位培养模式改革,加强特色课程培育;南京师范大学有效落实案例教学和案例库的出版工作。

南京邮电大学结合各学科及学位授权点实际,重点建设一批高质量的研究生课程案例,形成相应的案例库,并转化为实用性与系列化的成果;同时通过案例库建设改变传统的教学方法,以此为契机带动教学方法的全面改革,提高教育教学质量,为提升研究生培养质量提供稳固支撑。

南京林业大学加强专业学位示范基地及案例库建设。学校制定《专业学位研究生联合培养示范基地建设项目管理办法(试行)》《南京林业大学专业学位研究生课程案例库建设项目管理办法(试行)》等文件,强化专业学位产教融合和课程体系建设。

江苏师范大学实施案例教学,推进专业学位案例库建设,将案例库建设和案例教学纳入相关专业学位点建设考核内容,确保实现所有专业学位类别、各专业学位研究生培养单位教学案例库全覆盖。

南京信息工程大学依托专业学位培养模式改革,以专业学位案例库建设为抓手,加强特色课程培育。2019 年,学校立项资助包括 20 项精品课程、17 项专业学位案例库教学课程、17 项全英文课程在内的 54 项研究生课题建设项目。

南京师范大学大力鼓励在相关课程实践领域具有丰富经验的教师,紧密结合社会热点问题或领域内重点问题,积极申报专业学位研究生课程案例库建设项目。案例库建设主要包括综合课程案例、单一课程案例、知识点案例三大类,建设成果可汇编成简装内部讲义或以多媒体课件的形式予以展现。另外,学校积极推进教学案例和案例库的出版工作,正式出版案例库丛书 3 本,签订出版合同 2 项,2 个案例入选国家相关教学中心案例库。

第三节　国际交流与合作

江苏省作为研究生教育大省,十分重视研究生国际交流与合作,致力于培养具有国际视野的研究生高层次人才。江苏各高校从完善研究生国际交流与合作制度、提高研究生国际交流的覆盖率、保障研究生国际化经费支持、建立国际化课程体系、加强研究生国际化培养平台建设、拓展对外合作办学项目、建设海外研究生实践基地等七个方面大力落实相关工作。

一、完善研究生国际交流与合作制度

国际交流与合作制度是研究生教育国际化工作开展的重要保证。江苏各高校采取相关举措,大力完善研究生国际交流与合作制度。如,江苏师范大学出台规范性文件,与其他院校建立联动机制来搭建国际化工作平台;苏州大学建立四位一体研究生国际交流工作的体制机制;苏州科技大学规范研究生国际合作培养与学术交流制度。

江苏师范大学制定规范性文件,促进研究生培养国际化。学校印发《研究生校际学分认定和转换管理办法》,这对促进该校研究生与国内外(境外)高

校、科研机构之间的交流合作，规范研究生校外学习课程获得学分的认定和成绩管理起到了积极作用。此外，学校研究生院与国际交流处、国际学院、江苏圣理工学院(中俄学院)建立联动机制，搭建国际化工作平台，为研究生国际化交流提供全方位支撑与服务。

苏州大学健全和完善“国家、学校、学院(部)、导师”四位一体的研究生国际交流工作的体制机制。学校设立国际交流奖学金和境外联合博士生专项基金，加大对研究生境外访学交流、参加国际学术会议的资助力度；并试行将境外研修纳入博士研究生的必修环节，积极推进国家公派和国(境)外博士生2+2联合培养项目；另外，精准对接学院(部)需求，开拓国际合作渠道，实现留学研究生与全日制计划内研究生趋同化培养与管理。

苏州科技大学规范研究生国际合作培养与学术交流制度，修订了《苏州科技大学研究生国际合作培养与学术交流基金管理办法》，设立国际合作培养与学术交流专项基金，支持研究生开展国际合作交流活动，从制度上规范了研究生国际合作培养与学术交流管理工作。

二、提高研究生国际交流的覆盖率

国际交流覆盖率对于促进每个研究生享有公平而有质量的国际交流体验具有重要意义。随着国际交流渠道多样化，对外交流合作不断延伸，江苏高校通过积极开展国家公派研究生项目、拓展海外研究生实践基地、加强国际交流宣传等方式不断提高研究生国际交流的覆盖率，部分优势学科博士生国际交流甚至实现了全覆盖。以下以东南大学、南京理工大学、南京农业大学、南京林业大学、南京工业大学、江南大学和南通大学为例进行介绍。

东南大学大力提升研究生出国(境)交流比例，拓宽研究生国际视野。学校积极开展国家公派研究生项目，加强与国(境)外高水平大学合作，提升国际化办学水平。同时，构建研究生国际交流综合资助体系，加大研究生国际交流资助力度。此外，拓展海外研究生实践基地，加强研究生创新实践能力。2019年有237人获得国家留学基金委资助留学，研究生赴国(境)外短期学术交流424人，研究生出国(境)参加国际学术会议928人。

南京理工大学推进多渠道研究生国际化交流，派出规模和质量稳步提升。学校全面推进国家公派项目，并在院系年度考核指标中加入研究生派出情况，提高培养单位的自主权和积极性。在充分利用现有项目的基础上，学校引导培养单位和学生积极申报国家公派项目，拓展研究生派出的广度和深度。

2018年和2019年学校国家公派研究生项目获批研究生人数连续两年超过100人。同时，学校扎实推进资助研究生出国（境）参加国际学术交流项目，积极争取其他各类短期国际交流项目支持，鼓励院系和导师自设资助项目，充分满足师生派出需求。

南京农业大学改进国家留学基金委项目组织与宣传方式，采用现场全英文汇报答辩遴选、专家解读等方式，为派出学生全程提供咨询服务工作。目前，学校有海外交流经历的博士生比例已经超过50%，在海外留学3个月以上的博士生比例达到20%，极大地拓宽了研究生的国际视野。

南京林业大学保障一流学科研究生特别是博士研究生实现国际合作培养全覆盖，将国际交流经历作为此部分研究生的学业要求。2019年，南京林业大学"双一流"学科高层次人才出国交流率达到100%，"双一流"学科林业工程、生态学、林学等国家级重点学科及省部级优势学科博士生3个月以上国际交流率超过90%，6个月以上国际交流率超过70%。

南京工业大学在修订博士研究生培养方案时，专门设置了参加国际学术会议或短期访学必修环节2学分，明确规定博士研究生在读期间必须参加一次高级别国际学术会议或短期访学3个月以上，实现了学校博士研究生国际交流率达到100%。

江南大学加强国际交流宣传的广度和深度，吸引更多优秀学生加入国际交流队伍，进一步拓宽研究生国际视野，锻炼研究生学术交流能力。学校与职能部门合作，开展一系列活动，邀请国内外专家、有海外经历的师生与本校学生进行零距离交流，激发学生出国欲望，加深学生出国意愿。通过校内办公系统、海报、讲座等方式进行海外交流常态化的宣传，有效发布各类国际交流信息，积极营造学校的国际交流氛围。

南通大学落实管理考核内涵建设，将研究生在学期间境外研修和学术交流情况纳入各培养单位年终目标考核内容，大大提升了各培养单位国际合作交流的积极性。自2015年起至今，学校已开展6批遴选工作，共有34名研究生赴德岛大学攻读双学位。其中，14名已获得双学位。近年，学校海外研修比例逐年增高，2019年海外研修超过3个月以上的有51人，比2018年增加75%（28人）。

三、保障研究生国际化经费支持

经费是制约高校国际交流活动顺利开展的重要因素。江苏各高校制定了一系列政策、采取了一系列措施来保障研究生国际交流经费。下面以中国药科大学、南京邮电大学、南京工业大学等高校为例进行介绍。

中国药科大学根据《中国药科大学"探索世界计划"学生奖学金管理办法》《关于实施2019年研究生海外研修与国际交流计划的通知》等相关文件要求,多渠道筹措资金,鼓励支持研究生通过各种方式出国研修、参与国际交流。比如,中国药科大学颁布《关于实施2019年研究生海外研修奖励激励计划的通知》,以科研经费的方式奖励参加3个月以上海外联合培养并产出高水平研究成果的研究生导师,鼓励更多研究生参与国际交流。

南京邮电大学修订了《南京邮电大学研究生参加国际学术交流专项资助项目管理办法》,设立研究生国际交流专项资金,引导学院设立研究生国际交流经费,鼓励导师资助学生开展国际交流,多措并举,初步构建了学校—学院—学科—导师四级以及国—省—校三级"四三制"研究生国际交流资助体系。

南京工业大学修订了学校关于研究生国际交流的资助文件《关于印发南京工业大学国(境)外博士研究生联合培养管理办法(试行)的通知》和《南京工业大学研究生国际交流资助管理办法》,加大国际交流投入。2019年,学校获各级各类资助参加国际交流研究生人数为240人,与2018年相比增幅超10%,其中20名研究生入选国家建设高水平大学公派研究生项目,学校立项资助123名研究生参加国际学术会议、30名博士生国(境)外短期访学,资助金额达760万元。

徐州医科大学印发《徐州医科大学研究生出国(境)研修参加国际会议管理办法》,设立"研究生国际化培养"专项经费,鼓励在校硕博研究生出国交流、研修或参加国际会议。

常州大学切实加大研究生海外研修资助力度,完善《常州大学研究生国际联合培养与国际交流管理办法》,积极选派优秀研究生到国际一流大学、一流学科,师从一流导师参加课程学习和科学研究。鼓励江苏省优势学科和江苏省协同创新中心共同资助博士生赴境外学习,研究生海外研修资助经费达15万元/(年·人)。

南通大学落实海外研修资助,学校制定《南通大学研究生海外研修资助办法》,设立专项经费。同时学校鼓励二级学院利用学科建设经费、科研经费等多渠道筹措资金,支持研究生到海外知名高校进行研修。

四、建立国际化课程体系

国际化课程是高校培养具有国际视野的创新型人才的重要载体。江苏各高校十分重视国际化课程建设。在坚守办学理念、结合本校已有课程体系的基础上，高校注重引入国际先进的教学理念、教学模式和教学成果。下面以东南大学、南京师范大学、南京医科大学、常州大学和江苏大学等高校为案例进行介绍。

东南大学推进全英文专业建设及全英文授课，建立了国际化课程体系。目前已建设研究生全英文专业 16 个，开设全英文课程 200 余门，全英文课程占全校研究生课程总数的 13%。

南京师范大学加强研究生国际化能力的培养，开展公共英语教学改革，着重培养研究生用英语进行学术交际的能力，加强研究生撰写英文论文的书面表达能力及在国际学术交流研讨中的口头表达能力。此外，学校还开展模拟国际学术会议、英语能力竞赛等活动，提升研究生英语交流能力。

南京医科大学开设研究生国际课程，引入国际化教学理念、教学模式，从世界高水平大学引进适用于该校各类学生的医学及相关专业的国际课程，主要涉及临床、药学、公卫、护理、医政等专业。

常州大学邀请国际著名机器人运动学专家、奥地利因斯布鲁克大学 Manfred Husty 教授来校开设了研究生国际开放课程“高等机器人运动学”(Advanced Robotic Kinematics)(20 个学时)。

江苏大学实施英语课程教学改革，开展“研究生雅思精英班”“研究生模拟国际学术交流比赛”“招聘海外留学研究生为研究生英语助教”“研究生英语演讲比赛”等一系列内容和形式多样的研究生英语教学活动。2019 年，江苏大学赴境外交流研究生达到 147 人，较 2018 年增幅为 13%，雅思精英班 6.5 分及以上占 17%，6 分及以上占 64%。

五、加强研究生国际化培养平台建设

江苏各高校不断加强研究生国际化培养平台建设，通过主办国际会议、联合举办国际会议、博士生访学、合作科研、研讨班等方式，实现了高端人才集聚、国际资源高频互动的良好局面。下面以常州大学、南京航空航天大学、河海大学、南京审计大学、南京林业大学、南京信息工程大学和江苏理工学院为例进行介绍。

常州大学积极搭建高端国际化交流合作平台。学校2019年主办了“城市公共安全与应急救援国际会议(UPSER2019)”,邀请多名院士在内的350余位国内外著名专家学者出席会议,共安排21个大会特邀报告以及36个分会场报告,为学校相关学科导师和研究生参与深入交流提供良好的机会。此外,还先后邀请挪威工程院院士、加拿大工程院院士等知名专家来校开展学术交流。学校与美国纽约州立大学布法罗分校药学院共建了中美合作神经科学研究中心。同时,与加拿大圣西维尔大学共建的“人机物智能与交互国际联合实验室”入选江苏省首批中外合作办学平台联合科研项目。另外,学校深入推进“机器人机构创新设计”团队的国际合作研究。

南京航空航天大学加强研究生国际化培养平台建设。学校联合中国航空学会举办“中国航空学会首届研究生论坛暨第七届南京航空航天大学研究生国际学术会议”。会议吸引了海内外70余所高校、400余名学生参与,在参与国家数、参与高校数、论文投稿数、参会报告学生数以及论文报告质量等方面均为历年之最。

河海大学以高水平国际合作交流平台为依托培养一流人才。学校依托国家重点实验室和教育部国际联合实验室,与美国加州大学洛杉矶分校、加拿大滑铁卢大学、荷兰代尔夫特理工大学等开展博士生访学、合作科研、联合举办国际会议。此外,河海大学借助学校7个国家111学科创新引智基地,汇聚国际一流学术大师,指导研究生参加国际交流及科研合作。

南京审计大学为研究生参加国际学术活动创造条件,鼓励在校生参与国际学术会议。2019年学校承办世审组织反腐败反洗钱工作组第13次会议、加勒比国家高级审计研讨班等7次审计国际会议和研讨班。此外,学校举办第二届银行与货币国际研讨会、博弈论与经济行为研讨会等4场会议,相关专业的研究生全程参与了会议。

南京林业大学构建“一带一路”国家研究生合作培养试点,依托亚太森林网络和马来西亚、越南建设留学生教育基地,与新加坡国立大学、马来西亚南方大学学院、越南林业大学等“一带一路”国家积极推进建立亚太林业教育协调机制,为林业特色学科研究生搭建合作培养平台。

南京信息工程大学增进国际交流,积极构建全球化科研平台。学校以气象特色专业为抓手,“双一流”高校建设为契机,保持和增进与夏威夷大学、哈佛大学、耶鲁大学等国际一流大学或科研院所的合作与交流。2019年与学校保持密切合作的国(境)外高校或科研院所共16家,学校或下属学院承办或举办国际化会议12场次。

江苏理工学院2019年邀请俄罗斯科学院库尔纳克夫综合与无机化学研究院的三位院士来校讲学。此外，学校还承办了首届材料表界面行为国际学术论坛，来自海内外的15位知名专家分享了各自团队的基础理论研究、最新专利技术和前沿发展趋势。学校100多名研究生参与了国际会议。

六、拓展对外合作办学项目

对外合作办学项目是整合各方优势资源、拓展研究生国际化培养的重要途径。江苏各高校通过开展研究生联合培养、签订合作备忘录等形式，大力支持引进国（境）外优质资源，拓展对外合作办学项目，促进对外合作的换挡升级。下面以东南大学、南京理工大学、南京邮电大学、南京航空航天大学、河海大学、南京中医药大学、南京艺术学院、常州大学和江苏大学为例进行介绍。

东南大学与澳大利亚蒙纳士大学、美国威斯康星大学、德国亚琛大学、瑞典乌普萨拉大学、法国雷恩第一大学等境外高水平大学开展研究生联合培养。东南大学—蒙纳士大学苏州联合研究生院目前已有7个专业招生，现有在校生826人，已毕业学生842人。

南京理工大学全面开拓研究生教育国际合作，大力支持引进国（境）外优质资源，与5所院校签署合作协议，其中与英国布里斯托大学签署外语专业硕士生联合培养协议，与法国网络工程研究所签署合作协议备忘录，探索“n＋i”科研合作模式。同时，学校与俄罗斯人民友谊大学签订合作备忘录，进一步丰富了研究生国际化培养土壤，深化和发展学校与“一带一路”沿线国家高校的合作交流。学校以国家“一带一路”倡议为契机，充分发挥文化优势、学科专业优势。

南京邮电大学2019年与澳大利亚G8高校——阿德莱德大学签署研究生联合培养定制项目，首次组织研究生国际交流访学团共24名博士、硕士研究生赴澳大利亚阿德莱德大学开展为期3个月的访学。

南京航空航天大学拓展了对外合作办学项目。“南航—莫航航空航天类研究生双硕士学位项目”首次获批国家留学基金委创新型人才国际合作培养项目。此外，学校与英国克兰菲尔德大学的硕士研究生双学位联合培养项目正式实施，已录取首批30名研究生。

河海大学先后与美国佐治亚理工学院、法国里尔大学、澳大利亚昆士兰大学、加拿大多伦多大学等世界一流大学开展联合培养研究生、硕士双学位、3＋

2 本硕连读项目;与国际水利与环境协会 IAHR 开展研究生教育合作,形成了水利土木环境研究生培养学科高峰。

南京中医药大学持续推进中医孔子学院和海外中医药中心建设,以“一中心一特色”为目标,培育特色优势,形成品牌。学校依托 8 个海外中医药中心,与境外知名大学实施研究生联合培养。学校在国家留学基金委资助下,与英国贝尔法斯特女王大学合作开展“中药国际化人才培养双学位项目”;与西悉尼大学和艾默里大学合作,实施“中医药基础研究领域拔尖创新人才培养计划”,获得国家创新型人才国际合作培养项目 2 项;与泰国兰实大学、新加坡中医学院等合作制定适宜本土化人才需求的联合培养方案;与美国克利夫兰州立大学合作开展的中医学、中药学博士项目获国家汉办“孔子新汉学计划”支持。

南京艺术学院与境外几十所学校签订了校际交流协议,其中已经与近 20 所境外学校开展了实质性的交流合作。在与境外学校的合作项目中,部分合作项目的双方学校将会给参与该项目的学生颁发双学位,例如与意大利博洛利亚大学开展的硕士合作办学项目、与美国瓦尔普莱索大学的联合培养硕士项目、与英国伯明翰城市大学的硕士双学位培养项目等。为保障研究生境外交流项目的健康长远发展,学校规定,对于研究生赴境外学校学习所获得的课程成绩和学分与本校的相应专业课程的成绩和学分进行互换和认定,解决了出境学生的后顾之忧。

常州大学与俄罗斯联邦乌法国立航空技术大学签署联合培养研究生项目协议,在材料科学与工程学院开展双方研究生互换、双硕士学位互授的联合培养计划。学校的石油工程学院与美国北达科他大学开展研究生“2+1”联合培养,机械工程学院与德国贝尔莱德大学开展铸造专业硕士研究生联合培养。

江苏大学 2019 年与克兰菲尔德大学联合申报“江苏大学—克兰菲尔德大学未来技术联合研究生院”,拟在农业工程、机械工程、动力工程及工程热物理、材料科学与工程、环境工程、工程管理等学科(领域)联合培养硕博士研究生。此外,江苏大学与法国 Compositadour 研发试验所(附属于法国 ESTIA 工程师学院)签订中国江苏大学工业工程类研究生赴法研习活动草案。通过法国 ESTIA 工程师学院研究学习—校外研究试验所实习—内外职业生态环境赋能三段式的培养体系,研究生可以零距离地了解法国智能工业领域的动态与发展,熟识企业人才培养和工作模式,培养高端企业研发实践经验,提高专业素质和创造能力。

七、建设海外研究生实践基地

海外研究生实践基地的建设有助于研究生走出国门、开阔眼界、增长见识，更有利于提升研究生的综合素质与创新能力。江苏各高校高度重视研究生海外实践教育建设。下面以东南大学、河海大学和南通大学为例进行介绍。

东南大学目前已在德国、瑞典、澳大利亚等国设有 6 个海外研究生实践基地，每年均有师生派出，海外研究生实践基地已成为提升国际化人才培养水平的重要推手。

河海大学响应“一带一路”倡议，培育具有河海情怀的专门人才。学校主导“一带一路”水战略联盟，设立“一带一路”水与可持续发展教育科技基金，在境外举办“全球水资源管理青年领袖计划”暑期培训班，20 余位研究生在老挝参加理论培训和实地调研。此外，学校开办的澜湄水资源合作研究生青年论坛，聚焦人才培养与未来合作。

南通大学深化海外研究生培养合作基地建设，在与日本德岛大学开展双学位合作项目基础上，继续扩展至 3 个月及以上短期研修、春季学校、暑期学校的短期交流等项目，拓宽了研究生学术交流平台。

第四节 科研创新实践活动

江苏省教育厅持续实施研究生培养创新工程，直接面向研究生开展了多项科研创新实践活动。其中，以研究生科研创新实践大赛和研究生暑期学校最具影响力。研究生科研创新实践大赛旨在深化人才培养模式改革，充分发挥大赛的导向作用、激励作用和推动作用，以赛促学、以赛促教、以赛促改，提升研究生培养质量。暑期学校作为常规研究生教育的重要补充，在实现高等教育优质资源共享等方面具有重要意义。

一、研究生科研创新实践大赛

2019 年，为深入推进专业学位研究生教育综合改革，努力提高研究生培养质量，为江苏“两聚一高”培养更多高层次人才，江苏省学位委员会办公室委托江苏省各研究生教育指导委员会举办江苏省研究生科研创新实践大赛，旨在深化人才培养模式改革，充分发挥大赛的导向作用、激励作用和推动作用，以赛促学、以赛促教、以赛促改，提升研究生培养质量。

(一)总体情况

三年来,江苏省研究生科研创新实践大赛由每年4项增加到14项(其中4项大赛已连续举办三届),参赛研究生总数由数百人增加到了5 000余人(表4-4)。除了省内研究生培养高校外,江苏省研究生科研创新实践大赛吸引了越来越多的省外高校组队参赛,省内外高校同场竞技交流。

表4-4　2019年江苏省研究生科研创新实践大赛基本情况表

承办单位	教指委	名称	人数/人
南京大学	经济学类	江苏省研究生创新型经济发展科研创新实践大赛	50
苏州大学	哲法史学类	江苏省研究生法律案例大赛	60
苏州大学	管理学类	江苏省MBA案例大赛	300
苏州大学	艺术学类	江苏省设计学/艺术硕士“运河·视界”海报设计科研创新实践大赛	739
南京航空航天大学	工学4类	江苏省研究生机场规划与设计科研创新实践大赛	177
南京理工大学	理学1类	江苏省研究生数学建模科研创新实践大赛	2 300
南京工业大学	工学3类	江苏省研究生先进材料科研创新实践大赛	400
江苏大学	工学1类	江苏省研究生节能低碳科研创新实践大赛	300
南京信息工程大学	工学2类	江苏省研究生无人机科研创新实践大赛	140
南通大学	医学类	江苏省研究生医学显微成像创新实践大赛	100
南京农业大学	农学类	江苏省研究生智慧农业科研创新实践大赛	260
江苏师范大学	教育学类	江苏省教育硕士实践创新能力大赛	81
扬州大学	文学类	江苏省研究生英语口笔译大赛	75
江苏海洋大学	理学2类	江苏省研究生绿色海洋科研创新实践大赛	200
合计			**5 182**

(二)大赛介绍

1. 江苏省研究生创新型经济发展科研创新实践大赛

2019年12月8日,南京大学经济学院承办了“江苏省研究生创新型经济发展科研创新实践大赛”决赛。此次大赛面向全国理论经济学、应用经济学及相关的交叉学科的在读硕士研究生,共有来自19所全国高校的22支队伍参加角逐。

2. 江苏省研究生法律案例大赛

2019 年 11 月 23 日至 24 日，苏州大学承办了“江苏省研究生法律案例大赛”。此次大赛旨在通过创设诉讼情景，激发高校法学专业研究生运用法律理论分析和解决实际法律问题，在现实案例分析中引导学生强化法治思维、法治理念和职业道德的培养，着力打造具有创新精神和实践能力的高素质法律人才。大赛分为书状竞赛和言辞辩论竞赛两部分，竞赛案例来自司法实践中的真实案例，涉及民法、刑法和行政法相关知识，涵盖了借贷、假结婚、抢劫等当前社会热点问题。东南大学、南京师范大学等省内 15 家法律/法学硕士培养单位组队参赛。

3. 江苏省 MBA 案例大赛

2019 年 11 月 10 日，苏州大学承办了“江苏省 MBA 案例大赛”决赛。江苏省 13 所 MBA 培养院校的 24 支队伍参加了此次决赛，来自大连理工大学、华东师范大学、上海财经大学、华东理工大学、浙江工业大学等省外高校的教授和中国电信、科大讯飞等知名企业的高管担任了此次比赛的专家评委。此次大赛以“自主创新，智造未来”为主题，于 6 月份开始启动，经过 5 个多月的赛事准备、案例调研、案例撰写、初赛评审和现场决赛，诸多团队脱颖而出。此次大赛最终决出特等奖 1 项、一等奖 2 项、二等奖 4 项、三等奖 17 项以及最佳指导老师奖。

4. 江苏省设计学/艺术硕士“运河・视界”海报设计科研创新实践大赛

2019 年 10 月 28 日上午，由苏州大学承办，扬州大学美术与设计学院、南通大学艺术学院协办的江苏省设计学/艺术硕士“运河・视界”海报设计科研创新实践大赛优秀作品展在苏州大学艺术学院美术馆开幕。该项大赛旨在推动研究生群体投身于对运河文化的关注、思考和研究，积极探索将文化信息转化为视觉美学的机制和方法，并通过“研究型设计”实现设计创新的重要命题。此次大赛得到了江苏省艺术设计类院校的大力支持，18 所高校相关专业的研究生共计报送参赛作品 1 073 件。经过大赛专家评审组的初评与终评，最终评选出 200 余件参赛作品，其中包括金奖 1 项、银奖 3 项、铜奖 8 项、优秀奖 30 项，并评选出一批优秀指导教师奖和优秀组织奖。

5. 江苏省研究生机场规划与设计科研创新实践大赛

2019 年 12 月 26 日下午，南京航空航天大学承办了“江苏省研究生机场规划与设计科研创新实践大赛”暨第十一届“禄口机场杯”机场规划设计大赛决赛。此次大赛以“平安绿色智慧人文——机场让未来更美好”为主题，东南大学、南京林业大学等高校的学生跨学院跨专业跨年级组队参赛，共设计出39座富有创意的未来机场，最终8支研究生队伍与10支本科生队伍进入决赛。决赛作品选址遍布神州各地，设计理念独树一帜。经过激烈角逐，研究生队伍中，福州长乐国际机场与大连安乐国际机场均获得一等奖；本科生队伍里，重庆两江国际机场以缜密的设计和出色的创意斩获头筹。此外，还有20位优秀的参赛选手获得了南京禄口国际机场暑期绿色实习通道的名额。

机场规划设计大赛的初衷是体现南京航空航天大学三航特色之民航特色，拓宽学生视野，强化学生关于民航机场建设、运行与管理方面的相关知识。通过连续10余年的坚持，机场规划设计大赛累计吸引了3 000余名校内外学子踊跃参赛，300余座富有创意的机场在大赛的舞台上雀跃而生。

6. 江苏省研究生数学建模科研创新实践大赛

2019年7月13日至14日，南京理工大学承办、江苏省工业与应用数学学会协办了“江苏省研究生数学建模科研创新实践大赛”。作为2019年江苏省研究生创新实践活动的主题赛事之一，此次大赛旨在激发省内广大研究生利用数学科学方法探究和解决工程技术以及社会经济发展中的实际问题，培养研究生的创新意识、创造能力和团队协作意识，提升研究生的创新实践能力，促进学科的交叉融合和研究生培养质量的提高。

7. 江苏省研究生先进材料科研创新实践大赛

2019年11月2日至3日，南京工业大学承办了“江苏省研究生先进材料科研创新实践大赛”。来自全国的高校和科研所共计报送91件作品参赛，经过初赛，共有15件作品进入决赛，最终大赛决出一等奖1项、二等奖5项、三等奖9项、优秀组织奖4项。

8. 江苏省研究生节能低碳科研创新实践大赛

2019年11月1日至2日，江苏大学和江苏省工程热物理学会承办了“江苏省研究生节能低碳科研创新实践大赛”决赛。此次大赛初赛期间共收到省内11所高校的初赛作品91份，经严格评审，28件作品进入决赛。经过紧张角逐，大赛评选出特等奖2项、一等奖6项、二等奖8项、三等奖12项，8所高校荣获优秀组织奖。

9. 江苏省研究生无人机科研创新实践大赛

2019年10月26日至27日，南京信息工程大学承办了“江苏省研究生无人机科研创新实践大赛”。大赛以“科技引领、持续创新”为主题，吸引了江苏省及对口合作省份辽宁省11所高校的26支队伍140余人参赛。参赛队员涵盖了建筑与土木工程、材料加工工程、机械工程、农业工程、控制科学与工程、航空工程等多个专业，充分体现无人机领域多学科交叉的特性。经过为期两天的比赛，大赛决出一等奖 1 项、二等奖 3 项、三等奖 6 项，8 支队伍获得优秀奖。

10. 江苏省研究生医学显微成像创新实践大赛

2019 年 11 月 16 日至 17 日，南通大学承办了“江苏省研究生显微成像科研创新实践大赛”。作为面向江苏省医学及相关学科研究生的科研创新比赛，此次大赛以打造“求真、求精、求美”的科学学术图片为主题，致力于加强全省研究生间的交流合作。来自南京大学、苏州大学、南京医科大学等 8 所省内高校的百余名师生代表参加了此次比赛。

11. 江苏省研究生智慧农业科研创新实践大赛

2019 年 12 月 15 日，南京农业大学承办了“江苏省研究生智慧农业科研创新实践大赛”决赛。共有省内外 9 所高校的 15 支参赛队伍参加了此次大赛。

12. 江苏省教育硕士实践创新能力大赛

2019 年 11 月 29 日至 12 月 1 日，江苏师范大学承办了“江苏省教育硕士实践创新能力大赛”。来自南京师范大学、江苏大学、苏州大学、扬州大学、南通大学等省内知名高校的近 200 名师生同台竞技，共同研究基础教育发展新态势，探索基础教育教学新方法，探索基础教育改革新路径。

13. 江苏省研究生英语口笔译大赛

2019 年 11 月 2 日至 3 日，扬州大学承办了“江苏省研究生英语口笔译大赛”。来自江苏省 22 所高校的 75 名外国语言文学类全日制研究生参加了大赛，其中，笔译 43 名、口译 32 名。经过激烈角逐，此次大赛英语口译项目共决出一等奖 4 名、二等奖 6 名、三等奖 10 名、优胜奖 12 名；英语笔译项目共决出一等奖 5 名、二等奖 9 名、三等奖 14 名、优胜奖 14 名。

14. 江苏省研究生绿色海洋科研创新实践大赛

2019 年 11 月 1 日至 3 日，江苏海洋大学承办了“江苏省研究生绿色海洋科研创新实践大赛”。此次大赛以海洋经济绿色发展理念为主题，来自厦门大学、河海大学、南京师范大学、苏州大学、江苏海洋大学、大连海洋大学、青岛农业大学、江苏科技大学、常州大学、中科院海洋所、黄海水产研究所、江苏省海洋水产研究所和佛山科技学院等十余所高校与科研院所的近 200 名教师和学生代表参加此次大赛。此次大赛共评选出团体一等奖 2 项、二等奖 4 项、三等奖6项，个人奖一等奖2项、二等奖4项、三等奖6项。

（三）实施成效

为了解江苏省研究生科研创新实践大赛的开展情况，江苏省学位委员会办公室委托南京大学教育研究院汪霞教授团队对14场大赛的比赛评委、领队和指导老师以及参赛研究生进行了问卷调查。最终共收集到606份有效问卷，其中，大赛评委问卷167份，领队和指导老师问卷48份，参赛研究生问卷391份。

1. 总体满意度

总体而言，领队和指导老师及参赛研究生对第三届研究生科研创新实践大赛的总体满意度很高，"非常满意"和"满意"的合计人数占比均超过80.00%（表4－5）。在问到参赛收获时，89.00%的参赛研究生表示参加大赛后的收获很大，其中认为收获非常大的有53.20%，认为收获较大的有35.81%。

表4－5　领队和指导老师及参赛研究生的总体满意度　单位：%

总体满意度	非常不满意	不满意	一般	满意	非常满意
领队和指导老师	0	4.17	12.50	35.42	47.92
参赛研究生	0.77	1.53	8.18	34.78	54.73

2. 参赛单位的组织与动员

领队和指导老师及参赛研究生对参赛单位的组织与动员工作的满意度都比较高，如"院系对这次大赛非常重视""院系对本次大赛的宣传和动员非常充分""院系对参赛队员的选拔标准科学合理"和"院系对参赛队员的选拔程序非常公平"，说明参赛研究生所在院系的重视程度高，相关筹备与组织工作质量高（表4－6）。满意程度最低的是参赛单位的经费投入，需要研究生培养高校和相关院系进一步提高对参加江苏省研究生科研创新实践大赛的重视程度，积极构建保障和激励机制，切实保障参赛活动的经费投入，调动研究生的参赛积极性，从而获得更好的比赛结果和研究生培养效果。

表4－6　对参赛单位的组织与动员工作的评价　单位：%

参赛单位的组织和动员工作		非常不符	比较不符	不确定	比较符合	非常符合
学校对这次大赛非常重视	领队和指导老师	12.50	8.33	22.92	16.67	39.58
	参赛研究生	7.93	5.12	17.90	24.04	45.01

续　表

参赛单位的组织和动员工作		非常不符	比较不符	不确定	比较符合	非常符合
院系对这次大赛非常重视	领队和指导老师	12.50	8.33	10.42	22.92	45.83
	参赛研究生	8.18	6.14	16.62	21.23	47.83
院系对本次大赛的宣传和动员非常充分	领队和指导老师	10.42	10.42	20.83	18.75	39.58
	参赛研究生	7.93	7.42	18.41	20.97	45.27
院系对参加本次大赛的经费投入非常多	领队和指导老师	16.67	16.67	25.00	16.67	25.00
	参赛研究生	13.30	10.49	17.14	21.48	37.60
院系对参赛队员的选拔标准科学合理	领队和指导老师	6.25	16.67	14.58	20.83	41.67
	参赛研究生	7.67	5.37	14.32	23.53	49.10
院系对参赛队员的选拔程序非常公平	领队和指导老师	6.25	12.50	10.42	25.00	45.83
	参赛研究生	6.65	4.86	12.79	22.25	53.45
院系对参赛队员进行了有计划的培训	领队和指导老师	8.33	20.83	12.50	20.83	37.50
	参赛研究生	11.25	7.93	16.62	21.23	42.97

3. 领队和指导老师的组织与指导

参赛研究生对领队和指导老师的组织与指导工作评价很高，对全部指标满意及以上(比较符合和非常符合)的人数占比均超过了74.00%(表4-7)。其中，“指导老师的专业水平非常高”“领队非常重视本次大赛”和“领队很好地安排了相关参赛事宜”3项指标评价为“比较符合”和“非常符合”的人数均超过80%。总体而言，指导老师的专业水平、领队的重视程度和投入都很高。相比而言，指导老师对参赛队员的指导以及对于比赛规则和程序的了解略显不足。

表4-7　参赛研究生对领队与指导老师的组织与指导工作的评价　　单位：%

领队与指导老师的组织与指导工作	非常不符	比较不符	不确定	比较符合	非常符合
指导老师的专业水平非常高	6.39	2.30	9.97	23.27	58.06
指导老师非常重视本次大赛	6.91	3.58	10.23	23.02	56.27
指导老师对参赛队员的指导非常系统	8.44	3.84	13.04	22.76	51.92
指导老师对参赛队员的指导非常充分	8.18	4.35	11.76	22.25	53.45
指导老师对比赛规则和程序非常了解	6.39	5.12	12.53	21.23	54.73
领队非常重视本次大赛	6.65	3.32	9.72	19.95	60.36
领队很好地安排了相关参赛事宜	6.65	2.81	9.72	19.95	60.87

4. 主办方的会议组织与服务

评委对主办方会议组织与服务的评价很高，对各项指标选择“比较好”和“非常好”的人数占比均超过 97.00%。除了“参赛人员食宿安排”外，领队和指导老师对其他指标选择“比较好”和“非常好”的人数占比均超过 77.00%。参赛研究生对各项指标选择“比较好”和“非常好”的人数占比均超过 85%。相比之下，领队和指导老师对各项指标的满意度偏低(表 4-8)。

表 4-8 对主办方的会议组织与服务评价 单位:%

主办方的比赛组织与服务		非常差	比较差	一般	比较好	非常好
场地布置	评委	0	0	1.27	11.98	86.75
	领队和指导老师	10.42	2.08	8.33	22.92	56.25
	参赛研究生	4.35	2.05	8.44	19.95	65.22
比赛设施完备性	评委	0	0	1.80	13.77	84.43
	领队和指导老师	10.42	4.17	8.33	20.83	56.25
	参赛研究生	4.35	2.30	7.67	18.93	66.75
比赛信息发布及时性	评委	0	0	2.40	9.58	88.02
	领队和指导老师	10.42	0	12.50	16.67	60.42
	参赛研究生	5.12	2.56	5.37	20.46	66.50
参赛人员食宿安排	评委	0	0	0	10.18	89.22
	领队和指导老师	8.33	10.42	8.33	12.50	60.42
	参赛研究生	4.86	2.81	5.63	18.93	67.77
工作人员服务态度	评委	0	0	0	3.59	96.41
	领队和指导老师	10.42	2.08	4.17	14.58	68.75
	参赛研究生	4.60	1.28	4.09	17.39	72.63
比赛现场引导工作	评委	0	0	0	8.98	91.02
	领队和指导老师	10.42	6.25	4.17	12.50	66.67
	参赛研究生	4.09	2.81	5.63	16.62	70.84

5. 比赛规则和程序

评委对比赛规则和程序的评价很高，对各项指标选择“比较符合”和“非常符合”的人数占比均超过 99.00%；领队和指导老师对各项指标选择“比较符合”和“非常符合”的人数占比均超过 75.00%；参赛研究生对各项指标选择

“比较符合”和“非常符合”的人数占比均超过 83.00%（表 4-9）。相比之下，领队和指导老师及参赛研究生中对“判分标准非常清晰”和“判分标准非常合理”选择“比较符合”和“非常符合”的人数占比略低，这在一定程度上说明领队和指导老师以及参赛研究生认为判分标准的清晰性或合理性有待调整。建议未来各项研究生科研创新大赛的比赛规则和程序在总结现有大赛经验和反馈的基础上，做进一步完善和调整，而这可能需要更多专家和培养单位的参与研讨。

表 4-9　对比赛规则和程序的评价结果　　单位：%

比赛规则和程序		非常不符	比较不符	不确定	比较符合	非常符合
比赛规则非常清晰	评委	0	0	0	16.17	83.83
	领队和指导老师	6.25	4.17	4.17	20.83	64.58
	参赛研究生	4.86	2.30	6.91	16.37	69.57
比赛规则非常合理	评委	0	0	0.60	21.69	77.71
	领队和指导老师	6.25	4.17	10.42	16.67	62.50
	参赛研究生	5.12	1.53	8.70	16.88	67.77
比赛程序非常清晰	评委	0	0	0.60	12.65	86.75
	领队和指导老师	4.17	4.17	8.33	18.75	64.58
	参赛研究生	5.12	1.53	6.91	18.67	67.77
比赛程序非常合理	评委	0	0	0.60	20.96	78.44
	领队和指导老师	6.25	4.17	8.33	18.75	62.50
	参赛研究生	5.37	1.79	8.44	18.16	66.24
判分标准非常清晰	评委	0	0	0	21.69	78.31
	领队和指导老师	4.17	4.17	14.58	27.08	50.00
	参赛研究生	5.37	2.81	6.65	18.67	66.50
判分标准非常合理	评委	0	0	0.60	27.54	71.86
	领队和指导老师	6.25	4.17	14.58	22.92	52.08
	参赛研究生	5.63	3.07	8.18	17.90	65.22

二、研究生暑期学校

研究生暑期学校是江苏省研究生培养创新工程的项目之一，旨在充分利用江苏省研究生教育教学的优质资源,推动省内研究生培养单位、相关学科实现研究生培养的优势互补、资源共享、学分互认,拓宽研究生学术视野,激发创新思维,提升研究生培养质量。

(一)总体情况

2019年,江苏高校主办了26个暑期学校,其中,哲法史学类2个,经济学类2个,教育学类2个,文学类1个,理学类4个,工学类8个,农学类2个,医学类2个,管理类1个,艺术类2个(表4-10),参与人数近2 800人。

表4-10　2019年江苏省研究生暑期学校名单

承办高校	教指委	暑期学校名称	参与人数/人
南京师范大学	哲法史学类	江苏省研究生“中国法治建设70年”暑期学校	96
江苏师范大学	哲法史学类	江苏省研究生“文明交往视域下的历史与历史书写”暑期学校	106
南京财经大学	经济学类	江苏省研究生“高级微观计量经济分析”暑期学校	111
苏州大学	经济学类	江苏省研究生“经济管理前沿研究方法”暑期学校	102
南京师范大学	教育学类	江苏省研究生“青少年脑功能发展与心理健康”暑期学校	182
江苏师范大学	教育学类	江苏省研究生“青海支教”教师技能专训暑期学校	100
南京师范大学	文学类	江苏省研究生“语言及言语病理学——自闭症谱系障碍的跨学科融合干预”暑期学校	73
南京师范大学	理学1类	江苏省研究生“科学计算与大数据分析(数学学科)”暑期学校	80
苏州科技大学	理学1类	江苏省研究生“新材料设计中的数学与计算”暑期学校	104
东南大学	理学2类	江苏省研究生“生命科学基础与前沿”暑期学校	59
南京信息工程大学	理学2类	江苏省研究生“东亚气候变异及预测”暑期学校	203
南京航空航天大学	工学1类	江苏省研究生“奇思妙想飞行器”暑期学校	120
江苏科技大学	工学1类	江苏省研究生“船海机电装备智能技术”暑期学校	41
南京邮电大学	工学2类	江苏省研究生“大数据时代下的新型网络计算”暑期学校	100

续　表

承办高校	教指委	暑期学校名称	参与人数/人
南京信息工程大学	工学 2 类	江苏省研究生“遥感测绘技术与应用”暑期学校	212
南京信息工程大学	工学 3 类	江苏省研究生“污染控制与生态环境效应”暑期学校	150
江南大学	工学 3 类	江苏省研究生“生态纺织技术”暑期学校	78
南京工业大学	工学 4 类	江苏省研究生“土木工程创新材料与结构”暑期学校	136
江南大学	工学 4 类	江苏省研究生“未来食品数字化趋势”暑期学校	111
南京农业大学	农学类	江苏省研究生“农业资源与环境生物学”暑期学校	100
扬州大学	农学类	江苏省研究生“现代农业与作物科技”暑期学校	112
南京医科大学	医学类	江苏省研究生“公共卫生科研训练与创新实践”暑期学校	75
南京中医药大学	医学类	江苏省研究生“药物发现研究中的化学生物学”暑期学校	134
东南大学	管理学类	江苏省研究生“管理学前沿研究与建模”暑期学校	86
江南大学	艺术学类	江苏省研究生“健康养老体验系统设计”暑期学校	48
扬州大学	艺术学类	江苏省研究生“传统手工艺传承与创新”暑期学校	40
合计			**2 759**

（二）暑期学校简介

1. 江苏省研究生“中国法治建设 70 年”暑期学校

2019 年 7 月 14 日至 7 月 22 日，南京师范大学承办了江苏省研究生“中国法治建设 70 年”暑期学校。暑期学校围绕“中国法治建设 70 年”主题，回顾中国法治建设历程、分析中国法治建设轨迹、总结中国法治建设经验、把准中国法治建设脉搏、透视中国法治建设的未来发展。共有来自德国汉堡大学、中国政法大学、复旦大学、浙江大学、上海交通大学等近 40 所高校的 96 名博硕士研究生学员参加了本次暑期学校。

2. 江苏省研究生“文明交往视域下的历史与历史书写”暑期学校

2019 年 7 月 30 日至 8 月 7 日，江苏师范大学承办了江苏省研究生“文明交往视域下的历史与历史书写”暑期学校。共有来自南京大学、苏州大学、扬州大学、南京师范大学、苏州科技大学、西北大学以及江苏师范大学的13位专家教授亲临授课。来自全国各地20余所高校106名研究生学员参加了本次暑期学校。

3. 江苏省研究生"高级微观计量经济分析"暑期学校

2019年7月6日至7月15日，南京财经大学承办了江苏省研究生"高级微观计量经济分析"暑期学校。本次暑期学校以积极拓展研究生学术视野、切实提高研究生培养质量为办学目的，为江苏省内外经济、管理类研究生提供学习深造、交流提高的平台，并逐步发展成为长期性、公益性的研究生培养项目。来自全国各地40余所知名院校的111名正式学员，以及青年教师、在读博士和旁听学生200余人参加了本次暑期学校。

4. 江苏省研究生"经济管理前沿研究方法"暑期学校

2019年7月6日至7月15日，苏州大学承办了江苏省研究生"经济管理前沿研究方法"暑期学校。本次暑期学校的宗旨和目的是促进经济管理类研究方法的现代化和国际化。来自全国13个省市自治区、31所不同高校的100多位研究生参加了本次暑期学校。

5. 江苏省研究生"青少年脑功能发展与心理健康"暑期学校

2019年7月18日至7月25日，南京师范大学承办了江苏省研究生"青少年脑功能发展与心理健康"暑期学校。暑期学校根据当代心理学、脑科学、人工智能发展以及我国对心理服务体系建设的重大需求，秉承"厚基础、追前沿、强技能、重应用"的课程设置理念，设置前沿基础研究讲座、先进技能手段讲演、英文论文写作解剖等主干课程。来自全国21个省市自治区的49所高校的182名在读博士生、硕士生参加了本次暑期学校。

6. 江苏省研究生"青海支教"教师技能专训暑期学校

2019年7月12日至7月20日，江苏师范大学承办了江苏省研究生"青海支教"教师技能专训暑期学校。暑期学校充分利用江苏师范大学的教育资源，发挥师范教育的优势，通过讲座、培训、团辅、素质拓展等形式，提高硕士研究生特别是教育硕士的教学技能和综合素质，在此基础上选拔一批赴青海省海南州中小学支教的硕士研究生。来自省内高校的100位研究生参加了本次暑期学校。

7. 江苏省研究生"语言及言语病理学——自闭症谱系障碍的跨学科融合干预"暑期学校

2019年7月22至7月30日，南京师范大学承办了江苏省研究生"语言及言语病理学——自闭症谱系障碍的跨学科融合干预”暑期学校。暑期学校旨在从多学科角度讲授自闭症谱系障碍的治疗干预思路和技巧，提升我国语言及言语病理学学科水平，培养研究和干预自闭症的跨学科人才。来自牛津大学、伦敦大学学院、香港中文大学、吉林大学、山东大学等高校的73名研究生参加了本次暑期学校。

8. 江苏省研究生“科学计算与大数据分析(数学学科)”暑期学校

2019年8月10日至8月19日，南京师范大学承办了江苏省研究生“科学计算与大数据分析(数学学科)”暑期学校。暑期学校的目的是让学生增强对“科学计算与大数据分析”的前沿知识和研究动态认识，尤其是对“人工智能”“机器学习”“科学计算”等发展的整体了解。来自中科院、南京大学、武汉大学等近30所高校和科研院所的80名硕博士生及青年教师参加了本次暑期学校。

9. 江苏省研究生“新材料设计中的数学与计算”暑期学校

2019年8月10日至8月20日，苏州科技大学承办了江苏省研究生“新材料设计中的数学与计算”暑期学校。暑期学校重点介绍材料设计领域的国际前沿动态，讲解材料设计理论基础及数值计算方法，新材料设计思路、模型构建、物性计算与分析方法，并提供上机实训。来自省内外19所高校的104名研究生参加了本次暑期学校。

10. 江苏省研究生“生命科学基础与前沿”暑期学校

2019年7月22日至8月1日，东南大学承办了江苏省研究生“生命科学基础与前沿”暑期学校。暑期学校围绕“生命科学基础与前沿”，通过课堂系统全面讲解发育生物学课程，学术讲座介绍线虫、果蝇、斑马鱼、非人灵长类等模式生物研究现状以及神经生物学、代谢、分子生物学及药学等领域的最新研究进展。来自北京大学、浙江大学、武汉大学、东南大学、中国人民解放军大学等高校的59名研究生参加了本次暑期学校。

11. 江苏省研究生“东亚气候变异及预测”暑期学校

2019年7月1日至7月10日，南京信息工程大学承办了江苏省研究生“东亚气候变异及预测”暑期学校。暑期学校以“东亚气候变异及预测”为主题，详细介绍东亚气候变异机理与预测研究的现状和发展趋势，深入讲解热带和中高纬度海气相互作用、东亚气候变率及可预测性、东亚季风的多尺度变化及其动力学等国际热点动态和重大学科前沿问题。来自中国气象科学研究院、南京大学、复旦大学、兰州大学等15家高校和科研院所的203名研究生参加了本次暑期学校。

12. 江苏省研究生“奇思妙想飞行器”暑期学校

2019 年 8 月 25 日至 9 月 2 日，南京航空航天大学承办了江苏省研究生“奇思妙想飞行器”暑期学校。暑期学校旨在启发航空宇航学科研究生的创新思维，提升创新设计能力，拓宽学生视野。暑期学校聚焦于飞行器，涵盖了名家讲坛、参观与实践、学术交流等多种学习形式。来自省内外 13 所高校的 120 名研究生参加了本次暑期学校。

13. 江苏省研究生“船海机电装备智能技术”暑期学校

2019 年 8 月 15 日至 8 月 20 日，江苏科技大学承办了江苏省研究生“船海机电装备智能技术”暑期学校。暑期学校立足江苏、面向长三角、辐射全国，围绕“船海机电装备智能技术”领域的前沿热点与最新研究进展开展系列学术活动，对于广大学员扩展研究视野、进一步提高创新能力和学术水平起到了积极的促进作用。来自省内外 10 所高校的 41 名研究生参加了本次暑期学校。

14. 江苏省研究生“大数据时代下的新型网络计算”暑期学校

2019 年 8 月 13 至 8 月 22 日，南京邮电大学承办了江苏省研究生“大数据时代下的新型网络计算”暑期学校。暑期学校力求构建大数据时代下的新型网络计算创新人才学习和交流的平台，旨在培养学员对大数据与新型网络计算及其融合研究的兴趣，帮助学员掌握基本的数据挖掘与新型网络计算理论和技能，为学员们将来从事大数据与新型网络计算领域的研究和工作打好基础。来自国内外 39 所高校的 100 名研究生参加了本次暑期学校。

15. 江苏省研究生“遥感测绘技术与应用”暑期学校

2019 年 7 月 15 日至 7 月 20 日，南京信息工程大学承办了江苏省研究生“遥感测绘技术与应用”暑期学校。暑期学校以“遥感测绘技术与应用”为主题，围绕卫星遥感测绘技术与应用研究的现状和发展趋势，通过开设专题报告、专家面对面、学员论坛、参与调研等环节使学员深入了解卫星导航、遥感大数据领域的国际前沿动态、重大学科问题。来自全国 50 余所高校和科研院所的 200 余名师生参加了本次暑期学校。

16. 江苏省研究生“污染控制与生态环境效应”暑期学校

2019 年 7 月 12 日至 7 月 19 日，南京信息工程大学承办了江苏省研究生“污染控制与生态环境效应”暑期学校。暑期学校围绕污染控制与生态环境效应的最新国际前沿动态展开讲述，为环境科学与工程、应用气象学、生态学、农业资源与环境、农学等相关专业领域的研究生搭建了相互学习、共同进步的学术舞台。来自中科院大气所、中科院城市环境研究所、日本京都大学、中国地质大学等 30 多所高校、院所的 150 名研究生参加了本次暑期学校。

17. 江苏省研究生“生态纺织技术”暑期学校

2019 年 8 月 15 日至 8 月 24 日，江南大学承办了江苏省研究生“生态纺织技术”暑期学校。暑期学校开展了生态纺织关键技术学科前沿系列讲座，具体课程包括生态纤维材料制备、生态纺织加工、生态染整技术、纤维制品生态加工技术、功能纺织材料等。来自全国 16 所高校的 72 位研究生和 6 位本科生共 78 位参加了本次暑期学校。

18. 江苏省研究生“土木工程创新材料与结构”暑期学校

2019 年 7 月 15 日至 7 月 24 日，南京工业大学承办了江苏省研究生“土木工程创新材料与结构”暑期学校。暑期学校旨在为研究生提供了解土木工程创新材料与结构领域国际前沿的窗口。教学内容共分为复合材料结构、现代木结构、超材料结构与结构优化三大专题。来自全国 27 所高校的 136 名学生参加了本次暑期学校。

19. 江苏省研究生“未来食品数字化趋势”暑期学校

2019 年 7 月 5 日至 7 月 15 日，江南大学承办了江苏省研究生“未来食品数字化趋势”暑期学校。暑期学校聚焦食品学科前沿方向，主要针对食品营养与健康关系前沿基础，以人工智能、生物信息学新发展为引领，智能制造为纽带，开设食品工业数字化时代前沿技术讲座。来自全国 30 余所高校食品学科的 111 名研究生参加了本次暑期学校。

20. 江苏省研究生“农业资源与环境生物学”暑期学校

2019 年 7 月 25 日至 8 月 1 日，南京农业大学大学承办了江苏省研究生“农业资源与环境生物学”暑期学校。暑期学校开设围绕农业资源与环境生物学的基础课程、选修课程和前沿学术报告，介绍农业资源与环境、生命科学等学科领域的学术发展动态和最新成果。来自 35 所高校的 100 名研究生和优秀本科生参加了本次暑期学校。

21. 江苏省研究生“现代农业与作物科技”暑期学校

2020 年 8 月 3 日至 8 月 11 日，扬州大学承办了江苏省研究生“现代农业与作物科技”暑期学校。暑期学校以“现代农业与作物科技”为主题，目的是让学员把握作物学的前沿与最新研究成果，建立与国内外同类学科、同行专家和学术前沿的对接培训和交流平台。来自中国农业大学、西北农林大学等省内外 27 家高校及科研院所的 112 名研究生参加了本次暑期学校。

22. 江苏省研究生“公共卫生科研训练与创新实践”暑期学校

2019年7月7日至7月15日，南京医科大学承办了江苏省研究生“公共卫生科研训练与创新实践”暑期学校。暑期学校旨在构建公共卫生领域创新人才学术交流与优质教育资源共享的平台，帮助广大优秀学子拓宽多学科融合下的公共卫生新视野，提高科研创新能力和实践技能水平。来自复旦大学、中山大学、浙江大学、哈尔滨医科大学、重庆医科大学等国内24所高校的75位优秀研究生和本科生参加了本次暑期学校。

23. 江苏省研究生“药物发现研究中的化学生物学”暑期学校

2019年7月4日至7月13日，南京中医药大学承办了江苏省研究生“药物发现研究中的化学生物学”暑期学校。暑期学校以“系统生物学与药物发现”为主题，聘请国内系统生物学、药物发现研究等领域类的顶尖专家授课，同时组织破冰行动、实验室参观、师生交流会、小组俱乐部、艺术之夜、中国传统武术学习、古都文化之旅、中医药文化之旅等活动来丰富学习经历。来自国内高校的134名研究生参加了本次暑期学校。

24. 江苏省研究生“管理学前沿研究与建模”暑期学校

2019年7月15日至7月24日，东南大学承办了江苏省研究生“管理学前沿研究与建模”暑期学校。暑期学校充分发挥东南大学管理科学与工程的学科优势，聚集国家发展战略和江苏实践，关注国际学术研究前沿。来自南京大学、东南大学、南京航空航天大学、河海大学、江南大学、哈尔滨工业大学等全国27所高校的86名研究生参加了本次暑期学校。

25. 江苏省研究生“健康养老体验系统设计”暑期学校

2019年6月24日至7月3日，江南大学承办了江苏省研究生“健康养老体验系统设计”暑期学校。暑期学校依托教育部“体验设计前沿方法与技术”学科创新引智基地，集聚健康养老领域的国际前沿专家资源，汇聚中英优秀学生，面对全球性命题，从设计角度提出中国现阶段养老这一社会热点问题的解决方案。来自全国17所学校的38名优秀研究生以及英国普利茅斯大学在学的10名暑期交流国际生共同参加了本次暑期学校。

26. 江苏省研究生“传统手工艺传承与创新”暑期学校

2019年8月15日至8月26日，扬州大学承办了江苏省研究生“传统手工艺传承与创新”暑期学校。暑期学校通过传承与创新的思维模式，进行传统手工艺的传承与发展，实现省内外美术学及相关学科实现研究生培养的优势互补、资源共享等，拓宽研究生学术视野，激发创新思维。来自全国19所高校的

40 名艺术类硕士研究生参加了本次暑期学校。

（三）实施成效

为了解江苏省研究生暑期学校的开展情况，江苏省学位委员会办公室委托南京大学教育研究院汪霞教授团队对参与暑期学校的学生进行了问卷调查。最终共收集到 1 499 份有效问卷，其中，南京信息工程大学 326 份、南京师范大学 221 份、江南大学 123 份、南京工业大学 112 份、东南大学 98 份、南京财经大学 91 份、扬州大学 91 份、南京邮电大学 67 份、江苏师范大学 64 份、南京中医药大学 64 份、南京农业大学 61 份、苏州科技大学 56 份、南京医科大学 49 份、苏州大学 27 份、江苏科技大学 26 份、南京航空航天大学 23 份。

1. 学生满意度

2019 年江苏省研究生暑期学校的总体满意度较好。有 1 000 名学生（66.71%）对此次暑期学校表示“非常满意”，406 名学生（27.08%）对此次暑期学校表示“满意”，仅有 48 名学生（3.20%）持“不满意”或“非常不满意”的态度（图 4－1）。

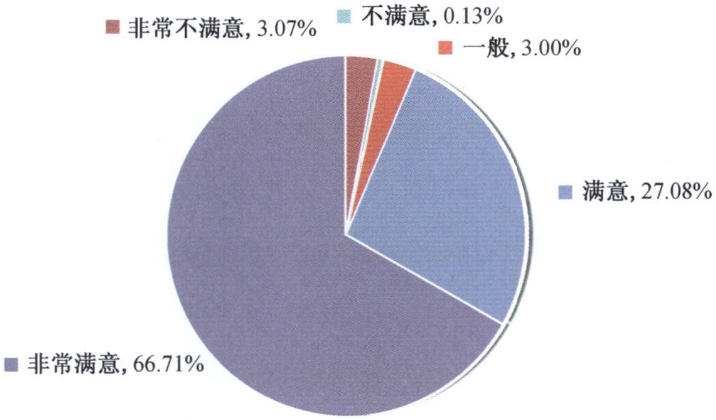

图 4－1　2019 年江苏省研究生暑期学校学生总体满意度

学生在各个分项上的具体满意度均较高。“学科实力”“人文关怀”等八个方面持“满意”和“非常满意”的学生比例均在 95.00%以上；在“自身学习状况”上持“满意”和“非常满意”的学生比例略低于 95.00%，为 94.53%（图 4－2）。

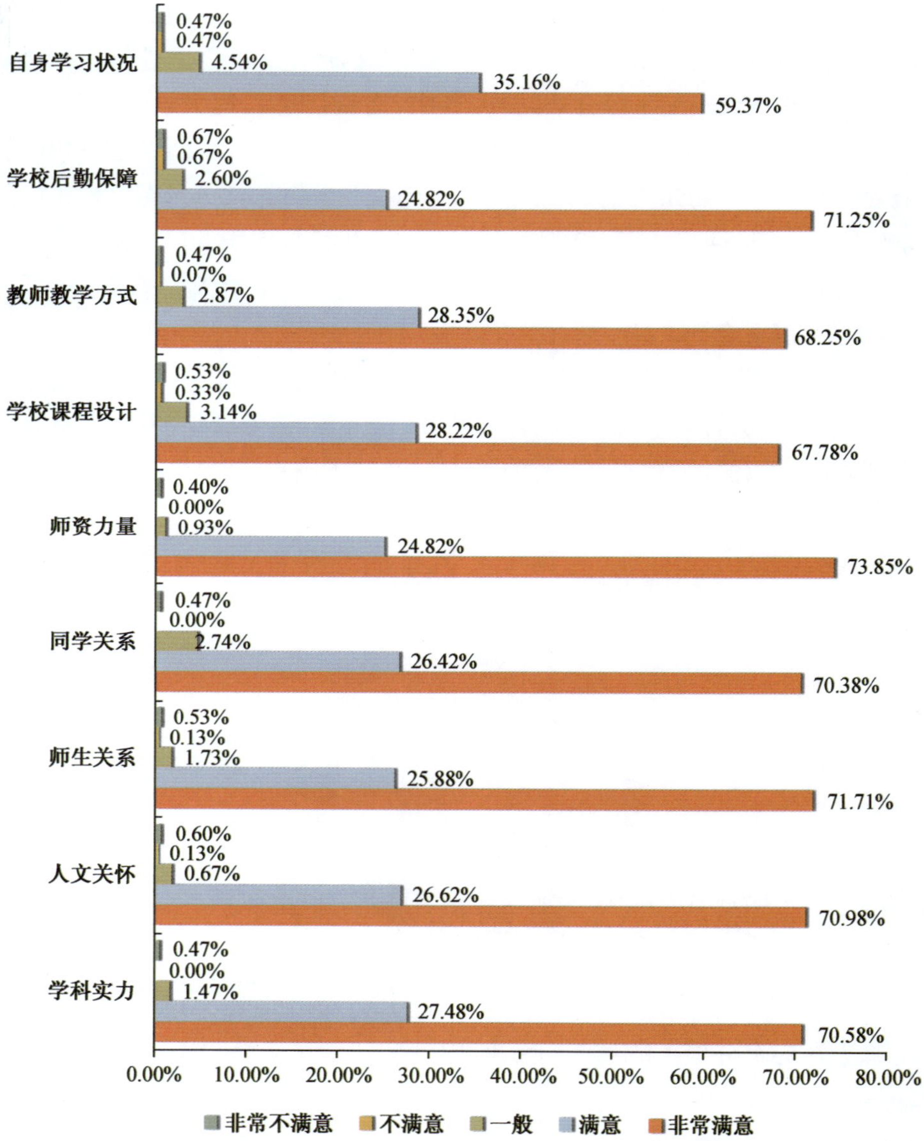

图 4－2　2019 年江苏省研究生暑期学校学生分项满意度

2. 学习收获

2019 年研究生暑期学校有 669 名学生(44.63%)认为自己在此次暑期学校中收获“非常大”,有 690 名学生(46.03%)认为自己在暑期学校中收获“很大”,有 132 名学生(8.81%)认为自己收获“一般”,只有 8 名学生(0.53%)认为自己收获“很小”,没有学生觉得收获“非常小”(图 4-3)。说明通过暑期学校学习学生总体学习收获较大。

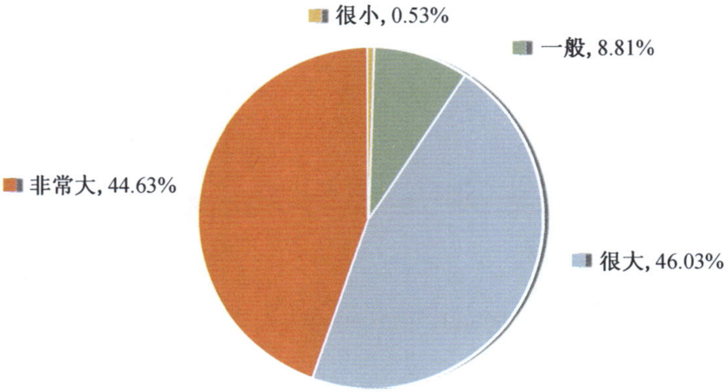

图 4-3　2019 年江苏省研究生暑期学校学生总体学习收获评价

学生对于自身学习收获的评价较高。在“问题意识得到增强”“理论知识得到拓展”等五个方面持“满意”和“非常满意”的学生比例都在 95.00%以上;在“人际关系得到拓展”“实践能力得到提高”上持“满意”和“非常满意”的学生比例分别为 94.60%和 93.53%(图 4-4)。这说明暑期学校整体上给学生带来了较大的收获,但应进一步加强对学生实践能力的培养。

3. 课程设计与内容

学生对课程设计与内容的评价较高,“有清晰的课程大纲”“课程内容涵盖面广”等四个方面持“同意”和“非常同意”的学生均超过了 95.00%,“课程重视实践应用”“课程内容重难点突出”等四方面持“同意”和“非常同意”的学生也都在 90.00%以上(图 4-5)。这说明,2019 年江苏省研究生暑期学校的课程设计与内容较为科学,符合学生的期望。

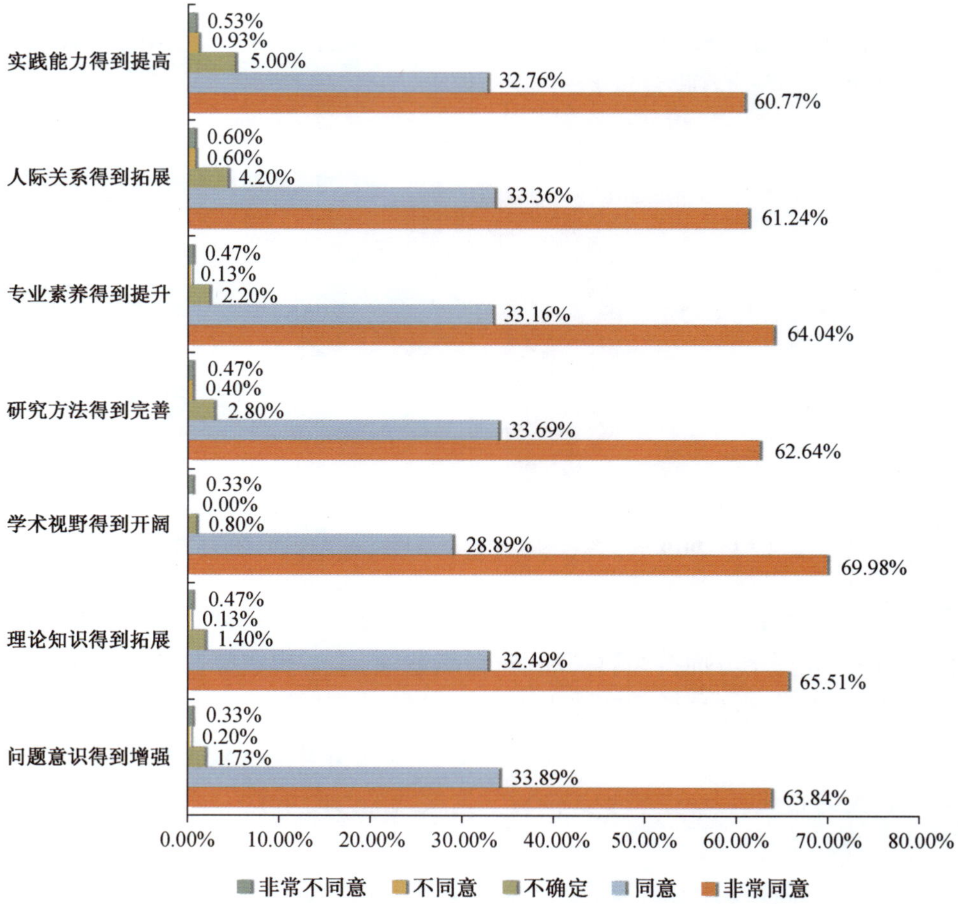

图 4－4　2019 年江苏省研究生暑期学生分项学习收获情况

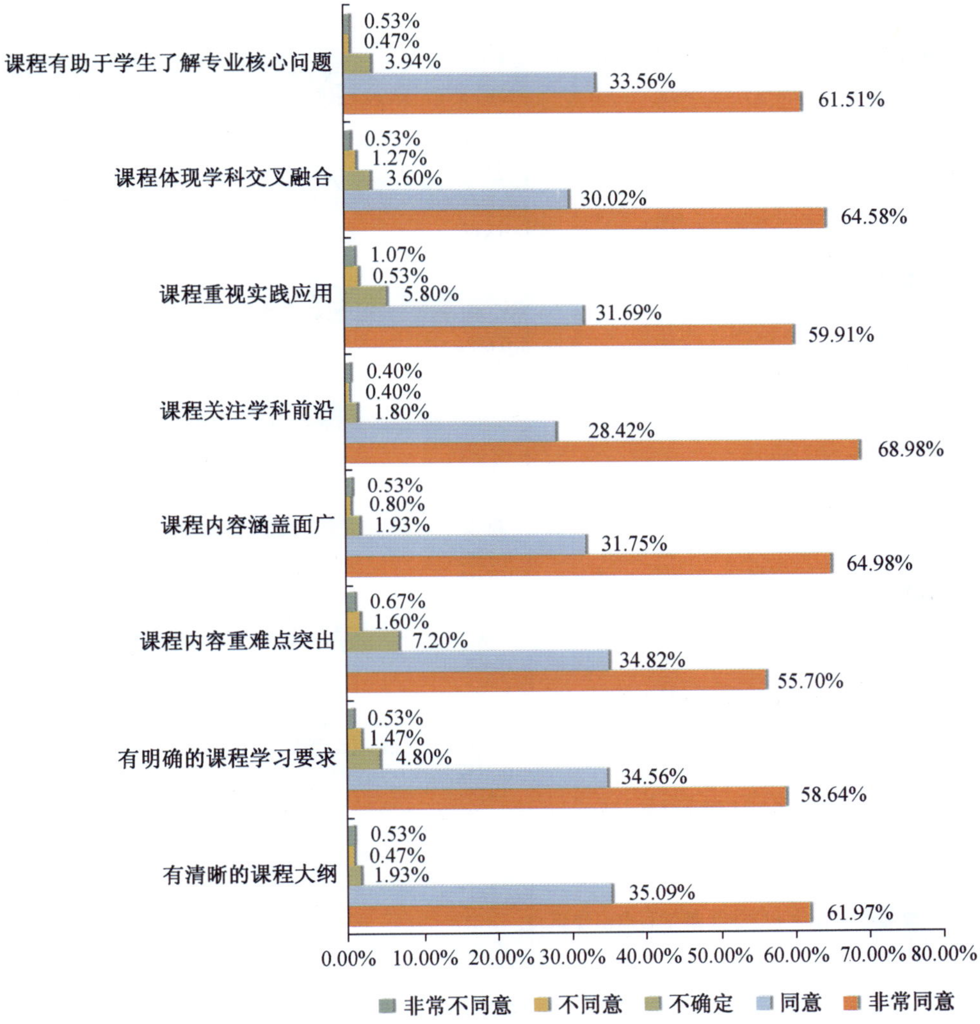

图 4－5　2019 年江苏省研究生暑期学校课程设计与内容情况

4. 课程教学与师资

学生对于“课程教学与师资”中“教师教学有助于学生了解学科前沿知识”“教师教学思路清晰”等七个方面的评价较高，持“同意”和“非常同意”的学生占比均超过了 95.00％；对“教师在教学中重视理论与实践相结合”持“同意”和“非常同意”的学生略低于 95.00％，为 94.93％；对“教师在教学中能根据不同的教学内容采取不同的教学方法”“教师在教学中经常组织课堂讨论”持“同意”和“非常同意”的学生比例略低，分别为 93.26％和 92.93％(图 4－6)。

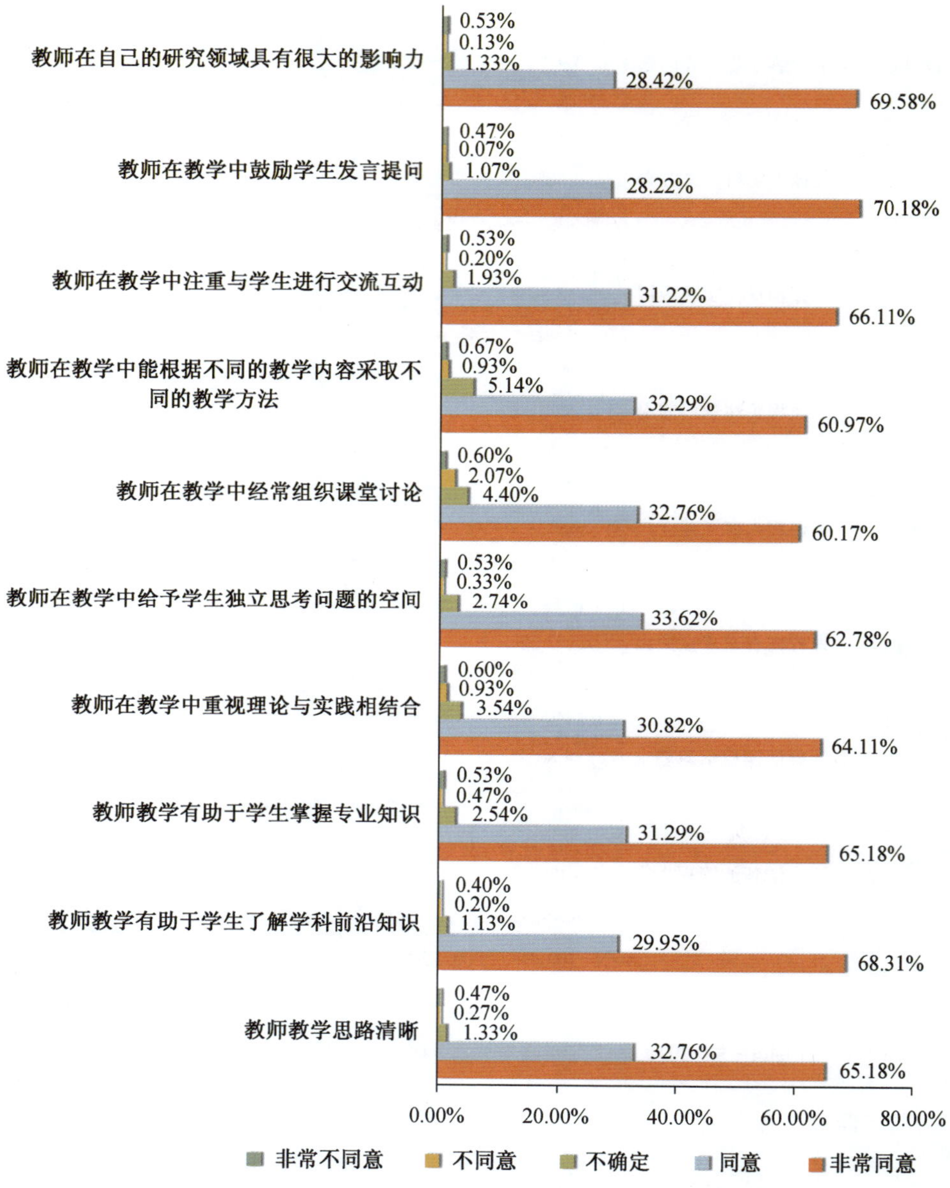

图 4-6　2019 年江苏省研究生暑期学校课程教学与师资情况

5. 课程参与

学生对“课程参与”的评价存在一定差异。仅在“我会高效完成课业任务，潜心钻研”这一方面学生持“同意”和“非常同意”的比例超过 90.00%，为 91.39%；“老师、同学对我的学习有任何反馈，我都能及时做出回应”“我积极参与小组讨论，在与老师、同学的交流中提出自己的想法”以及“我积极回答老师提出的问题，参与课堂学习”这三个方面持“同意”和“非常同意”的学生分别有 89.99%、87.12%和 81.99%；“我会进行课前预习，带着问题进课堂”持“同意”和“非常同意”的学生仅有 1 132 人，占比为 75.52%（图 4－7）。

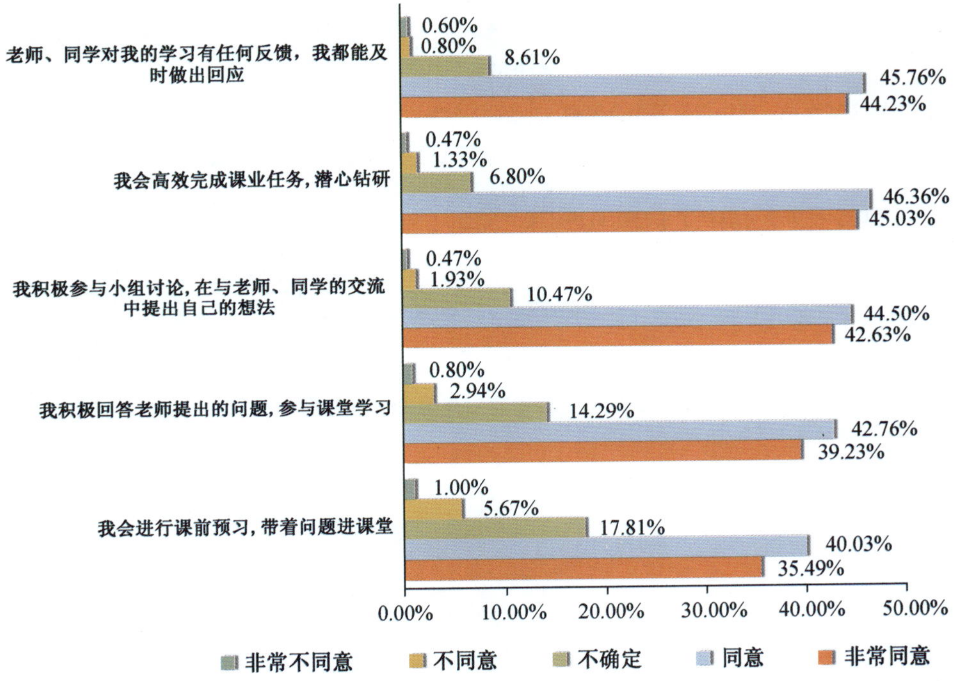

图 4－7　2019 年江苏省研究生暑期学校学生课程参与情况

6. 硬件保障

学生对于暑期学校的食宿条件和交通补助福利的评价较高，持“同意”和“非常同意”的学生分别有 1 442 人(96.20%)、1 398 人(93.26%)；但学生对文献查阅、网络检索的便捷度的评价较低，持“同意”和“非常同意”的学生为 87.46%，说明这一方面仍有较大的提升空间(图 4－8)。

7. 实践活动

有 84.32%的学生表示所在暑期学校提供了实践活动，但也有 15.68%的学生表示所在暑期学校没有提供实践活动(图 4－9)。

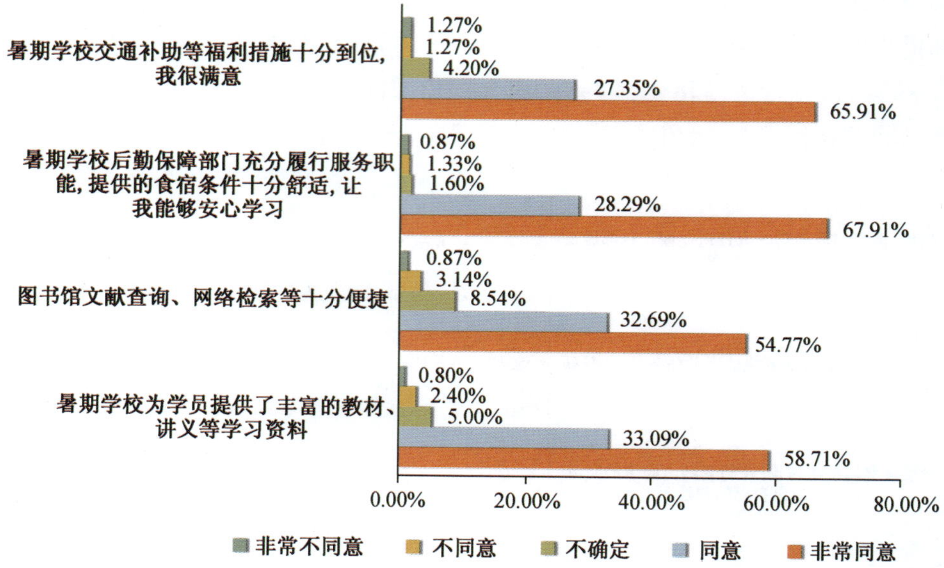

图 4-8　2019 年江苏省研究生暑期学校硬件保障情况

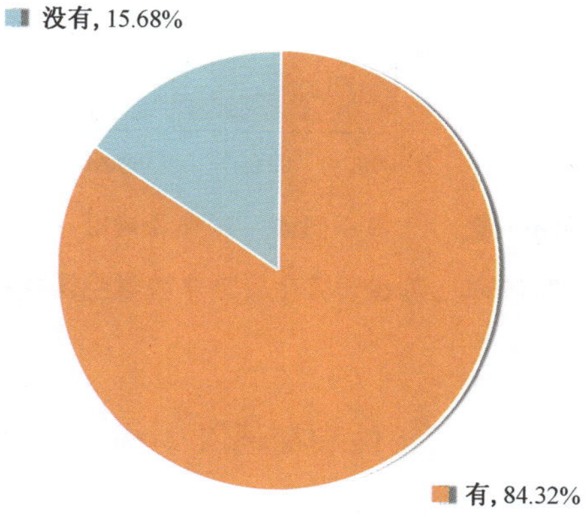

图 4-9　2019 年江苏省暑期学校实践活动情况

8. 推荐意愿

2019 年江苏省研究生暑期学校有 1 477 名学生(98.53%)愿意推荐自己的学弟、学妹或朋友来参加自己所参加暑期学校;仅有 22 名学生(1.47%)不愿意推荐他人来参加(图 4-10)。这充分说明了学生对本次暑期学校的肯定。

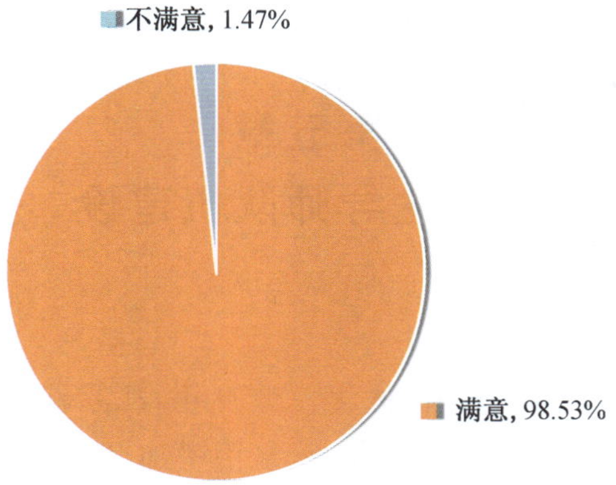

图 4－10　2019 年江苏省研究生暑期学校学生推荐意愿情况

9. 需要继续改进之处

调查结果表明，学生对 2019 年江苏省暑期学校最不满意之处体现在时间安排上，这也是大多数学生认为暑期学校最需要继续改进的地方。如有的学生指出“课程实践部分较短，很多想法没有做到很完善”“项目结项时间有点紧张”“课程安排时间比较紧凑，有些疲劳，如果中间设置一天休息可能会更好”“课程安排太紧，周末需要适当休息”“总体上组织的同学间交流活动相对较少，同学之间融合度不够”“没有校园网络，上网不便利”等。对此，学生“希望能适当延长 1—2 天项目的结项时间”“希望学生活动多一些，促进学员间交流”“希望能够做好行程规划，适当增加一两天给予足够的休息时间”等。建议江苏省暑期学校进一步抓住主要矛盾，改进学生们认为最需改进的地方。

第五章
研究生导师队伍建设

研究生导师队伍结构进一步优化。2019 年，江苏省普通高校研究生学位授予单位共有研究生导师 35 270 人，较上年增加 2 479 人，增幅 7.56%。其中，博士生导师 9 558 人，较上年增加 493 人，增幅 5.44%；硕士生导师 25 712 人，较上年增加 1 986 人，增幅 8.37%。职称结构方面，正高级、副高级和中级职称的研究生导师占比分别为 42.32%、48.67%和 9.01%。年龄结构方面，年龄在 34 岁及以下、35—49 岁、50—59 岁和 60 岁及以上的博士研究生导师所占比例分别为 2.41%、40.65%、43.71%和 13.23%，年龄在 34 岁及以下、35—49 岁、50—59 岁和 60 岁及以上的硕士研究生导师所占比例分别为 11.81%、57.49%、27.19%和 3.51%。

多措并举推进研究生导师队伍建设。一是重视引进优秀人才，整合校内外导师资源来优化和提升师资队伍；二是重视完善导师遴选制度，实施导师资格动态管理，健全责任追究与奖惩机制；三是通过构建师德师风建设长效机制、实施新任导师指导能力培育计划和创新研究生导师能力提升机制，强化研究生导师指导能力的培养与提升；四是通过发挥榜样引领作用，重视老中青导师梯队建设、强化中青年导师队伍的引进和提升，来推进导师团队生态建设。

第一节 基本情况

一、总体规模

2019 年，江苏省普通高校研究生学位授予单位共有研究生导师 35 270 人。其中，博士生导师 9 558 人，硕士生导师 25 712 人。

部属高校共有研究生导师 14 102 人。其中，博士生导师 5 670 人，硕士生导师 8 432 人。

省属高校共有研究生导师 21 168 人。其中，博士生导师 3 888 人，硕士生导师 17 280 人(表 5－1)。

表 5－1　2019 年江苏省各普通高校研究生导师数及性别结构表　　单位:人

单位名称	导师总数	博士生导师		硕士生导师	
		总数	女性	总数	女性
南京大学	2 245	1 283	159	962	291
苏州大学	3 744	895	138	2 849	883
东南大学	2 255	1 087	175	1 168	355
南京航空航天大学	1 703	570	65	1 133	311
南京理工大学	1 609	580	64	1 029	265
江苏科技大学	535	51	6	484	120
中国矿业大学	1 447	438	43	1 009	263
南京工业大学	1 035	163	19	872	279
常州大学	919	43	6	876	157
南京邮电大学	875	133	27	742	232
河海大学	1 639	530	69	1 109	318
江南大学	1 300	348	61	952	339
南京林业大学	861	256	56	605	243
江苏大学	1 834	360	65	1 474	455
南京信息工程大学	1 161	291	39	870	297
南通大学	1 385	94	22	1 291	411
盐城工学院	100	0	0	100	25
南京农业大学	1 446	602	107	844	279
南京医科大学	461	212	67	249	106
徐州医科大学	1 333	65	16	1 268	414
南京中医药大学	990	362	105	628	233
中国药科大学	458	232	83	226	105
南京师范大学	1 259	385	63	874	345
江苏师范大学	772	49	4	723	237
南京财经大学	411	17	0	394	128
南京体育学院	114	7	1	107	35
南京艺术学院	200	38	4	162	74
苏州科技大学	355	0	0	355	105
淮阴工学院	128	0	0	128	29

续 表

单位名称	导师总数	博士生导师		硕士生导师	
		总数	女性	总数	女性
扬州大学	1 902	467	45	1 435	535
南京工程学院	154	0	0	154	34
南京审计大学	260	0	0	260	63
江苏理工学院	147	0	0	147	37
江苏海洋大学	233	0	0	233	70
合计	**35 270**	**9 558**	**1 509**	**25 712**	**8 073**
部属高校合计	**14 102**	**5 670**	**826**	**8 432**	**2 526**
部属高校占比%	39.98	59.32	54.74	32.79	31.29
省属高校合计	**21 168**	**3 888**	**683**	**17 280**	**5 547**
省属高校占比%	60.02	40.68	45.26	67.21	68.71

二、增长情况

2019 年，江苏省普通高校研究生导师总数比 2018 年增长 7.56%(2 479 人)。其中，博士研究生导师增长 5.44%(493 人)，硕士研究生导师增长 8.37%(1 986 人)。比较而言，江苏省普通高校研究生导师整体规模保持平稳增长(图 5-1)。

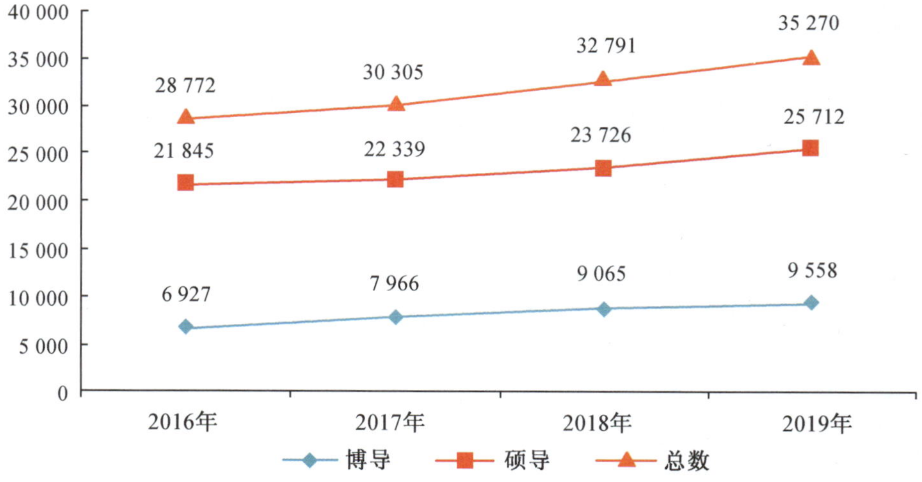

图 5-1　2016—2019 年江苏省普通高校研究生导师整体规模变化分析图

第二节　队伍结构

一、职称结构

2019年，江苏省普通高校研究生学位授予单位研究生导师中，具有正高职称的共计14 927人，占42.32%；具有副高职称的共计17 165人，占48.67%。

部属高校研究生导师中，具有正高职称的共计6 251人，占44.33%；具有副高职称的共计6 691人，占47.45%。

省属高校研究生导师中，具有正高职称的共计8 676人，占40.99%；具有副高职称的共计10 474人，占49.48%（表5－2）。

表5－2　2019年江苏省各普通高校研究生导师数及职称结构表

单位名称	正高职称/人	正高占比/%	副高职称/人	副高占比/%
南京大学	1 351	60.18	894	39.82
苏州大学	895	23.90	2 849	76.10
东南大学	898	39.82	1 274	56.50
南京航空航天大学	686	40.28	752	44.16
南京理工大学	726	45.12	787	48.91
江苏科技大学	189	35.33	316	59.07
中国矿业大学	517	35.73	742	51.28
南京工业大学	447	43.19	405	39.13
常州大学	379	41.24	387	42.11
南京邮电大学	349	39.89	443	50.63
河海大学	624	38.07	574	35.02
江南大学	557	42.85	714	54.92
南京林业大学	362	42.04	407	47.27
江苏大学	567	30.92	874	47.66
南京信息工程大学	537	46.25	498	42.89
南通大学	687	49.60	687	49.60

续 表

单位名称	正高职称/人	正高占比/%	副高职称/人	副高占比/%
盐城工学院	46	46.00	54	54.00
南京农业大学	697	48.20	696	48.13
南京医科大学	304	65.94	154	33.41
徐州医科大学	764	57.31	551	41.34
南京中医药大学	739	74.65	251	25.35
中国药科大学	195	42.58	258	56.33
南京师范大学	630	50.04	617	49.01
江苏师范大学	305	39.51	410	53.11
南京财经大学	170	41.36	187	45.50
南京体育学院	46	40.35	60	52.63
南京艺术学院	115	57.50	85	42.50
苏州科技大学	163	45.92	157	44.23
淮阴工学院	58	45.31	66	51.56
扬州大学	519	27.29	724	38.07
南京工程学院	120	77.92	33	21.43
南京审计大学	129	49.62	120	46.15
江苏理工学院	51	34.69	65	44.22
江苏海洋大学	105	45.06	74	31.76
合计	**14 927**	**42.32**	**17 165**	**48.67**
部属高校合计	**6 251**	**44.33**	**6 691**	**47.45**
部属高校占比/%	41.88	—	38.98	—
省属高校合计	**8 676**	**40.99**	**10 474**	**49.48**
省属高校占比/%	58.12	—	61.02	—

注:因部分高校有非高级职称人员担任研究生导师,故正高职称和副高职称占比之和小于100%。

由数据对比可知(图 5-2),江苏省普通高校研究生导师队伍中正高职称占比有所下降,副高职称占比有所上升。

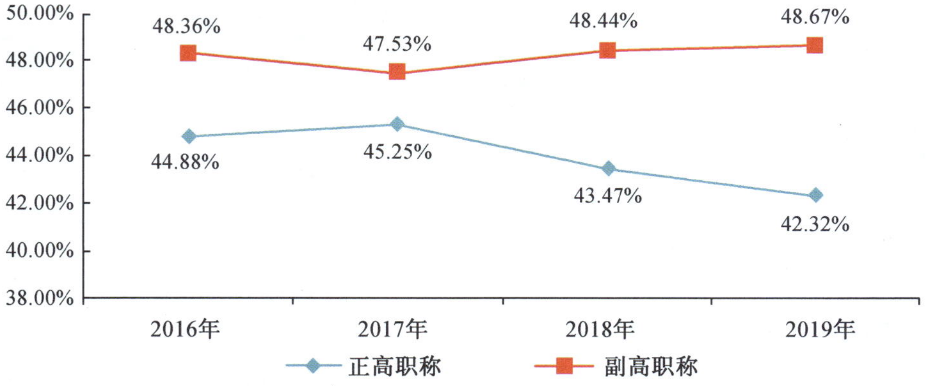

图 5－2　2016—2019 年江苏省普通高校研究生导师职称结构比较图

二、年龄结构

2019 年，江苏省普通高校博士研究生导师中，年龄在 34 岁及以下、35—49 岁、50—59 岁和 60 岁及以上所占比例分别为 2.41%、40.65%、43.71%和 13.23%（图 5－3）。

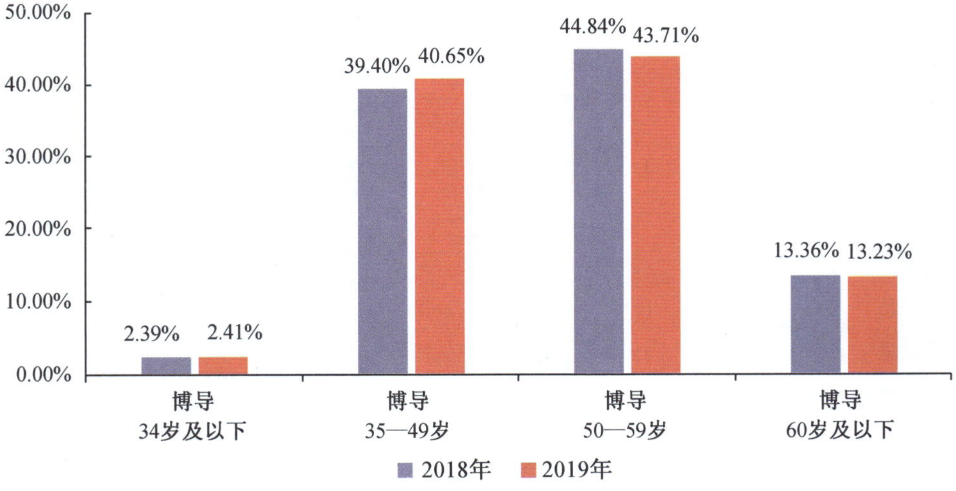

图 5－3　2018—2019 年江苏省普通高校博士研究生导师年龄结构

部属高校博士生导师中，年龄在 34 岁及以下、35—49 岁、50—59 岁和 60 岁及以上所占比例分别为 2.96%、42.01%、42.72%和 12.31%，省属高校的比例分别为 1.59%、38.66%、45.16%和 14.58%。比较而言，部属高校中 35—49 岁的博士生导师所占比例较省属高校高了 3.35 个百分点（表 5－3）。

表 5-3　2019 年江苏省各普通高校博士研究生导师年龄结构表　单位:%

单位名称	34 岁及以下	35—49 岁	50—59 岁	60 岁及以上
南京大学	2.88	42.56	40.30	14.26
苏州大学	1.34	35.87	46.70	16.09
东南大学	3.13	49.22	36.80	10.86
南京航空航天大学	1.93	38.07	44.74	15.26
南京理工大学	3.97	34.66	48.45	12.93
江苏科技大学	5.88	37.25	50.98	5.88
中国矿业大学	4.34	43.84	47.95	3.88
南京工业大学	3.68	37.42	42.94	15.95
常州大学	0.00	37.21	62.79	0.00
南京邮电大学	0.00	42.11	47.37	10.53
河海大学	2.26	34.34	47.92	15.47
江南大学	0.00	40.80	52.30	6.90
南京林业大学	2.34	35.16	41.80	20.70
江苏大学	2.22	50.28	37.50	10.00
南京信息工程大学	1.37	42.61	47.08	8.93
南通大学	0.00	34.04	47.87	18.09
南京农业大学	1.50	40.70	40.86	16.94
南京医科大学	1.89	48.58	39.15	10.38
徐州医科大学	0.00	36.92	43.08	20.00
南京中医药大学	0.00	24.31	53.87	21.82
中国药科大学	9.91	52.59	33.19	4.31
南京师范大学	1.04	35.32	49.09	14.55
江苏师范大学	0.00	36.73	44.90	18.37
南京财经大学	0.00	23.53	58.82	17.65
南京体育学院	0.00	28.57	42.86	28.57
南京艺术学院	0.00	13.16	34.21	52.63
扬州大学	3.21	47.75	39.61	9.42
全省	**2.41**	**40.65**	**43.71**	**13.23**
部属高校	**2.96**	**42.01**	**42.72**	**12.31**
省属高校	**1.59**	**38.66**	**45.16**	**14.58**

2019 年，江苏省普通高校硕士研究生导师中，年龄在 34 岁及以下、35—49 岁、50—59 岁和 60 岁及以上所占比例分别为 11.81%、57.49%、27.19%和 3.51%(图 5-4)。

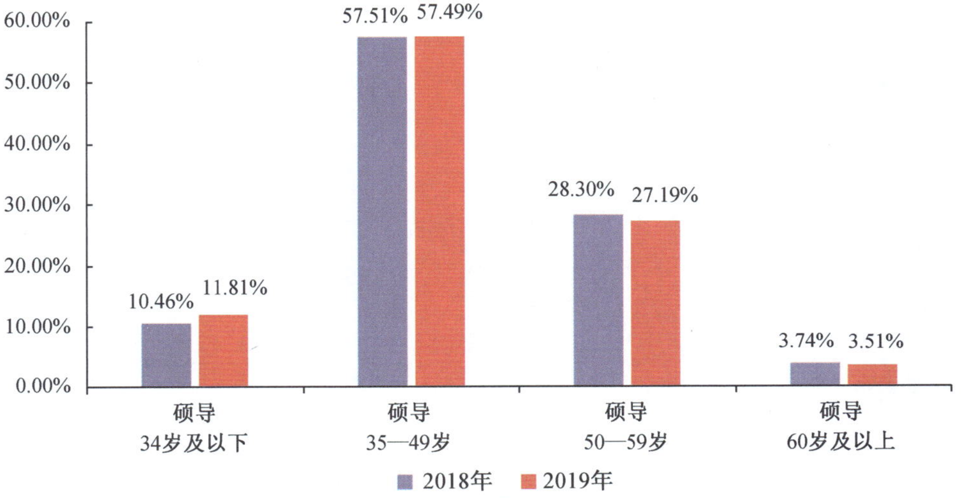

图 5-4　2018—2019 年江苏省普通高校硕士研究生导师年龄结构

部属高校博士生导师中，年龄在 34 岁及以下、35—49 岁、50—59 岁和 60 岁及以上所占比例分别为 13.60%、59.18%、24.99%和 2.23%，省属高校的比例分别为 10.94%、56.67%、28.26%和 4.13%。比较而言，部属高校 34 岁及以下的硕士研究生导师所占比例较省属高校高了 2.66 个百分点(表 5-4)。

表 5-4　2019 年江苏省各普通高校硕士研究生导师年龄结构表　　单位：%

单位名称	34 岁及以下	35—49 岁	50—59 岁	60 岁及以上
南京大学	5.82	68.19	25.26	0.73
苏州大学	6.60	53.49	33.56	6.35
东南大学	11.13	51.03	34.16	3.68
南京航空航天大学	18.53	63.37	17.30	0.79
南京理工大学	12.63	53.64	29.64	4.08
江苏科技大学	12.40	62.60	24.17	0.83
中国矿业大学	16.55	65.91	17.24	0.30
南京工业大学	18.92	55.96	22.48	2.64

续 表

单位名称	34 岁及以下	35—49 岁	50—59 岁	60 岁及以上
常州大学	3.65	46.69	43.84	5.82
南京邮电大学	12.40	69.14	18.33	0.13
河海大学	14.88	56.09	26.51	2.52
江南大学	15.76	62.08	21.64	0.53
南京林业大学	13.22	59.01	19.50	8.26
江苏大学	16.28	59.63	22.59	1.49
南京信息工程大学	14.25	64.25	21.15	0.34
南通大学	2.09	56.16	36.02	5.73
盐城工学院	7.00	76.00	17.00	0.00
南京农业大学	9.72	55.81	28.67	5.81
南京医科大学	1.20	73.09	24.50	1.20
徐州医科大学	2.60	55.05	35.33	7.02
南京中医药大学	0.00	41.24	45.38	13.38
中国药科大学	25.22	52.65	21.24	0.88
南京师范大学	7.89	63.84	27.92	0.34
江苏师范大学	9.54	63.90	24.34	2.21
南京财经大学	13.20	55.33	28.93	2.54
南京体育学院	3.74	46.73	41.12	8.41
南京艺术学院	0.00	51.23	29.01	19.75
苏州科技大学	7.32	58.59	30.70	3.38
淮阴工学院	2.34	75.78	21.88	0.00
扬州大学	36.38	46.97	14.77	1.88
南京工程学院	1.30	50.65	37.66	10.39
南京审计大学	6.15	67.31	25.77	0.77
江苏理工学院	21.77	57.82	19.73	0.68
江苏海洋大学	18.88	56.65	24.03	0.43
全省	**11.81**	**57.49**	**27.19**	**3.51**
部属高校合计	**13.60**	**59.18**	**24.99**	**2.23**
省属高校合计	**10.94**	**56.67**	**28.26**	**4.13**

第三节　建设举措

对于研究生培养质量的提高而言，加强研究生导师队伍的建设和管理，提高导师的素质和水平，具有极为重要的意义。近年来，江苏高校从多个方面入手推进研究生导师队伍建设：一是重视引进优秀人才，整合校内外导师资源来优化和提升师资队伍；二是重视完善导师遴选制度，实施导师资格动态管理，健全责任追究与奖惩机制；三是通过构建师德师风建设长效机制、实施新任导师指导能力培育计划和创新研究生导师能力提升机制，强化研究生导师指导能力的培养与提升；四是通过发挥榜样引领作用，重视老中青导师梯队建设、强化中青年导师队伍的引进和提升，来推进导师团队生态建设。

一、聚力导师队伍建设

作为高校研究生培养的主要承担者，研究生导师队伍的规模和质量直接影响了研究生培养的质量。为此，江苏高校积极创新高端人才引进机制，如南京信息工程大学实施研究生导师队伍的“五化工程”，南京林业大学充分利用“双一流”建设和优势学科建设平台打造国际化的导师队伍。同时，随着研究生培养布局调整的推进，江苏省专业学位硕士研究生的招生和在校生规模都在快速增加，这就迫切需要在扩大导师队伍的同时，重视兼职导师队伍的建设，让兼职导师更加深入地参与到专业学位研究生的培养中来。江苏高校近年来进行了积极的探索，如江苏科技大学通过“引进来”和“走出去”多措并举，加强校企合作，打造双导师队伍；南京工程学院通过整合校外资源，扩充合作导师队伍。

（一）重视引进优秀人才

南京信息工程大学创新高端人才引进机制，实施研究生导师队伍建设的博士化、国际化、精英化、工程化、团队化的“五化工程”。学校启动了海外招聘、“校长面对面”活动，赴英国雷丁大学、美国气象学会、新加坡国立大学等设立专场招聘，引进全球高端队伍。近年来，学校引进了包括院士、长江学者、“杰青”等在内的高层次人才，组建了顶尖师资团队，引领研究生开展学术活动，着重培养拔尖学生，提高创新实践能力。

南京林业大学充分利用校内外资源，打造国际化导师队伍。学校利用“双一流”建设和优势学科建设经费资助，及时对有意愿在校做长期交流的外籍专家开放遴选通道，并特许将外籍专家的招生资格前移，当年即可招生。学校以“林业工程”双一流学科为主导，加大引培力度，建立林业工程、林学、风景园林学导师队伍体系，形成了院士、长江学者、国家“杰青”、青年千人、国家“优青”为引领的导师体系：(1) 建立林业工程一流学科特区，制定并实施一流学科人才特区政策，强化外引内培靶向引才，加强一流学科导师队伍建设。(2) 打造一流师资科研团队，实行创新团队带头人(PI)负责制，瞄准学术前沿和国家重大需求。(3) 实施导师队伍建设人才工程，设立“水杉学者”“水杉英才”等计划，入选者优先获批导师资格。(4) 实施导师队伍人才培养项目，设立“学术领军英才”“杰出青年学者”“青年拔尖人才”等项目培养计划。

(二) 整合校内外导师资源

江苏科技大学通过“引进来”和“走出去”多措并举，加强校企合作，打造双导师队伍。学校通过与大型企业建立长期稳定的合作，积极引进有经验的高级工程师加入导师队伍，通过选派校内导师到科研生产一线实践，不断提升“双师型”导师的比例和水平。通过邀请企业导师参与制定培养方案，开设应用性讲座和课程，参加研究生论文开题、中期考核、答辩等环节，提高专业学位研究生“双导师制”的培养质量。2019 年，江苏科技大学与我国造船领域龙头企业、有“中国第一船厂”美誉的上海外高桥造船有限公司，以服务国家重大战略合作项目(大型游轮、第七代超深水钻井船开发、超大型集装箱船等)为基础，组建校企“1＋1”双导师队伍共 24 人，联合指导专业学位硕士研究生。同年，上海外高桥造船有限公司获批省级研究生工作站，并有 5 名导师获批江苏省产业教授。

南京工程学院通过整合校外资源，扩充合作导师队伍：(1) 积极鼓励与学校有实质性合作的企业或者科研院所人员通过签署相关协议而成为学校的合作导师。(2) 通过“导师互聘”，在江苏省产业技术研究院中形成校企导师相结合的双导师制，实现“专家领衔、导师负责、团队指导”的新模式，加强校内外导师的合作与交流，实现优势互补、资源共享。(3) 落实企业导师考核制，将研究生培养目标纳入产业技术研究院的协议框架内，并对其进行年度考核。南京工程学院和江苏省产业技术研究院双主体各司其职，强化合作意识，逐步形成结构优化、梯队合理、学科交叉、优势互补的高水平多元导师团队。

二、完善导师遴选、管理和奖惩制度

科学合理的导师遴选、管理和奖惩制度，可以有效激发研究生导师工作热情、提高工作质量和效率，进而保障高质量的研究生培养。研究生招生规模的扩大，新时期研究生培养要求的提高，都对研究生导师的遴选提出了更高的要求。苏州大学在导师遴选中注重去“四唯”而更多关注与研究生培养质量有关的选聘要素，中国药科大学允许部分达到特定条件的具有讲师、副教授职称的教师破格晋升为硕士生导师、博士生导师，南京师范大学、江南大学和南京信息工程大学等高校则针对不同学科、不同类型的研究生导师分别制定遴选标准。同时，江苏高校积极破除导师终身制，东南大学、苏州大学、南京航空航天大学、南京理工大学和河海大学实施研究生导师招生资格的动态管理，全面落实导师在研究生培养中的主要责任。江苏科技大学、江南大学、南京信息工程大学、南京财经大学等高校则通过健全责任追究与奖惩机制，来保证导师对研究生培养的投入。

（一）完善导师遴选制度

苏州大学深化导师队伍聘任制改革，全面实施研究生指导教师申请上岗制。学校严格贯彻落实教育部 2019 年 1 号令的要求，将思政素质、师德师风、学术水平、育人能力、指导经验、培养条件及和谐师生关系等纳入导师选聘要素，避免简单化的唯头衔、唯论文、唯项目、唯科研经费作为导师选聘条件，确保导师选聘质量。

南京师范大学对学术学位研究生导师和专业学位研究生导师分别制定遴选标准。对学术学位研究生导师的遴选，注重突出学术成果和学术贡献的要求；对专业学位研究生导师的遴选，注重突出实践成果和实践经验的要求。对具有研究生导师资格的导师实行竞聘上岗，根据年度招生需要，综合考虑学科特点、师德表现、科研任务和培养质量，确定导师招生范围及指导研究生的限额；个人申请、学院审核、学校审定等程序通过后方可获得招生资格。

江南大学建立了严格的导师遴选制度，根据基础学科与应用学科、自然科学与人文学科、学术学位和专业学位、硕士研究生和博士研究生、校内导师和校外导师的差异，分类制定了选聘博士研究生指导教师、硕士研究生指导教师、硕士专业学位研究生指导教师的实施细则文件，细化和区分遴选标准，实施分类遴选。

中国药科大学修订和出台政策，允许部分达到特定条件具有讲师、副教授职称的教师，破格晋升为硕士生导师、博士生导师；同时加大优秀人才引进力度，对特别优秀的高层次人才或海外人才可直接聘为硕士生导师、博士生导师。

南京信息工程大学实行“分类评审制度”，鼓励导师因人制宜、多维发展；出台《“导师特别评聘制度”实施办法》，实现新引进人才“入职即聘”。还修订了导师遴选办法，打破职称和任职年限壁垒，近10位30岁以下具有博士学位的优秀青年教师可以直聘硕导、博导。

（二）实施导师资格动态管理

东南大学实施评聘分离，突出岗位职责，加强导师招生资格审核与动态管理，规范发挥导师在研究生选拔录取中的作用。学校全面落实导师在培养研究生过程中的学业指导、经费资助、思想道德及科学伦理示范教育等方面的责任，将研究生成长成才作为导师的考核要素。对认真履行导师职责、研究生培养成绩显著的导师，予以表彰或奖励；对未能履行导师职责，导致师德师风、研究生培养质量等出现重大问题的，予以约谈、限招、停招，甚至取消导师资格。科学设置了学术水平的考量标准，并为高质量、负责任教师担任研究生导师开辟绿色通道。学校为导师提供政策解读、管理咨询、流程服务及心理疏导，实施“有温度的管理”。

苏州大学深化研究生导师队伍聘任制改革，破除导师终身制。明确研究生导师是研究生培养的具体工作岗位，而非现行职称体系中的一个层次或荣誉称号。自2018年起，学校率先打破研究生导师终身制，向所有符合上岗招生条件的教师全面开放研究生招生资格，逢招生必申请。

南京航空航天大学严格按照所制定的《研究生导师招生资格动态管理办法(试行)》文件要求来审核研究生导师招生资格，对不符合条件的研究生导师暂停招生资格。2019年，学校研究生导师招生资格审核工作中，有16.6%的硕导和1.3%的博导因学术成果少、科研经费不足、培养质量较低等原因而被暂停招收研究生。

南京理工大学修订并实施《南京理工大学博士生导师招生资格年度审核实施办法(试行)》，实施在岗研究生导师年度审核制，实施研究生导师动态上岗。对责任心缺失、师德师风存在严重问题者，暂停研究生招生资格，期满后须重新申请研究生导师资格。

河海大学根据《河海大学研究生导师管理规定》等文件，进一步明确将研究生导师的任职资格与招生资格“评聘分离”。学校每年组织开展研究生导师招生资格审核工作，对导师近三年承担的相关科研项目、学术成果、培养质量进行全面审核，对无项目、无经费、无成果的“三无”研究生导师不予招生。对满聘期的基地导师开展考核和续聘，对所指导研究生学位论文抽检结果有“存在问题论文”或不合格的研究生导师亮红牌或黄牌，暂停研究生招生资格，并对其后续指导工作进行监控。2019 年，学校有 33 名博士生导师、59 名硕士生导师被暂停招生资格。

（三）健全责任追究与奖惩机制

江苏科技大学以营造团结协作、公平竞争的学术环境为前提，采用激励机制激发研究生导师的进取心，提升师生学术水平。对学术道德高尚、指导能力强、培养质量高、取得显著成果的研究生导师或团队，给予精神与物质奖励，并优先上岗或增加招生指标。对不能认真履行岗位职责、培养质量不佳的导师，视其情节轻重给予停止其次年招生资格或取消研究生导师资格等处理。

江南大学重视在研究生培养全过程中全面落实导师是研究生培养第一责任人的要求。对违反学术道德，违反国家法律法规、校纪校规，违反导师职业道德“十不准”行为，上级部门抽检所指导学位论文不合格的研究生指导教师，学校将根据情节轻重分别给予诫勉谈话、通报批评、暂停招生资格、取消导师资格直至纪律处分。对认真履行导师职责，取得显著成果的研究生导师，将在职称评定、职务晋升、绩效分配、评优评先等方面优先推荐。

南京信息工程大学制定《研究生导师队伍建设实施方案》，采用竞争上岗、分类评聘、分类管理的动态管理模式，实行研究生导师招生资格年度审核制。该校构建了完善的研究生导师招生资源配置机制、联合指导机制、培训交流机制、考核评价机制、表彰奖励机制和责任追究机制。

南京财经大学健全责任追究机制，实施研究生导师动态管理。对不认真履行研究生导师岗位职责并产生不良后果的，视情况及时予以严肃处理；研究生出现学术不端行为或违反学术道德的，按照相关规定对研究生导师进行处理；研究生培养质量出现问题的，对研究生导师分别采取约谈、限招、停招等方式予以处理；情节严重的，取消研究生导师资格。

三、强化导师指导能力的培养与提升

研究生导师的素质是影响高校研究生培养质量的关键因素之一，因此，进一步提高研究生导师的能力和素质是导师队伍建设的关键所在。江苏高校从三个方面来培养与提升研究生导师的指导能力：一是从多个维度着手构建师德师风建设长效机制，如东南大学、中国药科大学、江南大学和南京工业大学的着力点为制度建设，苏州大学建立了“德政导师”的工作机制，南京农业大学和南京师范大学则通过活动来宣传和引领。二是实施新任导师指导能力培育计划,南京大学、南京医科大学和中国药科大学专门制定相关制度,健全新导师培训体系,对新任研究生导师实行“先培训、后上岗”。三是创新研究生导师能力提升机制,南京大学鼓励导师跨学科交叉培养博士生来拓展导师职业生涯成长空间,苏州大学在国内率先成立了研究生导师学院来强化研究生导师的岗位培训,河海大学、南京师范大学构建了多级导师培训工作机制,江南大学和江苏师范大学积极推进导师培训内容的丰富化、培训形式的多样化。

(一) 构建师德师风建设长效机制

东南大学从两个方面着手进行研究生师德师风建设:一是重视加强制度建设,突出师德师风和教书育人能力评价。贯彻落实上级相关意见精神,出台导师培训管理办法,将政治素质过硬、师德师风高尚、业务素质精湛等要求作为研究生导师资格和招生资格的“门槛”,实施师德表现“一票否决”制度,把教书育人作为研究生导师评价的核心内容,落实研究生导师立德树人职责,突出研究生导师师德师风建设及课程教学能力评价。二是强化职责管理,规范导师履职尽责。全面落实导师在培养研究生过程中的学业指导、经费资助、思想道德及科学伦理示范教育等方面的责任,将研究生成长成才作为导师的重要考核要素。

苏州大学建立了“德政导师”工作机制,聘请一批拥护党的领导、贯彻党的教育方针、具有高度的政治责任感、依法履行导师职责的优秀科学家和优秀管理工作者担任研究生“德政导师”,加强研究生思想政治教育日常管理,将专业教育与思想政治教育有机融合,引导研究生成为政治合格、专业过硬的社会主义事业建设者和接班人。

南京农业大学通过组织活动,引领导师政治方向、提升导师指导能力。如定期召开导师培训会议,协助导师掌握研究生教育管理的最新规定和指导技术,为导师指导学生保驾护航;举办师德大讲堂活动,在全校营造崇尚师德、争创师德典型的良好舆论环境和校园氛围;举办“立德树人”中青年骨干教师思政培训班,进一步加强导师理想信念教育,推进师德师风和“思政”建设;开展教师“思享”沙龙,更全面、深入地服务导师需求。

南京师范大学构建师德师风建设的多元化与全覆盖机制,提升研究生导师立德树人素养。积极开展师德师风宣传教育活动。2019 年,先后组织了 50 余场师德师风系列宣讲,组织导师参加聆听王泽山师德师风先进事迹宣讲等多场报告会。学校完善并严格执行导师师德师风审核制,凡导师资格申请、招生资格获得、职称晋升、奖项以及各级各类人才称号、荣誉称号和奖励申报等评奖评优，均须通过师德师风审查，由学院党委对师德师风情况进行评价并在学院网站公示，学校党委教师工作部会同纪委等部门对师德师风情况进行审核，研究生院协同党委教师工作部对师德师风情况进行审核，实行师德师风的多部门协同把关，对失范行为“一票否决”。2019 年，学校的导师师德师风情况公示 208 人、党委教师工作部会同纪委等部门对师德师风情况审核 2 300 余人次、研究生院协同党委教师工作部对师德师风情况审核 1 500 余人次。

中国药科大学积极落实导师的教育责任。学校成立了党委教师工作部、师德建设领导小组和院部教学督导组，落实导师是研究生培养第一责任人的要求，不断强化对研究生导师资格审定、师德师风、工作业绩等的监督和管理，要求导师在道德品质、治学态度、学风文风等方面为研究生树榜样，把育人作为导师的首要职责。不断提升导师的科学道德素养，并为研究生导师参与海外培训和国际交流提供配套资助。加强师德舆情监测，定期开展全校师德状况调查，建立师德舆情快速反应机制，积极应对学校师德建设中出现的热点和难点问题。

南京工业大学多措并举，构建师德师风建设长效机制。学校坚持价值引领、师德为上、思想铸魂基本原则，抓细抓实导师师德教育、考核管理、监督奖惩等措施，制定《全面落实研究生导师立德树人职责实施细则》《南京工业大学教师职业行为负面清单及失范行为处理办法》和《关于建立健全师德建设长效机制的实施办法》，构建了师德师风建设长效机制。健全责任追究机制，将师德师风摆在导师评价的首要位置，年度考核实行“一票否决制”，对培养质量出现问题的导师采取约谈、限招、停招等处理措施。

江苏大学开展毕业研究生对导师立德树人工作测评活动。学校采用将导师测评系统并入离校系统的模式，鼓励研究生对导师的“八导”情况进行真实测评。对测评成绩排名后 1% 的导师，将进行约谈、限招甚至停招、取消导师资格。通过突出师德师风“第一评价标准”，解决“导师只负责科研任务，辅导员只负责日常管理”的两张皮问题。

（二）实施新任导师指导能力培育计划

南京大学建立健全新导师培训体系，将硕士生导师培训纳入培训体系。在连续 19 年举办“创新与育人”博士生导师交流会后，学校于 2019 年召开首届“创新与育人”研究生导师交流会。通过导师交流会的形式，学校研究生院代表学校及时向新导师们传达研究生教育的发展形势、目标、要求与改革方向；邀请著名学者真诚“传经”，就如何当导师、如何当一个好导师，做堂堂正正的百年南大的学术传人，传承、延续南大精神，以及新时代新型导师关系的建立与沟通方式、实验室安全管理等方面分享经验。新导师通过与资深博导面对面的交流，感受到了作为导师的责任和担当，从思想上、行动上做好准备，更加明确立德树人职责。

南京医科大学完善研究生导师培训体系。导师培训分为岗前培训和在岗培训两种。其中，新增列的导师须参加学校统一组织的岗前培训，严格执行“不培训、不上岗”。各二级培养单位定期组织在岗导师培训，每年至少举办一次，培训内容包括立德树人教育、研究生培养质量、学术道德与学术规范、研究生教育改革与政策解读、国际学术与交流、研究生心理疏导教育和就业指导等。

中国药科大学推进新任导师培训制度化。六年来学校坚持每年定期开展导师培训，要求获得导师资格的教师必须参加并通过导师岗位培训后才能参与招生。培训的对象除了校内导师，还包括校外研究生培养基地及海外研究生基地的导师。培训活动围绕研究生教育发展现状、研究生管理规章制度解读、优秀导师培养研究生的心得体会、校外研究生培养基地经验分享、学术不端行为解析等主题组织系列讲座。学校建立了导师培训档案，及时向两年内缺席培训的导师发出预警通知，三年内缺席培训的导师将被取消招生资格。

（三）创新研究生导师能力提升机制

南京大学打破导师与学科之间的固化状态，鼓励导师跨学科交叉培养博士生。学校根据国家招生计划安排，设置“跨学科博士项目”，采取导师跨学科招生、学生学科属性不变的方式，跨学科招收、培养博士生，有效解决跨学科培养中学生的学科属性问题，避免出口的学位授予质量风险。目前正在从事跨学科研究工作、跨学科成果突出、有跨学科的国家级重大科研项目，有培养跨学科博士生所需的充足的科研经费、基础条件及协助人员的博士生导师，通过申请和考核，将成为跨学科博士点的博士生导师。2019 年，首批入选的 36 位跨学科导师 2020 年开始招收博士研究生。

苏州大学重视加强导师岗位培训。一是为提高研究生导师的胜任能力，在国内率先成立研究生导师学院，建立新上岗导师岗前培训、在岗导师定期培训、日常学习交流相结合的培训制度，确保新上岗研究生导师必须接受岗前培训，在岗研究生导师每年至少参加一次培训。二是将形势政策、导师职责、师德师风、研究生教育政策、教学管理制度、指导方法、科研诚信、心理学知识等作为培训内容，通过专家报告、经验分享、学习研讨等形式传达给研究生导师，切实保障培训效果。2019 年，学校举办了第九期研究生导师培训班、第六期江苏省骨干研究生导师（管理干部）研修班、2020 年拟上岗招收博士生导师培训会，培训超千人次。学校的导师培训制度 2016 年获得了中国学位与研究生教育学会教学成果一等奖。

河海大学创新导师四级培训体系，构建联动培训新机制。其导师培训实行学校、学院、学科（基地）、个人四级培训，内容覆盖研究生培养管理所涉及的教育理论、管理制度、学术动态和师德修养等。在学校层面，邀请国内外知名专家讲授科研规范、国内外知名大学研究生培养经验、学校研究生管理相关规定、师德师风建设等方面的内容；在学院、学科和基地层面，结合学院发展、导师队伍、学科发展现状等情况，有针对性地选择培训内容开展导师培训；同时，组织编写相关的学习材料，用于导师自学。

南京师范大学通过构建校院协同的导师培训工作机制，提升导师指导研究生的能力与水平。为适应研究生导师能力提升需求，学校实施了校院一体化的研究生导师培训制度：校级层面于每年 4 月前后面向全校研究生导师举办一期研究生导师研修班，内容和形式上包括专家讲座、名师传授、研究生导师和研究生教育文件学习研讨、分层次分类别的专场交流等；学院层面是面向本院研究生导师举办 1—2 场导师研修活动，形式上包括了专家讲座、政策研讨学习、经验交流沙龙、师生互动论坛等。校院一体化的研究生导师培训制度保证了新老导师能够与时俱进、取长补短，进一步增强立德树人岗位职责意识、提升指导研究生的能力与水平。2019 年，学校举办了校级层面研究生导师研修班，内容包括资深专家讲座、国家级名师经验传授，《关于加强研究生导师队伍建设的意见》和《江苏省研究生导师职业道德规范“十不准”（试行）》等文件的学习研讨。在分组（学术学位博导组、学术学位硕导组和专业学位导师组）讨论会上就博士研究生培养的几个阶段、如何指导研究生、专业学位人才培养的现状与目标等，新老导师们进行广泛的交流、研讨。各学院还举办专题研修活动，主题包括新一轮培养方案的落实、学位点建设相关内容的讨论、如何指导研究生写作等。2019 年，学校各二级学院共举办研究生导师研修活动近 50 场，涉及导师 806 人。

江南大学努力实现导师培训形式的多样化。通过聘请校外专家开展研究生教育专题讲座、优秀导师经验分享、学科内导师座谈交流等途径，为导师提供交流教育思想、切磋教育技艺的平台，不断提高研究生导师教书育人、立德树人的能力和水平。通过校内外的学术交流，校外进修、考察，出国访问、留学等,确保导师有机会接触到学术前沿,促进导师自身素养的可持续发展。

江苏师范大学构建以导师工作坊为平台的导师培训与专业发展机制。学校以提高导师综合素质、提升研究生培养质量为目标,开展导师工作坊活动。邀请校党委书记和省研究生十佳导师团队负责人参与导师培训。

四、推进导师团队生态建设

研究生导师团队建设,是推进高校科学研究、学科建设和研究生培养的重要手段和组织形式,是高校人力资源管理和优化配置的重要内容。推进导师团队生态建设,有利于新任研究生导师的成长,形成良好的学术氛围,最终保证研究生培养质量的提升。江苏高校一方面通过强化榜样的引领示范,营造尊师重教、立德树人的良好学术氛围,促进高素质研究生导师队伍建设。如东南大学定期通过"至善讲堂"专题培训宣传优秀研究生导师的典型事迹,南京航空航天大学、中国药科大学、苏州科技大学和江苏大学则积极树立和宣传校内先进典型,在全校范围内形成示范引领作用。另一方面,重视研究生导师梯队建设,优化导师队伍结构,强化对中青年导师的引领和提升,为青年导师提供良好的成长环境。

(一)发挥榜样引领作用

东南大学强化示范引领作用,定期开展"至善讲堂"专题培训,引导广大研究生导师以德立身、以德立学、以德施教,激发导师永葆初心、立德树人、实干担当。学校积极开展向教育楷模黄大年、李保国等同志学习的活动,在此过程中,涌现出一批优秀的教师团队。例如,东南大学数学学院复杂系统与复杂网络研究生导师团队荣获江苏省首届"十佳研究生导师团队(提名)"。

南京航空航天大学充分发挥导师立德树人的作用,开展研究生"'五好'导学团队"创建工作,连续十年开展"良师益友——我最喜爱的导师"评选,选树了一批思想政治教育工作表现突出、深受学生爱戴的优秀研究生导师,并多渠道宣传其典型事迹。

中国药科大学积极树先进教师典型,开展"吾爱吾师"我最喜爱的教师评选和"我和我的导师"主题征文等系列活动,增进师生沟通交流,展现良好师德师风。同时,打造药学名家讲座、CPU 大讲堂、青年学者沙龙等品牌活动,邀请药学领域国内外名师教授、医药企业专家学者来校分享前沿进展、科研经历和工作经验。在学校主页、微博、微信公众号等网络平台上,宣传报道学校研究生导师团队的高水平学术成果,弘扬新时代中国科学家精神,营造"尚德修身，鼎新弘药”学术研究氛围，锻炼独立思考能力，培养严谨治学品格。

苏州科技大学修订了《苏州科技大学优秀研究生导师和导师团队评选办法（试行）》，每两年开展一次优秀研究生导师的遴选工作，树立身边典范，营造尊师重教、立德树人的良好学术氛围，促进高素质研究生导师队伍建设。2019年，部分优秀导师获得江苏省“十佳研究生导师团队”提名。

江苏大学制定“三全育人”综合改革研究生导师示范团队建设要求和建设标准，注重通过各种形式对优秀的研究生导师团队进行宣传报道。如依托新媒体平台，开设“研师导思”专栏，加强研究生导师示范团队特色亮点做法的宣传报道，在全校范围内形成示范引领作用。

（二）推进导师团队建设

南京农业大学重视老中青导师梯队建设，根据学科发展需要，及时调整学科团队人才梯队，重点强化中青年导师队伍的引进和提升。学校强化校外高层次人才引进和校内优秀青年导师提升力度，通过校外高层次人才引进为学校发展注入新鲜血液，通过选拔钟山学术新秀，为有发展潜力的青年导师提供更高更好的平台。同时，强化跨学科人才特区建设，加强跨学科人才引进力度，促进学科建设与跨学科人才培养。

南京中医药大学由国医大师、院士、长江学者、“杰青”领衔，将中科院上海药物研究所、江苏省中科院植物所、附属康缘药业等高水平科研院所和药企的杰出科学家、工程师等高层次科技人才资源引入育人过程，组建多学科协同创新的导师团队。名医名家指导研究生通过临证抄方、疑难病案分析等形式传承学术思想及临证经验；科研精英指导研究生运用现代科学方法总结名医名家学术经验，开展优势病种的机理机制研究；导师指导小组合作指导研究生融通多学科多领域，提升指导成效。学校建立了重大项目、平台、团队落实育人首位的约束机制和学生参与导师研究项目的激励机制，导师团队承担的国家重大、重点项目研究生参与度达100％。

徐州医科大学为充分发挥以点带面的人才“酵母效应”，学院以创新驱动为导向，积极推进“大师＋团队”“人才＋项目”“基础＋临床”“学校＋医院”的“4＋导师团队”建设，深层次激发导师科研及育人动力。以立德树人成效为目标，搭建导师培育平台，通过“送出去，引进来”、新任导师综合培训、已带教导师业务研讨等形式拓宽导师视野，提升导师带教能力，有效保障新模式研究生培养质量。例如学校的麻醉学学科在客观评估研究生导师团队构成的基础上，适当提高了研究生导师的遴选标准，严格从多个维度来进行研究生导师考核，扩充年轻导师力量，确保导师队伍有活力、可持续、干劲足，在“5+3衔接”本硕一贯制教育新模式下，探索麻醉与镇痛应用技术特色导师团队提升新路径。

江苏理工学院出台相关政策，鼓励组建导师团队，以学科方向或科研团队为基础，形成由学科方向或科研团队负责人为组长、中青年导师、企业导师为成员的导师团队建设，形成“传帮带”机制。通过思想育人、文化育人，实行青年导师助导制，把青年导师放在一个更宽阔、更奋进、更健康的氛围中予以培养。

第六章
研究生教育质量保障

完善机制，确保入学生源质量。江苏省普通高校从多元化招生方式与科学化选拔方法方面对研究生招生模式进行改革，准确定位优质生源。采用多途径宣传渠道，开展品牌活动，建立生源互动机制，广泛吸引优质生源。合理调整招生指标结构，使优质生源得到高层次资源的充分支撑。2019 年，全省博士研究生生源中“双一流”高校生源已接近 60%，硕士研究生生源中的“双一流”高校生源已超过 30%，优质生源比例不断提高。

严格把关，提高学位授予质量。江苏省普通高校加强对研究生培养每个环节的质量监控，提供实时预警。注重“学位挤水”，加强学位论文评审强度，严把出口质量关。对研究生学业成果评价机制进行积极探索，创新评价标准。2019 年，全省普通高校共考核分流博士研究生 438 名，硕士研究生 320 名，考核分流制度有利于保障研究生学位授予的“含金量”。

充分支撑，提升经费资助水平。江苏省普通高校积极改革经费投入机制，拓展经费筹措渠道。加大科研实践激励与境外交流的资助力度，实现经费的科学配置。各校投入专项经费优化培养管理过程和探索培养机制改革，推动研究生教育转型发展。

第一节　提高入学生源质量

一、改革招生方式

研究生教育在培养层次、培养类型与学科门类上有着比较明显的差异，公平公正且准确选拔出优质生源是研究生教育高质量发展的前提条件。2019 年，江苏高校一方面制定各具特色的招生方案，准确定位优质生源，另一方面不断完善考核选拔方法，提高人才选拔的科学性与规范性（表 6－1）。

表 6-1　2019 年江苏高校招生模式改革举措(部分)

基本举措	培养单位	具体举措
招生方式多元化	苏州大学	◆ 深化“博士候选人、硕博连读、申请—考核、公开招考”四种方式的招生制度改革,积极构建“333”博士研究生招生录取模式,博士研究生竞争入学机制初步形成 ◆ 构建推免预报名系统,扩大推免生接收比例
	南京航空航天大学	◆ 试行本硕博课程贯通的“创新英才”培养计划
	南京邮电大学	◆ 实施“本硕博”贯通式人才培养模式,制定“直博生”招生方法,鼓励硕士研究生进行硕博连读,全面实行博士生“申请考核制”
	河海大学	◆ 围绕“水”特色,建立“水利工程+”的跨学科招生模式,选拔服务国家战略、行业发展的优质生源,为复合式应用型创新人才培养把好入口关
	江南大学	◆ 加强硕博连读生源的动员与选拔工作,扩大直博生选拔范围至一级博士学位点
	南京林业大学	◆ 建立本硕博贯通培养、硕博连读、申请考核和统考四种模式的多元招生体系。扩大本硕博贯通培养和申请考核录取比例
	南京医科大学	◆ 开展七年制硕博连读和拓宽至三年级研究生申请硕博连读,注重硕博阶段培养衔接,培育优秀博士生源 ◆ 对临床专业学位硕士研究生开展“5+3+X”校内优选项目,选拔优秀毕业生直接攻读全日制临床医学博士专业学位。给予拟录取研究生自主选择导师的政策,打破传统的“招生指标跟着导师”的惯例,由学生“带指标”选择优秀导师 ◆ 博士招生全面实施“申请—考核”制,通过完善准入条件、规范提交材料、严格资格审查、优化综合考核、完善监督和申诉机制等方面,形成博士招生的“申请—考核”制选拔模式
	南京中医药大学	◆ 探索“本硕博一体化贯通式培养”,首批 30 位中医九年制学生成功转入博士阶段
	南京师范大学	◆ 优化本硕贯通选拔机制,深入实施卓越教师培养专项计划
	江苏师范大学	◆ 在有限的推免计划中预留 1/4 名额专门用于实施“3+1+2 本硕一体化”卓越教师培养项目
	扬州大学	◆ 推进“333”本硕博贯通式培养,增强学科认同,提高本校优秀生源比例

续　表

基本举措	培养单位	具体举措
选拔方式科学化	南京大学	◆ 全校所有院系实行"申请—考核"制，强化对研究能力的考核，便于导师对考生的科研潜力有更加全面的了解
	东南大学	◆ 在博士研究生"申请—考核"中，加强全面考察和综合评价，积极探索不同培养类型博士研究生招生的考核方式和评价标准，以及跨学科报考和有学术特长考生的选拔途径
	南京理工大学	◆ 综合评价考生考试成绩、专业素质、实践能力和创新精神、一贯学业表现、发展潜力等，以笔试、面试和实践能力考核相结合的方式择优选拔人才
	南通大学	◆ 推免生申请者在符合条件的基础上，参加院系组织的综合素质测试，再按照学业成绩和综合测试权重之和排序进行筛选
	南京医科大学	◆ 构建临床专业学位硕士招生复试模式（客观结构化临床技能考试，OSCE），综合评估考生临床实践能力
	中国药科大学	◆ 健全导师组考核制度，完善博士研究生"申请—考核"制，优化复试考核体系，加大对创新与实践能力的考核
	南京审计大学	◆ 改进研究生招生复试流程，采取面试前十分钟临时抽签匹配的方式，确保公平公正选拔考生
	南京工程学院	◆ 强化复试环节，学校与多家企业共同组建工程硕士研究生教育指导委员会，全程指导研究生复试工作

（一）招生方式多元化

在博士研究生招生方面，江苏省研究生培养高校大多制定了多种方式相结合的招生机制，具体方式包括"申请—考核"、硕博连读、直接攻博和统一考试。"申请—考核"制已成为江苏省博士研究生招生选拔最主要的方式。2019年，超过一半的江苏高校在博士研究生招生中全部或部分采取"申请—考核"制。"硕博连读"与"直接攻博"两种方式主要是通过遴选本校优质生源直接进入博士研究生培养阶段进行学习。这样不仅可以通过前置培养阶段确定生源的培养潜力，也可保证较强的培养连贯性，使研究生在进入博士培养阶段后可以迅速适应，缩短培养周期。目前，江苏高校通过"硕博连读"与"直接攻博"两种方式招生的比例越来越高，同时，部分高校还拓展了两种招生方式的选拔范围。例如，部分高校已将"硕博连读"拓宽至硕士研究生三年级。

江苏高校在部分特定学科中开始制订专项培养计划，试行"本硕博"贯通式培养,实现不同培养层次之间的衔接。另外,部分高校为了服务社会发展需求,解决重大工程和科学前沿问题,在优势学科下自设跨学科招生方向,培养高层次复合式创新型人才。

在硕士研究生招生方面,江苏高校不断扩大“推荐免试”方式的招生比例,同时也借鉴博士研究生招生的经验,在特定学科内采用“本硕”贯通式培养。

(二)选拔方法科学化

通过多元化的人才选拔机制对优质生源进行准确定位的同时,也需要采取科学规范的选拔方法,保证选拔程序的公正有效。江苏高校不断深化研究生招生改革,逐步完善招生选拔方式,对选拔方法进行改革创新。一方面,制定规范的选拔程序,在准入条件、申请程序、资格审查、评价考核等方面保证公平公正;另一方面,制定科学有效的考核指标,进行全面评价,不仅关注生源已有的学业表现,还重点关注发展潜力和综合素质。此外,部分高校在具体考核环节中也进行改革创新。例如,实行导师组考核制度,在专业学位考核中邀请行业专家一同参与等。

二、强化招生宣传

为了扩大学校知名度,吸引更广范围的优质生源报考,江苏高校不断强化招生宣传工作,采用多途径的宣传模式,开展各类品牌招生活动,建立各具特色的生源互动机制(表 6－2)。

表 6－2　2019 年江苏高校深化招生宣传举措(部分)

基本举措	培养单位	具体举措
复合式宣传途径	南京理工大学	◆ 构建“全国现场招生咨询会、目标学校招生宣传、新媒体平台招生宣传”三位一体的招生宣传模式
	南京邮电大学	◆ 多媒体全方位开展招生宣传,组织暑期学校、现场咨询会、宣讲会,利用学校官方网站、QQ 群、微信群及“南邮研究生”微信公众号进行招生宣传
	中国矿业大学	◆ 依托“两大体系”和“五个平台”组建了“志愿者—校友—导师—学院—学校”多维一体的宣传团队,并进行常态化动态化管理,为招生宣传精准定位、精准投放
	苏州大学	◆ 构建以基层招生单位为重点的“学校、学院、学科、导师”四位一体的招生宣传网络
	扬州大学	◆ 构建“学校—学院—学科—导师”四级宣传机制

续　表

基本举措	培养单位	具体举措
开展品牌宣传活动	南京大学	◆ 广泛组织优秀本科生夏令营和暑期学校
	中国药科大学	◆ 开展“优秀推免生家长冬令营”“聘任‘药大研招宣传员’”“教授宣讲团进高校”“优秀大学生暑期夏令营”和“校园开放日”等系列品牌活动
	南京林业大学	◆ 2019 年依托主办的第七届中国林业大会，成功吸引优质生源，报考人数增幅达 30%
	江南大学	◆ 2019 年设置了 15 个优秀大学生夏令营，基本实现研究生招生专业全覆盖
	河海大学	◆ 打造品牌活动，如暑期夏令营、教授宣讲团、导师报告团等
建立生源互动机制	南京邮电大学	◆ 在省内外高水平大学开拓生源基地
	南京信息工程大学	◆ 结合近三年生源分布情况，采取“校校互通、多院互签”等多种形式建立优质生源基地
	南京工业大学	◆ 分别与 20 余所高校签订优质生源基地协议
	南京审计大学	◆ 赴省内外兄弟高校进行线下实地交流，面对面向考生进行招生宣传及咨询答疑工作
	江苏警官学院	◆ 定向对潜在生源加强宣传，协助解决报考困难。组织在读研究生做经验介绍，引导积极报考
	常州大学	◆ 建立研究生生源基地，定期与学生互动交流，宣传学校研招政策，吸引考生报考 ◆ 融入“一带一路”倡议，加大海外招生宣传力度，拓展优质留学生生源渠道
	江苏理工学院	◆ 在省内建立一批稳定的生源基地，定期组织导师和基地毕业研究生赴基地召开宣讲会 ◆ 采用合作项目的方式吸引企事业单位员工报考专业学位硕士研究生

（一）复合式宣传途径

江苏高校从两个方面丰富招生宣传途径，拓展宣传影响力。一方面，构建了从学校宏观层面到导师微观层面的自上而下的多级宣传机制，形成了全方位宣传体系；另一方面，在不断完善现场宣传方式的同时，广泛采用多种网络宣传平台，形成线上线下结合、现场远程互补的立体式宣传网络。

(二)开展品牌宣传活动

为了让优质生源真实感受办学实力与学科特色,江苏高校在招生宣传过程中开展了类型多样的特色品牌宣传活动,例如优秀本科生夏令营、导师教授宣讲团、暑期学校等。此类活动的开展不仅让招生高校可以通过系列活动在一定程度上了解生源的培养潜力,提前定位优质生源,同时也可让优质生源近距离感受到招生高校浓厚的科研氛围,提前了解导师的研究方向。

(三)建立生源互动机制

江苏高校为了保证优质生源的长期供给,纷纷与优质生源地建立生源互动机制,方便招生宣传。一方面,部分高校在省内外不断拓展优质生源基地,签订生源供给协议,甚至融入“一带一路”倡议,加大海外招生的宣传;另一方面,部分高校深入参与合作培养的企事业单位,为潜在生源提供报考帮助,通过项目合作吸引在职人员攻读专业学位研究生。

三、优化指标配置

江苏高校通过制定相关政策制度合理调整招生指标结构,使研究生培养不仅满足社会经济发展的需要,同时也可以得到优质培养资源的充分支持,从而提高研究生培养质量(表 6-3)。

表 6-3　2019 年江苏高校优化招生配置举措(部分)

基本举措	培养单位	具体举措
动态调整指标分配	南京理工大学	◆ 以“需求”和“质量”为主要杠杆,统筹招生计划资源的调节。优先支持学校优势和特色学科发展、高水平师资队伍和创新团队、重大创新平台和科研项目建设
	河海大学	◆ 支持优势学科和高水平平台扩大招生规模,限制条件欠缺、质量不足学科的招生规模
	南京邮电大学	◆ 创建招生指标全动态院系分配模型,包含导师、学科层次、科研平台、科研绩效、研究生生源数量、生源质量、初次就业率、升学出国率等 8 项指标
	南京财经大学	◆ 加强招生计划分配动态管理,建立以绩效为导向的指标分配机制。招生指标向优势学科、重点学科、重点科研平台、高层次人才等倾斜
	徐州医科大学	◆ 根据“质量优先、保障重点、支持优势、动态管理”原则,完善研究生招生计划分配制度

续 表

基本举措	培养单位	具体举措
	南通大学	◆ 建立研究生招生计划动态调整机制，将招生名额分为基本名额和绩效奖励名额。基本名额用于保障院系和导师的基本招生需求，绩效奖励名额支撑高水平科研的人才培养
	扬州大学	◆ 根据基础条件、科研贡献、培养绩效和社会需求进行招生资源动态分配，推动招生、培养和就业的联动机制
按需设置专项指标	南京林业大学	◆ 加大林业工程、林学、风景园林学等一流学科或优势学科招生力度，设立专项招生指标 ◆ 推免计划中专门设立 15 个创新创业专项指标
	中国矿业大学	◆ 设立不少于 20 名的一流学科博士招生专项指标
	南京理工大学	◆ 试点实施科研经费博士生招生，2019 年已招收 30 人
明确招生生源类型	中国药科大学	◆ 提高学术学位硕士研究生接受推免比例，取消导师接收推免生的数量限制
	南京林业大学	◆ 严控非全日制博士研究生招生比例
	南京师范大学	◆ 提高全日制博士生招生比例，严格规定非全日制博士生报考标准和选拔流程
	江南大学	◆ 进一步减少定向培养博士研究生比例

（一）动态调整指标分配

江苏高校主要依据“人才需求”和“培养绩效”两个方面制定各校的招生指标分配机制并进行动态调整。“人才需求”主要考虑学校平台优势、学科特色以及未来社会经济发展对人才供给的需求程度等几个方面。“培养绩效”主要包括当前支撑条件和以往培养质量。各校将招生指标向具有培养优势的学科倾斜，同时限制条件不足、质量不高学科的招生规模。

（二）按需设置专项指标

除招生指标动态调整体系以外，部分高校还特别根据培养需要制定了一些专项指标，用于特定领域的高层次人才培养，实现招生体制上的创新改革。例如在一流学科和优势学科内划拨专项招生计划，或者试行新型博士生招生方式，从而满足人才培养的特殊需求。

（三）明确招生生源类型

为了保障研究生培养质量，部分高校在招生过程中对生源类型做出了明确要求。例如,在博士研究生招生过程中,部分高校进一步提高了全日制生源攻读学术学位的比例,并对非全日制生源的报考标准和选拔流程进行了严格规定,从而保证了研究生有充分的时间和精力按时完成学业。

四、激励优质生源

江苏高校为成功吸引优质生源报考,秉持"固本培源"的理念,制订了各具特色的专项计划,提供了丰厚的条件支撑和物质奖励,同时对本校优质生源提前进行培育和帮扶(表 6-4)。

表 6-4　2019 年江苏高校激励优质生源举措(部分)

<table>
<tr><th>基本举措</th><th>培养单位</th><th>具体举措</th></tr>
<tr><td rowspan="5">培养条件优先保障</td><td>南京农业大学</td><td>◆ 2019 年首次提出优质生源推免生减免学费不占用指标</td></tr>
<tr><td>中国药科大学</td><td>◆ 实施"优秀推免生名额补偿计划"和"海外实践基地研修计划"</td></tr>
<tr><td>南京师范大学</td><td>◆ 设立推免生新生奖学金,给予推免生优先选择导师权</td></tr>
<tr><td>南京医科大学</td><td>◆ 设置推免生新生奖学金、优选导师等政策,吸引优秀推免生源</td></tr>
<tr><td>徐州医科大学</td><td>◆ 实施"推免生"优先保障制度,优先选导师,给予境外交流特别推荐</td></tr>
<tr><td rowspan="4">培育本校优秀生源</td><td>徐州医科大学</td><td>◆ 建立"学院—学科—导师—辅导员"四位一体的优质生源培育体系。形成"导师—研究生—本科生"三位一体的人才培养联动模式,形成优质生源培育链条</td></tr>
<tr><td>常州大学</td><td>◆ 学院重点针对在校本科生源制定招生方案,实施优秀生源专项奖励</td></tr>
<tr><td>中国矿业大学</td><td>◆ 选拔优秀本科生实施"直接攻博"和"本硕博"贯通式培养,实行"导师制"与"滚动制"并行管理</td></tr>
<tr><td>盐城工学院</td><td>◆ 增强人文关怀,提供各类条件保障本校学生考研期间的学习和生活。鼓励导师以毕业设计为契机,引导学生提前进入科研阶段</td></tr>
</table>

(一) 培养条件优先保障

一方面,各培养高校建立新生奖助体系,为优质生源提供了丰厚的奖助学金,充分保障学习与生活的基本条件;另一方面,实施专项举措以提高人才培养质量,例如导师优先选择和境外交流特别推荐等。

（二）培育本校优秀生源

各培养高校还十分注重对本校优质生源的提前培养。在本科期间就为优质生源提供条件参与高水平科研，并安排研究生导师进行指导，利用在读研究生发挥“朋辈引领”作用，使优质生源提前适应研究生阶段的学习状态。另外，部分高校还为考研期间的本校学生提供充分的学习和生活条件保障。

五、加强招生评价

为了保障研究生招生工作的高质量推进，江苏高校逐步强化对于招生工作的绩效评价，通过评价生源质量和考核招生绩效来推动招生机制优化（表 6－5）。

表 6－5　2019 年江苏高校激励优质生源举措（部分）

基本举措	培养单位	具体举措
评价生源质量	东南大学	◆ 建立学院“研究生招生生源质量年度分析报告”制度
	南京艺术学院	◆ 梳理生源信息
	苏州大学	◆ 构建科学合理的优质生源认证体系，明确优质生源目标。建立年度招生生源质量分析报告制度，形成科学规范的招生政策决策机制
考核生源绩效	南京邮电大学	◆ 对院系的生源质量进行量化考核
	江苏师范大学	◆ 建立生源质量监测制度。根据录取新生的教育经历等核算各学院、各学科研究生生源质量得分，与后续资助额度、招生指标挂钩
	江苏大学	◆ 将实际报录比、第一志愿增幅、推免生完成情况和优质生源比例纳入考核体系，对相应院系进行奖励

（一）评价生源质量

部分高校完成每年招生工作后，会对招生数据进行整理分析，梳理生源质量信息，构建生源认证体系，发布生源质量分析报告，为今后招生宣传工作制定决策提供依据。

（二）考核生源绩效

为了保证招生工作的高质量完成，各培养高校纷纷制定相应的生源质量标准，对基层培养单位进行招生绩效的量化考核，并将考核结果作为后续招生和资助的重要参考指标。

2019 年，江苏省研究生培养普通高校多措并举，确保生源质量不断提升。在博士研究生生源中，“双一流”建设高校与江苏高水平大学建设高校总体硕博连读比例均已超过 30%(表 6-6)，连贯式培养模式逐渐占据主导地位。“双一流”建设高校的“双一流”生源占比超过 65%，江苏高水平大学建设高校的“双一流”生源占比超过 40%，实现了高质量招生，保障了博士研究生的更高质量培养。

表 6-6　2019 年江苏省普通高校博士研究生招生生源质量情况

培养单位类型	硕博连读占比/%	直博生人数/人	一流大学建设高校生源占比/%	一流学科建设高校生源占比/%
“双一流”建设高校	30.25	526	21.59	44.32
江苏高水平大学建设高校	37.43	—	5.01	35.29
其余高校	6.72	—	4.48	10.45
全省	**31.65**	**526**	**19.28**	**39.37**

硕士研究生生源中，“双一流”建设高校与江苏高水平大学建设高校总体免试推荐占比分别超过 20%与 10%(表 6-7)。“双一流”建设高校的“双一流”生源占比已超 45%，江苏高水平大学建设高校的“双一流”生源占比已超 20%。

表 6-7　2019 年江苏省普通高校硕士研究生招生生源质量情况

培养单位类型	免试推荐占比/%	一流大学建设高校生源占比/%	一流学科建设高校生源占比/%	报录比
“双一流”建设高校	20.20	11.58	33.46	5.48
江苏高水平大学建设高校	12.73	1.92	19.63	5.20
其余高校	1.33	1.01	4.20	3.09
全省	**16.16**	**8.58**	**24.96**	**4.83**

第二节　学位授予质量保障

一、加强过程管理

江苏各研究生培养高校积极转变研究生教育管理工作思路，注重对研究生培养所有环节的质量把控，从结果监管转变为过程监管，从事后补救转变为实时预警，从单一被动监管拓展为多主体主动干预(表6-8)。

表6-8　2019年江苏高校加强过程管理举措(部分)

基本举措	培养单位	具体举措
完善过程管理体系	河海大学	◆ 建立研究生培养全生命周期管理体系，涵盖社会需求、毕业发展、质量监控及终身学习等，对不同类型和层次的研究生提出培养计划、课程学习、文献阅读、学位论文过程管理和考核激励等环节的具体要求
	南京理工大学	◆ 建立完备的学位论文质量管理体系，从学位论文开题、评审、答辩、抽检评估等全过程制定了十余项规章制度，为不同层次和不同类型的学位论文全过程质量管理提供了制度保障
	南京邮电大学	◆ 建立以“学”为中心的反馈提升研究生学位论文质量保障体系，强化研究生培养、学位论文跟踪与质量监控的过程管理。强化包括开题、中期检查、论文撰写、相似性检测、评审、答辩、抽检等环节，构建了三纵三横、四环节、五建设的以“学”为中心的培养质量保障体系
	南京林业大学	◆ 推进“研究生院统筹—二级学院自主培养—导师责任制”的培养模式
	南京信息工程大学	◆ 学位论文从选题、开题、中期考核、评阅、答辩、学位评定等关键环节执行全流程管理
	江苏警官学院	◆ 定期召开学生座谈会，征求对课程教学的建议；研究生教育部汇总归纳质量监控信息，及时向教学团队反馈相关意见，明确改进措施
	中国矿业大学	◆ 变结果考核为过程考核，重点考查各环节完成情况，包括课程学习、文献阅读、论文选题
	江苏师范大学	◆ 构建研究生教育“四位一体五步”教学督导体系。督查课程教学、培养方案执行情况、中期考核、学位论文开题、预答辩、答辩等环节
	常州大学	◆ 组建质量管理与评估中心、研究生教育督导团，形成学校负责顶层规划设计和质量督导，以学院为主体，以导师为核心的校、院、导师三级研究生教育质量管理机制
	苏州大学	◆ 出台研究生在选题开题、中期考核、科研记录、教育督查等方面的规定，严控学位论文关键环节考核节点
	南通大学	◆ 重点抓住学位论文开题、中期考核、评阅、答辩、学位评定等关键环节，严格执行学位授予全方位、全流程管理，进一步强化导师、答辩委员会和学位评定委员会责任
	扬州大学	◆ 建立学校、院系、学科三级质量监督机制，研究生培养全过程跟踪监督机制和研究生教育分流选择机制，对课程学习、中期考核、论文开题、中期检查、预答辩和答辩等环节进行全过程跟踪监督和筛选

续 表

基本举措	培养单位	具体举措
强化分流考核机制	中国矿业大学	◆ 建立全过程管理环节评价指标体系,合理设置考核要求和分流措施
	江苏大学	◆ 健全学位论文开题评审制度,由开题评审组进行集体把关,实施开题分流淘汰机制,硕士学位论文开题暂缓通过率不低于10%,每位研究生在学期间最多两次开题,间隔不得少于3个月,两次开题未通过者按退学处理
	江苏师范大学	◆ 通过学业考核、中期考核、学位论文审核和查重、学业提示和成绩预警等方式严控培养过程,建立完整的"提示—预警—淘汰"制度体系,形成有效的分流淘汰机制
	南京医科大学	◆ 进一步完善研究生中期考核和分流淘汰机制,对博士生中期考核实行后5%复审,并明确所有研究生两次中期考核不合格作停止学业处理。加大专业学位研究生分流退出力度,对申请延长学习年限按照专业学位培养但未在第4学年内取得"医师资格证书"的研究生作退学处理
	江苏科技大学	◆ 将分流机制融入研究生日常培养管理中,在课程学习、论文开题、中期检查、论文盲审、论文答辩后及时分流预警
	南京大学	◆ 对即将达到最长在校学习年限的博士生提前重点关注论文进展,落实环节把关,逐步完善学位论文主动质量保障机制
	江苏科技大学	◆ 对于学业可能逾期或劝退处理的研究生,要求导师、辅导员或院副书记进行谈话,与其家人沟通,关心其就业等困难,离校时给予协助
多方联合协同管理	河海大学	◆ 在专业学位研究生培养中建立院系级联合培养基地督导制度,参与方案制定和指导监督工作
	淮阴工学院	◆ 要求专业学位研究生在校企双导师指导下承担相应科研工作,学位论文工作也需同时有校企双导师的指导
	江苏科技大学	◆ 严把选题关,专业学位硕士研究生论文选题100%来源于行业、企业的工程或应用课题

(一) 完善过程管理体系

各培养高校逐步完善、优化各具特色的研究生教育质量过程管理机制,覆盖了课程学习、科研训练、专业实践、中期考核、学位论文撰写等所有流程。多数高校还对学位论文撰写过程专门制定了更为细致的质量监控标准,涵盖了开题选题、中期考查、查重检测、预答辩、送审评阅、正式答辩和评优抽检等多个环节。此外,各校还建立了从学校到导师的多重监督机制,明确多方责任,保证研究生培养质量。

（二）强化分流考核机制

在过程管理环节中，各校进一步强化分流考核机制，明确考核分流标准，及时督促尚未完成培养环节的研究生尽快完成学业任务。同时，对最长期限内无法完成培养任务的研究生进行及时分流，并制定相应帮扶机制，协助研究生做好分流善后工作。

（三）多方联合协同管理

在专业学位研究生培养方面，各培养高校积极联合校外培养基地和行业专家全过程参与到培养过程中来。不仅邀请合作导师参与方案制定、课程教学、科研指导，部分高校还要求研究生论文选题必须来自行业的应用型课题，并同时在校企双导师的指导下完成。

二、严把出口质量

学位论文是研究生培养质量最核心的参考指标之一。加大学位论文的审核力度是江苏省各培养高校严把出口质量关的切实举措，在进一步加大论文评审强度的同时，各高校纷纷增设多重审核环节，以保证学位论文质量（表 6－9）。

表 6－9　2019 年江苏高校严把出口质量举措（部分）

基本举措	培养单位	具体举措
强化论文评审力度	东南大学	◆ 对所有博士研究生和申请提前答辩、中期考核受警告、超正常学制半年以上、受违纪处分硕士研究生的学位论文采取“双盲”送审。新增导师和专业的首届硕士研究生学位论文大比例“双盲”
	南京农业大学	◆ 实行学位论文全程跟踪与纵深分析，并成立匿名专家评审小组控制学位论文质量
	南京邮电大学	◆ 硕士学位论文实行学校—院系两级盲审，博士学位论文开展 100％的校级盲审
	南京林业大学	◆ 从严执行延期博士研究生盲审制度，并对延期毕业论文实施多重抽检
	南京工业大学	◆ 博士学位论文 100％盲审，硕士学位论文 50％盲审，对抽检不合格的导师与研究生严肃追责
	南京师范大学	◆ 学位论文实行“学校—院系”两级全盲审，校级盲审覆盖博士研究生、延期研究生、联合培养研究生以及随机抽取的部分研究生。随机抽取部分实行动态跟踪，对学位论文质量管理存在不足的学科加大抽检比例

续 表

基本举措	培养单位	具体举措
	南京医科大学	◆ 各类型博士学位论文全部匿名评审,硕士学位论文抽检比例提高到 20%,同等学力在职申请学术学位硕士学位论文全部匿名评审,同等学力在职申请专业学位硕士学位论文抽检比例提高到 20%
	南京体育学院	◆ 硕士学位论文答辩专家组由 5 名教授构成,其中 2 名教授必须是校外的,答辩主席由校外的博导担任,答辩通过投票数须不低于 4∶1
	江南大学	◆ 博士学位论文实现全盲审,硕士学位论文采取抽取盲审,并提供专项经费鼓励院系对硕士学位论文采取全盲审
	中国矿业大学	◆ 博士论文答辩需在全校公开进行,学校派专家巡查
增设论文审核环节	南京大学	◆ 增加学位论文校内文本预审环节,加大博士学位论文答辩前抽检盲审比例
	南京理工大学	◆ 开展博士学位论文预评审和预答辩工作,实施博士学位论文答辩前专家风险评估机制
	南京林业大学	◆ 博士论文预答辩环节原则上邀请不少于 2 位校外长江学者以上的专家参加。校级督查专家必须参加每位博士研究生开题
	南京审计大学	◆ 实施学位论文主审制度,每篇论文指定 1 名校内主审专家,对学位论文进行复评。同时,研究生院在通过校外评审的论文中抽取 20%的论文再次送审,严格抽查结果处理,完善预警机制,对于不能通过主审或校级抽查的学位论文,延期 3 个月以上
	徐州医科大学	◆ 建立学位论文责任追溯机制。导师在研究生论文选题、中期考核、科研训练、论文撰写和答辩环节加强指导,并进行培养质量自评,确保“环节事故”可溯。严格规范答辩委员会和学位评定分委员会在论文质量、毕业资格和学位授予标准方面的审核工作,将两类委员会名单编入研究生论文,确保“把关事故”可溯
	南京信息工程大学	◆ 建立“导师审核—院系初审—学校盲审—学院终审”的“四审制”
分析反馈抽评结果	河海大学	◆ 对国家和省级学位论文抽检结果及时反馈,并与多项奖惩措施相结合
	江南大学	◆ 校学位评定委员会对国家和省级学位论文抽检反馈结果进行仔细分析后反馈至各学院
	江苏师范大学	◆ 根据学位论文省抽检、校盲审评议、答辩成绩,进行论文质量因子分析,撰写《学位论文质量分析报告》,建立学位论文预警机制,提示学院存在隐患,采取适宜措施,对症施策

（一）强化论文评审力度

江苏高校逐年加大学位论文审核力度，制定了明确的匿名评审（盲审或双盲审）适用范围和抽检比例。大多数高校已将博士学位论文全部纳入匿名评审范畴，硕士学位论文参与匿名评审的比例也在不断提高。部分高校已实现硕士学位论文100%匿名评审，培养体量较大的高校也加大经费投入，鼓励院系与学科实现硕士学位论文100%匿名评审。另外，部分高校对于最终正式答辩环节也提出了更高要求，例如答辩委员会必须包含高水平专家参与等。

（二）增设论文审核环节

除了加大学位论文最终评审力度以外，各校纷纷增设学位论文审核环节，形成了学位论文质量审核链。多数高校均强化了预答辩环节，要求博士学位论文在送审前必须通过预答辩，不仅为博士学位论文增设一道质量把控关口，还可以帮助博士研究生做好论文修改工作。部分高校还制定了学位论文的二次送审机制，确保论文质量万无一失。

（三）分析反馈抽检结果

各研究生培养高校积极对国家和省级学位论文抽检结果进行分析总结，将分析结果反馈至各基层培养单位和指导教师，帮助院系与导师在培养环节和指导过程中做出有效调整。

三、创新评价标准

江苏高校积极响应国家“除四唯”和“破五唯”对科研绩效进行科学评价的号召，纷纷改革创新，积极探索研究生学业水平的评判标准。部分高校开始制定并试行适用于不同学科不同培养类型研究生学位授予标准和多途径多类型的科研成果考核标准，积极扭转学位授予“重‘小论文’轻‘大论文’”的倾向。此外，部分高校还构建了多方参与的学位论文质量评价体系（表6-10）。

表6-10　2019年江苏高校创新评价标准举措（部分）

培养单位	具体举措
南京航空航天大学	◆ 建立并发布专业学位博士研究生评价标准；加大非全日制研究生学位论文抽查力度；鼓励学院根据学科特点制定差异化学位授予标准
南京理工大学	◆ 构建由学校、教育行政部门、行业部门、学术组织和社会机构参与的学位论文质量评价体系

续 表

培养单位	具体举措
河海大学	◆ 落实“破五唯”要求，推行代表作制度
南京工业大学	◆ 制定出台了《研究生学术成果绩点核定办法》，研究生在学术论文、科研奖励、发明专利、学科竞赛等其他方面取得的成果都会有相应的绩点，推进了多元化评价和学位授予标准改革，建构“定量与定性、客观与主观”相结合、具有不同学科特点的研究生成果产出考评体系，促进质量控制和成果产出的有效联动

四、强化信息管理

江苏高校在努力提升学位授予质量的同时，不断完善设施建设，逐步实现研究生教育管理的信息化，并在此过程中对培养结果的相关数据进行搜集分析，为今后推进研究生教育改革创新提供参考依据(表 6 - 11)。

表 6 - 11　2019 年江苏高校创新评价标准举措(部分)

基本举措	培养单位	具体举措
完善信息化管理	南京理工大学	◆ 充分利用研究生信息管理综合系统进行质量环节把关，实施学位论文网上评审，构建学位评定委员会会务系统
	南京医科大学	◆ 对研究生管理信息系统进行全面升级改造，增加“研究生日常管理”等板块，研究生、导师、二级培养单位及研究生院可进行日常事务线上“一站式”办理，简化办事流程，提高管理效率。可随时监控研究生培养质量和学科水平，实现研究生教育教学管理工作的信息化、规范化
	中国矿业大学	◆ 实行培养管理信息系统自动控制，前置培养环节不通过，则无法进入下一个培养环节
	江苏师范大学	◆ 基于大数据分析，实现校院两级质量监控，形成“学业提示—学位授予预警—底线问题淘汰”三位一体的学位授予质量保障体系
试行大数据分析	东南大学	◆ 建立基于大数据的研究生教育质量监测与分析系统，开展研究生培养质量跟踪调查与反馈
	南京理工大学	◆ 以系统产生和存储的大量与培养过程相关的研究生教育大数据为研究对象，综合利用大数据清洗、融合、关联分析和可视化等技术，在数据融合、评价指标体系构建、集成学习和相关性分析等领域开展研究，形成研究生培养质量监测、量化、预警、效果评价和反馈机制的综合解决方案，建立包含效果评价体系和数据分析体系在内的研究生培养质量保障体系
	南京审计大学	◆ 对研究生毕业发展质量进行研究、监测、分析、反馈，定期听取用人单位意见，开展人才培养质量和发展质量分析

（一）完善信息化管理

部分高校在已有的研究生管理网络系统基础上，构建了综合性的研究生教育信息化管理服务系统，不仅实现了日常工作的便利性和规范性，还将研究生教育质量监测预警系统融入其中，通过现代化手段实现研究生培养质量的高效监控。

（二）试行大数据分析

依托功能日趋完善的信息管理服务系统，各高校通过对培养过程中采集的大数据进行科学处理和分析，总结本校当前研究生培养质量结果并提出解决方案，既可达到实时预警的作用，也可将分析结果作为今后制定相关改革政策的重要依据。

2019 年，江苏省研究生培养高校加强过程管理，严把出口质量，实现“学位挤水”。在博士研究生考核分流中，共分流 438 位博士研究生。其中，因超出最长学制分流 314 位，因考核未通过分流 23 位，因学术不端分流 1 位，因其他原因（包括硕博连读或直博主动转为硕士、个人原因主动申请退学、出境深造或提前就业、不遵守学校培养规定等）分流 100 位（表 6－12）。

表 6－12 江苏省普通高校博士研究生考核分流情况（2018—2019 年） 单位：人

培养单位类型	超出最长学制		考核未通过		学术不端		其他原因		合计	
	2018 年	2019 年	2018 年	2019 年	2018 年	2019 年	2018 年	2019 年	2018 年	2019 年
“双一流”建设高校	236	259	19	23	0	1	77	97	332	380
江苏高水平大学建设高校	90	145	0	0	0	0	20	19	110	164
其余高校	0	2	0	0	0	0	1	0	1	2
全省	**250**	**314**	**19**	**23**	**0**	**1**	**97**	**100**	**366**	**438**

在硕士研究生考核分流中，共分流 320 位。其中，因超出最长学制分流 96 位，因学术不端分流 1 位，因其他原因（包括个人原因主动申请退学、出境深造或提前就业、不遵守学校培养规定等）分流 223 位（表 6－13）。

表 6-13　江苏省普通高校硕士研究生分流情况(2018—2019 年)　单位:人

培养单位类型	超出最长学制		学术不端		其他原因		合计	
	2018 年	2019 年	2018 年	2019 年	2018 年	2019 年	2018 年	2019 年
“双一流”建设高校	85	59	0	1	125	146	210	206
江苏高水平大学建设高校	94	32	0	1	72	109	166	142
其余高校	8	14	0	0	12	22	20	36
全省	**144**	**96**	**0**	**1**	**190**	**223**	**334**	**320**

第三节　经费条件支撑保障

一、多元化经费投入方式

江苏高校的研究生培养规模在全国位于前列,庞大的培养体量需要更加充分的经费支持。各高校积极筹措经费投入,充分保障研究生教育的高质量发展(表 6-14)。

表 6-14　2019 年江苏高校丰富经费投入方式举措(部分)

基本举措	培养单位	具体举措
改革经费投入机制	南京邮电大学	◆ 修订研究生培养经费使用和管理办法,坚持“专款专用、学院统筹、超支不补”的原则,明确学院可预留经费总额的 30%用于研究生培养统筹管理
	南京林业大学	◆ 各二级学院研究生人才培养经费支出不少于 40%。设立导师上岗经费门槛制度。理工科类导师在账总经费不少于 20 万(其中近三年不少于 15 万),文科类导师在账总经费不低于 10 万元。要求导师对正常学制内博士生补助不低于 5 000 元
	南京医科大学	◆ 将学院及导师是否保障研究生的助学津贴与招生名额直接挂钩
	江苏师范大学	◆ 将学院研究生培养经费的 30%直接用于资助研究生本人科学研究、专业实践和参加学术会议等费用,35%用于支付研究生教学和指导的课时酬金,其余 35%为学院研究生工作统筹经费;严格规定研究生经费使用范围,确保专款专用;每年年初预留学院研究生培养经费总额的 5%,统筹作为研究生工作绩效考核奖惩,根据考核结果年底兑现奖补

续　表

基本举措	培养单位	具体举措
	苏州大学	◆ 通过基本投入、专项投入、特色投入、鼓励投入等方式，基本建立国家、学校、学院、学科、导师“五位一体”的研究生教育教学管理经费保障体系和资助体系
	扬州大学	◆ 构建以思想表现、理论成绩、科研实践、志愿服务为导向的学校、院系、学科、导师四级奖助体系
	江苏大学	◆ 构建学校、学科、学院、导师等多途径资助形式，明确规定各类研究生助研津贴最低标准
	江苏科技大学	◆ 导师遴选和上岗时增加对在研项目经费的要求，补充研究生教学经费
拓展经费筹措渠道	南京信息工程大学	◆ 深化共建，共享资源。与中国气象局、原国家海洋局等行业部门共建，每年获经费支持超 5 000 万。推动校地融合，与无锡市人民政府和南京市江北新区签订合作协议，2019 年获资助超 100 万
	南京工业大学	◆ 积极争取社会力量支持，不断拓展研究生奖助学金资金来源，年度新增 19 家企事业单位在校设立研究生奖助学金
	江苏理工学院	◆ 通过企业实践、校企合作、协同育人等途径为研究生培养提供经费支持
	盐城工学院	◆ 与企业形成良好合作机制，吸纳更多经费支持

（一）改革经费投入机制

一方面，各培养高校对于各类年度经费进行综合统筹，并对基层培养单位用于研究生培养的经费比例做出明确要求，以确保人才培养需要；另一方面，各校鼓励院系、学科或导师加大对研究生培养过程中的经费投入，并将资助情况与招生指标分配相结合。

（二）拓展经费筹措渠道

各校在积极探索经费投入改革的同时，还通过各种途径寻求外部经费支持以拓展筹措渠道。例如，加强与地方政府、行业部门和企业的合作来获取经费支持。

二、加大资助支持力度

江苏高校积极探索研究生资助体系的改革创新，在充分保障研究生学习生活经费开支的基础上，从研究生高质量培养的关键环节入手，逐步实现奖助支持的科学配置(表 6－15)。

表 6－15　2019 年江苏高校加大资助支持力度举措(部分)

基本举措	培养单位	具体举措
科研实践激励	南京大学	◆ 优秀博士研究生创新能力提升计划(A/B)项目投入 440 万元,提升计划优秀项目奖励投入 30 万元 ◆ 校优秀博士学位论文奖励 25 万元 ◆ 配套江苏省研究生培养创新工程项目投入实施资金 76.1 万元 ◆ 博士创新创意研究计划资助 100 万元;跨学科研创新项目资助约 50 万元 ◆ 支持和奖励研究生参加全国研究生创新实践大赛 20 万元
	南京理工大学	◆ 制定《南京理工大学优秀博士研究生培养工作实施办法》,设立优秀博士研究生培养对象专项资助基金,资助标准为每人每年 1 万元。206 个江苏省研究生科研与实践创新计划项目资助 250.9 万元
	南京工业大学	◆ 学校出资设立了时钧奖学金等多个专项奖学金,同时奖励在各类学科竞赛中获得优异成绩的研究生,激励优秀研究生潜心科研、创新创业
	南京师范大学	◆ 以高质量学术创新成果产出为基础,探索建立博士生学校助学金(每生每年 1 万元)资助机制
	南京财经大学	◆ 设立创新计划专项基金,资助研究生科研与实践创新计划项目,资助经费为 120 余万元
	南京医科大学	◆ 省研究生培养创新工程建设项目学校安排配套经费近 110 万元,立项 95 项用于开展实施校级创新工程
	南京中医药大学	◆ 加大对"研究生培养创新工程"的经费投入。创新性地设立研究生科研与实践创新计划重点项目,每项资助达 10 万元。2019 年校立项研究生科研与实践创新计划项目数位居全省第二,投入经费达 350 余万元
	南京审计大学	◆ 投入奖学金约 600 万元,研究生科研与实践创新计划经费总额达 73.6 万元
	南京艺术学院	◆ 设立研究生名人名企奖学金,奖励拔尖人才;设立研究生艺术实践补助金
	江南大学	◆ 建立研究生创新激励机制,包括省级和校级研究生科研创新计划 222 项,共资助 410 万元;校级优秀博士生培育项目 80 人次,资助近 100 万元
	中国矿业大学	◆ 博士生科研资助(优博创新专项基金、未来科学家计划和优秀创新博士奖学金)676 万元;持续设立优秀创新硕士奖学金 100 万元,硕士创新计划项目 100 万元

续 表

基本举措	培养单位	具体举措
	江苏师范大学	◆ 研究生科研实践项目实现全覆盖。除获得省级研究生科研与实践创新项目立项资助的研究生外，研究生院和各学院资助所有研究生承担的校级立项的科研与实践创新项目
	常州大学	◆ 每年投入资金近200万元奖励研究生的高水平成果
	苏州科技大学	◆ 设立研究生学科竞赛专项经费，资助研究生参加全国、省级各类学科竞赛
	南通大学	◆ 配套约100万元用于江苏省研究生培养创新工程，投入约100万元用于设立研究生竞赛专项资金
	江苏海洋大学	◆ 通过设立教改专项、学科建设专项经费，资助研究生科研与实践创新计划项目，全日制硕士研究生可申请3 000—10 000元的研究生科研创新计划基金项目
	淮阴工学院	◆ 按照一、二年级在校生数的20%立项资助，省立项目15 000元/项，校立项目6 000元/项
	南京工程学院	◆ 根据专业学位研究生“三级项目”实践课程体系设立多层次多学期校内外实践经费。江苏省研究生实践创新计划采用省级“引导资金”和院系导师“配套资金”进行资助。同时也鼓励学院和导师自筹经费资助研究生主持项目
境外交流支持	南京大学	◆ 资助100万元支持研究生的国际交流
	南京理工大学	◆ 2019年学校资助49名博士研究生赴海外联合培养，123名研究生参加国际会议，经费达400余万元
	中国药科大学	◆ 设立80万专项资金用于资助研究生海外交流
	南京邮电大学	◆ 建立“学校—学院—学科—导师”四级以及“国—省—校”三级“四三制”研究生国际交流资助体系。2019年安排专项经费70万元用于选派24名研究生赴澳大利亚阿德莱德大学开展为期92天的访学交流
	南京林业大学	◆ 建立研究生教育国际交流专项基金，每年约1 000万元
	南京财经大学	◆ 资助博士研究生出国(境)访学，资助总额为15万元/生
	南京医科大学	◆ 资助研究生教育国际交流413万元
	江南大学	◆ 投入325万元，资助29位研究生参与海外研修计划专项
	中国矿业大学	◆ 投入1 064万元开展“博士生海外联合培养计划”和“博士生短期海外学习项目”
	苏州大学	◆ 设立研究生国际交流和海外研修奖学金、2+2境外联合培养资助

续 表

基本举措	培养单位	具体举措
	苏州科技大学	◆ 设立研究生国际合作培养与学术交流专项经费，依据学校交流基金管理办法全额资助
	扬州大学	◆ 设立专项基金，全额资助研究生进行境外学术交流
专项奖励资助	东南大学	◆ 设立博士新生奖学金 100 万元、优秀学位论文奖励资助 50 万元
	河海大学	◆ 在推免生中设立优秀新生奖学金 350 万元；优博论文申报、奖励经费 95 万元；评定发放专项奖学金 9 项、52 人、24.5 万元
	江南大学	◆ 资助推免新生 486 人共 424.5 万元，设立校长奖学金 3 万元/人
	南京大学	◆ 校优秀博士学位论文奖励 25 万元
	南京航空航天大学	◆ 推行优秀学位论文奖励制度
	南京林业大学	◆ 设立校长奖学金共 120 万元(博士生一等奖 10 万元)
	南京医科大学	◆ 校级优博优硕学位论文奖励近 12 万元
	徐州医科大学	◆ 设置新生奖学金，包括推免生补助、双一流高校第一志愿生源补助；给予省级和校级优秀博(硕)士学位论文专项配套资金奖励
	江苏理工学院	◆ 设立新生奖学金，3 000—18 000 元/生
	苏州大学	◆ 设立优秀学位论文奖励、博士候选人奖学金等

(一) 科研实践激励

为确保研究生能够安心从事科研训练，做出高水平科研成果，各校制定了多样化的科研激励机制，为研究生从事科研提供充分的经费支持。一方面，各校积极对省级立项的研究生独立主持项目(江苏省研究生科研实践创新计划)进行足额资助，并鼓励学院、学科或导师进一步进行配套投入，每项最高可达 10 万元。另一方面，各校也设置了形式多样的校级研究生科研项目，给予高额经费支持，以提升研究生科研参与的满意度。此外，部分高校还设置了专项基金，用于支持积极参与高水平学科竞赛或专业实践的研究生。

江苏省研究生科研实践创新计划是江苏省研究生培养创新工程中设立的可由研究生独立主持的科研项目，其中自然科学与工程类课题资助金额不低于 1.5 万元/项，人文社科类课题资助金额不低于 0.8 万元/项。江苏省基于“省级经费引导＋校级经费配套”的原则为立项课题提供资助，在保证经费资助的前提下，立项数不设上限。2019 年，江苏省普通高校共立项研究生科研实践创新计划 3 316 项，提供科研经费资助达 4 451.5 万元，为研究生高质量完成课题项目提供了良好的经费保障（表 6－16）。

表 6－16　2019 年江苏省普通高校研究生科研实践创新计划立项与资助情况

培养单位类型	研究生科研实践创新计划立项数/项	研究生科研实践创新计划资助数/万元
“双一流”建设高校	1 864	2 613.4
江苏高水平大学建设高校	1 328	1 796.1
其余高校	964	1 148.4
全省	3 316	4 451.5

（二）境外交流支持

参与境外交流、拓展学术视野是提升研究生培养质量的有效举措。江苏部分高校设置了境外交流专项计划，帮助研究生参与境外联合培养、短期访学交流、国际学术会议等，提供外出期间的学习和生活资助，最高可达 15 万元/（人·年）。

（三）专项奖励资助

江苏高校大多制定了多类型多层次的专项奖励资助，以激励研究生在攻读学位期间取得高水平科研成果。

三、设立专项改革经费

为了保障研究生教育管理工作的高质量完成，推动研究生教育改革创新，各校设立专项经费，用于优化培养管理过程和探索培养机制改革（表 6－17）。

表 6－17　2019 年江苏高校设立专项改革经费举措（部分）

基本举措	培养单位	具体举措
优化培养管理过程	南京大学	◆ 设立提高生源质量、选拔优秀人才招生专项经费 200 万元
	南京航空航天大学	◆ 加大招生考试安全和研究生教育信息系统的经费投入
	河海大学	◆ 2019 年设立研究生招生专项经费 200 万元，其中，暑期夏令营等研究生招生宣传经费 70 万元
	中国药科大学	◆ 2019 年学校拨款 364.55 万用于研究生教育，涵盖研究生课程建设、基地建设、导师培训、研究生教育质量监控和招生

续　表

基本举措	培养单位	具体举措
	中国矿业大学	◆ 组建中国矿业大学研究生教育咨询委员会,负责学校研究生教育的研究、咨询和指导
	苏州大学	◆ 积极筹措资金保证研究生创新工程、教改、课程、教材、学科竞赛、学风宣讲、网络教学平台、导师培训、论文盲审等教育教学专项经费的投入
	江苏大学	◆ 设立招生、课程、导师、科研、培养质量、留学、教育教学改革等多种专项经费,促进研究生培养模式改革
	南京审计大学	◆ 投入研究生企业工作站、实践基地专项经费达 40 万元,课程建设和案例库建设的经费达 150 万
探索培养机制改革	南京大学	◆ 投入研究生教育改革专项共 400 万元,编撰《南京大学研究生教育质量年度报告》投入 25 万元
	南京理工大学	◆ 每年立项资助研究生课程建设项目、实践基地建设项目、研究生教改课题项目,2019 年学校资助 30 个项目,投入经费 60 万元
	河海大学	◆ 加大对研究生教育改革的经费投入,年度达 1 000 万元;加强培养基地建设,投入经费 550 万元,创新专业学位培养模式
	南京医科大学	◆ 临床专业学位硕士研究生招生考试改革(OSCE)投入专项经费 50 万元;SPOC 课程建设专项经费 100 万元。
	中国矿业大学	◆ 加强研究生培养政策研究,设立校级研究生教育教学改革项目 61 项,投入经费 172 万元

(一) 优化培养管理过程

各校加大了对于日常管理工作和研究生培养环节的经费保障,包括招生考试、课程建设、导师培训、信息化系统建设、实践基地建设等。

(二) 探索培养机制改革

各校积极探索研究生教育教学改革,设立专项资金鼓励研究生导师在课程教学、科研训练、专业实践、考核管理、质量监控等方面加强研究工作,总结改革经验,提出改革策略。

第七章
研究生培养质量评估与分析

学位授权点评估结果继续呈现稳定和良好的态势。2019 年，江苏省共 7 所高校的 15 个学位授权点参与专项评估，其中包含 2 个博士学位一级学科授权点、9 个硕士学位一级学科授权点和 4 个硕士专业学位授权点。本次参评的所有学位授权点均为合格。在硕士学位授权点评估中，省级抽评一次通过率为 98.91%。在抽评的 92 个硕士学位授权点中，学生满意度的均值为 80.21%。其中，49 个学位授权点的学生满意度超过 85%。

学位论文质量整体上呈现稳中有进、进中创优的良好质态。2019 年，硕士学位论文抽检评议结果中，806 篇学术学位论文的平均优秀率为 10.50%，比上年提高 2.72%。抽检的 984 篇专业学位论文，平均优秀率为 4.61%，比上年提高 1.08%。省优秀博士学位论文省均入选比例为 41.32%，省优秀学术学位硕士学位论文省均入选比例为 29.94%，省优秀专业学位硕士学位论文省均入选比例为 66.08%。

第一节　学位授权点评估

一、2019 年学位授权点专项评估

学位授权点专项评估由国务院学位委员会办公室（以下简称国务院学位办）负责，委托国务院学位委员会学科评议组（以下简称学科评议组）和全国专业学位研究生教育指导委员会（以下简称教指委）组织实施。每年专项评估会对符合参评条件的学位授权点（以下简称参评点）进行考核评估，学位授予单位也可在规定时间内就拟主动放弃的参评点向国务院学位委员会办公室以及有关省级学位委员会、学科评议组、教指委提交申请不参与评估。

(一)评估方法

1. 评估范围与对象

2019 年专项评估参评的学位点为 2015 年获得授权且未调整的学位授权点。全国共有 64 个学位点参加本次评估,其中包括 11 个博士学位一级学科授权点、34 个硕士学位一级学科授权点和 19 个硕士专业学位授权点。江苏省共 7 所高校的 15 个学位授权点参评,包含 2 个博士学位一级学科授权点、9 个硕士学位一级学科授权点和 4 个硕士专业学位授权点。

2. 评估指标与程序

专项评估旨在检查参评点研究生培养体系的完备性,主要包括 3 个一级指标:师资队伍、人才培养和质量保证。其中,师资队伍主要考查队伍结构和导师水平;人才培养主要考查招生选拔、培养方案、课程教学、学术训练或实践教学和学位授予等;质量保证主要考查制度建设、过程管理和学风教育等。另外,考虑到不同学科专业的人才培养特点,具体的评估指标与内容由学科评议组、教指委分别制定。

各学位授予单位根据专项评估工作方案组织评估材料并提交有关学科评议组、教指委,同时上传至全国学位与研究生教育质量信息平台。学科评议组、教指委组织专家评阅参评点评估材料或按需进行实地考察,随后在充分评议的基础上进行表决,并将表决结果、主要问题和改进建议形成评估意见反馈给参评点及其所属学位授予单位。最终,国务院学位委员会对汇总评估结果进行审批后,对参评点分别做出继续授权、限期整改或撤销学位授权的处理决定并向社会公开。

(二)评估结果

2020 年 4 月,国务院学位委员会第三十五次会议审议通过并公布了 2019 年学位授权点专项评估结果。江苏高校本次参评的所有学位授权点均为合格(表 7-1),可继续行使学位授权。

表 7-1　2019 年江苏高校学位授权点专项评估结果(合格)

高校	评估合格的学位授权点	学位授权点类型
苏州大学	建筑学	硕士学位一级学科授权点
常州大学	法学	硕士学位一级学科授权点
常州大学	电子科学与技术	硕士学位一级学科授权点

续 表

高校	评估合格的学位授权点	学位授权点类型
常州大学	工商管理	硕士学位一级学科授权点
江南大学	法学	硕士学位一级学科授权点
江南大学	护理学	硕士学位一级学科授权点
江南大学	设计学	博士学位一级学科授权点
南京林业大学	电子科学与技术	硕士学位一级学科授权点
南京林业大学	软件工程	硕士学位一级学科授权点
江苏大学	国际商务硕士	硕士专业学位授权点
江苏大学	汉语国际教育硕士	硕士专业学位授权点
江苏大学	艺术硕士	硕士专业学位授权点
南通大学	物理学	硕士学位一级学科授权点
南通大学	艺术硕士	硕士专业学位授权点
南京师范大学	应用经济学	博士学位一级学科授权点

二、2019年硕士学位授权点合格评估

硕士学位授权点合格评估是国务院学位委员会和教育部为促进研究生培养单位加强内涵建设、创新育人模式、提高培养质量而建立的制度性评估项目，每6年一个周期。首轮评估于2019年进入省级抽评和结果认定阶段。

受江苏省学位委员会和教育厅委托，省教育评估院根据国务院学位委员会、教育部《学位授权点合格评估办法》《关于开展学位授权点合格评估工作的通知》《关于开展学位授权点合格评估抽评工作的通知》，精心谋划，周密安排，勇于创新，规范实施，圆满完成了首轮学位授权点合格评估的省级抽评工作。

（一）评估方法

1. 抽评对象的确定

根据国务院学位办省级抽评硕士点的授权及提供的自评数据，江苏省列入抽评对象的学位授予单位32家，其中28家普通高校、3家科研院所、1家省委党校。全省除工程类专业学位点、经国务院学位委员会审批同意撤销的学位授权点、已上报的拟撤销或调整的硕士学位授权点外，共有414个自评结果为“合格”的硕士学位授权点列入本次省级抽评对象。其中，学术学位点354个，覆盖了除哲学和军事学之外的11个学科门类，涉及应用经济学、法学、政治学等44个一级学科；专业学位点60个，覆盖了教育、体育、汉语国际教育等

9 个专业学位类别。

根据国家文件精神和具体部署，江苏省教育评估院编制了《江苏省硕士学位授权点省级抽评工作方案》，负责落实“学位授予单位抽评比例 100%、学位授权点抽评比例不低于 20%”的要求和重点抽查对象，核定了各培养单位及学位类别的抽取名额，通过公开电子摇号抽评了 32 个学位授予单位的 92 个硕士学位授权点(其中硕士专业学位授权点 17 个)，有 15 家单位因专项评估出现“不合格”“限期整改”或因近三年学位论文抽检质量问题被列入重点抽评，基本做到了学位授予单位全覆盖、学术学位与专业学位分抽、随机抽取与重点抽查结合、人文社科与自然科学兼顾。

2. 抽评细则的制定

根据国务院学位委员会、教育部学位授权点合格评估办法，参照一级学科硕士学位基本要求、专业学位类别(领域)硕士学位基本要求，结合江苏省学位与研究生教育综合改革实际，省教育评估院研制了《江苏省硕士学位授权点合格评估省级抽评细则》。该细则包括国家规定的抽评要素，即 3 个一级指标(目标与标准、基本条件、人才培养)、17 个二级指标，突出《关于开展学位授权点合格评估抽评工作的通知》(学位〔2019〕2 号)重点关注的质量标准、管理制度、教师队伍、教学质量、学风建设等内容(表 7 - 2)，并融入学生满意度要求，同时体现国家学位授权点管理的精神和江苏省研究生教育改革的导向。

表 7 - 2　硕士学位授权点合格评估江苏省省级抽评细则

一级指标	二级指标	指标具体描述(教育部)	合格等级抽评细则(江苏省)
目标与标准	培养目标	培养研究生的目标定位	◆ 自评概述和培养方案表述的学位授权点研究生培养的目标，定位准确、表述简明，具有时代特征和学科(专业)特点
	学位标准	授予博士、硕士学位的基本标准	◆ 本学位授权点有明确、规范、具体且符合国家“学位基本要求”的学位授予的基本标准，与培养目标定位和毕业评价标准相衔接
基本条件	培养方向	主要培养方向简介	◆ 本学位授权点主要培养方向的简介全面、客观，能体现其设置的规范性、特色性和相对稳定性
	师资队伍	各培养方向带头人、主要师资队伍情况	◆ 各培养方向带头人都具有较高师德水平和学术水平，在校内外有一定的影响；导师能全面履行立德树人职责，队伍学历结构、年龄结构合理，专业学位授权点实行双导师制或导师为双师型导师

续　表

一级指标	二级指标	指标具体描述（教育部）	合格等级抽评细则（江苏省）
	科学研究	已完成的主要科研项目以及部分在研项目的情况	◆ 近5年本学位授权点已完成的主要科研项目以及部分在研项目，信息内容完整，数据清晰可信；近5年导师均有与培养方向相关的科研、教研、产教结合项目及成果（论文、著作、教学案例、知识产权、成果转化、获奖项目等）
	教学科研支撑	支撑研究生学习、科研的平台情况	◆ 本学位授权点支撑研究生学习、科研的平台情况反映具体、运转顺畅，有满足研究生学习需要的专用学习室、图书资料、数字化资源、专业实验室、校外实践场所等必要条件，学位授权点承担或合作的研究项目有计划有目的地吸纳研究生参与，对人才培养起到了较好的指导帮助作用
	奖助体系	研究生奖助体系的制度建设、奖助水平、覆盖面等情况	◆ 本学位授权点学生奖助体系健全，形式多样，制度规范；奖助覆盖面较广，统计数据信息全面、真实，奖助水平不低于本单位规定标准
人才培养	招生选拔	研究生报考数量、录取比例、录取人数、生源结构情况，以及为保证生源质量采取的措施	◆ 本学位授权点近5年研究生报考数量、录取人数、录取比例、生源结构情况信息完整；招生选拔工作制度健全，程序规范，信息公开，行为规范，有优化生源结构、提高生源质量的措施
	课程教学	开设的核心课程及主讲教师。课程教学质量和持续改进机制	◆ 本学位授权点开设的核心课程及主讲教师信息真实、内容全面，核心课程设置合理，能体现本学科（专业领域）特点和国家“学位基本要求”；课程教学形式多样，特色鲜明，注重前沿引领、方法传授和能力培养；有课程教学质量评价标准，不断健全教学质量监控与改进机制，改进措施切实有效
	导师指导	导师队伍的选聘、培训、考核情况；导师指导研究生的制度要求和执行情况	◆ 实行导师分类管理机制，有培训、考核选聘、奖罚退出等制度或者措施；研究生指导制度规范、具体，执行情况良好，师生关系融洽，研究生满意度达到80%以上
	学术训练或实践教学	研究生参与学术训练的情况，专业学位研究生参与实践教学的情况，包括制度保证、经费支持等	◆ 结合学位授权点人才培养实际，系统进行学术训练，鼓励多领域和跨学科（专业）学习与研究；专业学位授权点学生专业实践制度、实习经费标准和质量评价机制得到有效落实，实践管理注重过程化、个性化和信息化；校内外实践基地（含研究生工作站）稳定、利用率高，管理、评价和调整制度健全

续 表

一级指标	二级指标	指标具体描述（教育部）	合格等级抽评细则（江苏省）
	学术交流	研究生参与国际国内学术交流的基本情况	◆ 比较充分地反映本授权点搭建常态化交流平台，举办、参与学术讲座、专题报告、专业研讨等活动，支持、组织学生参加国内国际学术会议、专业活动和网络交流的情况
	分流淘汰	研究生特别是博士生分流情况，提供研究生分流淘汰相关数据	◆ 严格执行本单位研究生分流淘汰制度，程序规范，工作细致，处理稳妥，有相应的分流淘汰预警报告和保障措施
	论文质量	学位论文在各类论文抽检、评审中的情况和论文质量分析	◆ 学位论文写作要求和导师指导流程规范、具体、明确；选题、开题、中期检查、盲审、答辩、归档程序、制度及运行机制健全；近 5 年学位论文盲审送审比例达到学校平均水平，省级抽检评议合格率不低于省均水平
	学风教育	科学道德和学术规范教育情况，学术不端行为处罚情况	◆ 系统进行学风、科学道德与学术规范教育，细化日常行为规范、学习研究守则和创新实践指南，对防范学术不端等有严格的教育、检查制度，发现问题照章处理
	管理服务	研究生权益保障制度建立情况，在学研究生学习满意度调查情况	◆ 确立以人为本理念，落实研究生权益保障制度和自主管理机制，研究生与导师、管理部门的沟通渠道畅通，定期对在学研究生进行满意度调查并改进管理服务，学生满意度达到 80%以上
	就业发展	毕业研究生的就业率、就业去向分析，用人单位意见反馈和毕业生发展质量调查情况	◆ 自评概述能反映研究生创新创业能力培养和就业升学指导工作情况，毕业生去向分析、跟踪调查、质量分析报告制度健全，毕业生就业率、专业相关度、职业发展满意率、用人单位综合满意率较高，资料比较全面、翔实、可信

3. 抽评工作的实施

(1) 问卷调查

学生满意度调查是江苏省在省级抽评中自设的一个重要环节，由省教育评估院项目组紧扣学位授权点合格评估抽评细则设计问卷，以微信在线方式组织有关硕士点在读研究生进行问卷调查。92 个抽评硕士学位授权点的在读研究生共 14 751 人参与了调查，其中 12 169 人提交问卷，问卷回收率为 82.46%。调查数据汇总后分别提交通讯评议专家组作为抽评硕士授权点相关指标评价的重要依据。

（2）专家遴选

根据92个抽评硕士学位授权点的评审任务，项目组按一级学科门类或专业类别组建了10个专家组，从江苏省研究生教育评估专家库中共聘请了70名专家，每组5名省内专家、2名省外专家，其中一部分是参与过省一级学科点评估和省优秀博士硕士学位论文评选的优秀专家。专家组成员既有相关学科背景，又有硕士学位授权点管理经历，抽评专业学位授权点的专家组中至少有1名产业教授。本次省级抽评严格执行专家回避制度，包括本单位回避、兼职单位回避、毕业学校回避、原任职单位回避、亲属任职单位回避以及个人及单位主动声明回避。违反师德要求或学术规范产生一定社会影响者、近三年学位论文抽检评议有不良表现者、近三年学位论文抽检“不合格”的研究生导师、专项评估“不合格”硕士点的相关导师，均不在选用之列。

（3）通讯评议

抽评主要采取通讯评议方式进行，由项目组向专家提供源自国家平台的硕士点《自我评估总结报告》、《学位授权点自我评估结果汇总表》、培养方案以及《省级抽评工作指南》、学生满意度调查结果、专家用表等电子版材料。专家通过学习理解省级抽评细则的要点和内涵，掌握每个指标评判的尺度和方法，核查所评学位授权点自评材料，核对关键数据和重要信息，分析学生满意度调查结果和意见，对标评议，逐条研判，对存在问题的项目提出诊断式评议意见。专家根据抽评细则对每个要素的达成水平做出合格、不合格的判断，以单项合格率达到60%以上为准则提出抽评硕士点合格或不合格的整体结论，填写“专家记录兼票决表”并提交项目组。

（4）结论处理

项目组汇总各组专家评议意见和整体结论，根据每组专家7人做出的整体结论情况生成每个硕士点的专家组建议结论。经汇总，92个抽评硕士学位授权点中，91个点票决建议结论为“合格”，1个点票决建议结论拟为“限期整改”。根据有关规定，省学位办向省级抽评所涉32家培养单位的92个学位授权点反馈专家评议意见。拟为“限期整改”建议结论的硕士点在提出异议复核申请和补充说明、佐证后，省教育评估院根据国务院学位办批准的异议复核程序和江苏省教育厅的相关要求，组织原专家组继续采用通讯评议方式，对照原自评材料和专家意见以及整改说明、佐证材料等进行评议复核。在此过程中，专家组实事求是地采纳部分原始佐证，调整少数指标的评价结果，并中肯地提出新的评议意见,形成复核结论。江苏省学位委员会和教育厅审核江苏省省级抽评工作情况和92个点的抽评结论,上报国务院学位委员会审定。

(二)评估结果

抽评的32家单位全部通过评估,其中24家单位以全票结果通过省级抽评。抽评的75个硕士学位授权一级学科点全部通过评估,其中66个全票通过专家组评审。抽评的17个硕士专业学位授权点均全票通过专家组评审。

从抽评结果所涉学科门类看,本次抽评共涉及11个学科门类,全部通过,其中4个学科门类全票通过评议。

第二节　硕士学位论文抽检评议

一、2019年硕士学位论文抽检结果分析

硕士学位论文抽检评议是江苏省保障研究生教育质量的一项制度性评估项目,至2019年已实施18年。2020年3月,江苏省学位委员会和江苏省教育厅发文公布2019年度硕士学位论文抽检评议结果。抽检的806篇学术学位论文,平均优秀率为10.50%,比上年提高2.72%;平均不合格率为1.57%,比上年上升0.19%。抽检的984篇专业学位论文,平均优秀率为4.61%,比上年提高1.08%;平均不合格率为3.59%,比上年降低0.10%。抽检结果反映,全省硕士学位论文质量整体上呈现稳中有进、进中创优的良好质态。

(一)项目实施

一是全面覆盖。根据《江苏省硕士学位论文抽检评议工作实施办法(试行)》,通过公开电子摇号方式,按3.50%的比例,从51 200位应届硕士毕业生中抽取1 791篇学位论文,实际抽检1 790篇(另1篇因培养单位撤销学位中止报送),涉及抽检单位38个、硕士学位一级学科点108个、专业学位授权类别38个,实现培养单位、学科和专业三个全覆盖。

二是定点跟踪。在普抽基础上,对上一年度出现不合格评议结果论文的学科和专业、上一年度出现不合格结果论文的指导教师继续跟踪抽检,在7 176个跟踪抽检对象中抽取学位论文250篇,占比13.97%。其中跟踪抽检学术硕士论文31篇,涉及17家单位的36个学科;跟踪抽检专业硕士论文225篇,涉及26家单位的79个专业领域。

三是公开透明。核对备抽名单，防止漏报、少报、错报。公开举行电子摇号仪式，邀请所有学位授予单位、纪监部门和学生代表监证，当众封存抽取名单，公示抽检名单。开放抽检评议系统供研究生培养单位查看专家具体评议意见，向各研究生培养单位发送《论文抽检评议报告书》。

四是三校分评。继续坚持省内外相结合的原则，一篇论文聘请 3 个不同院校、科研院所的同行专家进行评议，提高专业和研究方向的匹配度，并优先委托近几年评议组织工作优秀单位负责评议，优先选择优势学科、重点学科点、名优专业学位点委托评议。共遴选 51 家评议单位，包括 34 家省内普通高校、9 家科研院所、1 家军队院校、7 家外省高校。聘请评议专家近 2 716 人，其中省外专家 279 人，占 10.27%。

五是对标评议。专家在线认真审阅论文，严格对照《学术学位硕士学位论文评议标准（试行）》《专业学位硕士学位论文评议标准（试行）》进行独立评议，对拟评优秀、不合格等级的单项必须提出具体评价理由，评议系统根据专家单项评议结果按规则自动生成论文评议结论。省教育评估院编印了《论文抽检评议工作手册》《专家网上评议操作说明（PPT）》等，作为专家评议论文的工作指南。

六是一评双责。省教育评估院按省教育厅要求，既抓论文评议质量，也抓评风评纪责任，与各委托评议单位签订“双责合约”，强化工作责任、保密意识和评估纪律。各委托评议单位在专家培训和布置任务时，既强化论文评议质量，也明确评风评纪责任要求。省教育评估院在年度工作结束后，加强对委托单位及专家个体的大数据分析，从质量、时效、评风三个维度进行综合评估。

（二）评议标准

根据江苏省教育厅修订、发布的《学术学位硕士学位论文评议标准（试行）》《专业学位硕士学位论文评议标准（试行）》文件精神，江苏省硕士学位论文评议实行分类评议、同行评议和规范评议（表 7-3）。

单本论文及三项指标评议结果均分“优秀”“良好”“合格”“不合格”四个等级。单本论文的整体评价由评议系统按单项结果和既定规则自动生成。具体规则是：三个一级指标等级均为“优秀”的则为优秀，一级指标有两个及以上为“良好”或“优秀”且无“不合格”的则为良好，一级指标有一个及以上“不合格”或有学术不端违规行为的均为不合格，其余情况均为合格。

表 7-3　江苏省硕士学位论文抽检评议标准

评估指标	《学术学位硕士学位论文评议标准(试行)》	《专业学位硕士学位论文评议标准(试行)》
论文选题	(1) 选题具有促进社会、经济、文化发展和科技进步的学术价值与实践意义 (2) 选题立足学科前沿,符合专业培养目标,具有一定的创新性	(1) 选题与专业实践紧密结合,具有应用价值和实践意义 (2) 选题有一定的专业深度、技术难度和工作量,具有一定的创新性
研究水平	(1) 文献资料全面、新颖,分析客观、准确,基本掌握论文选题领域国内外文献及有关科研进展情况 (2) 科学运用基础理论、科学方法、专业知识和技术手段进行较为系统的论证,体现出应有的学术研究基础和能力 (3) 研究成果在研究设计与方法、学科理论与规律、关键技术与路径等方面有所创新 (4) 论文中的新观点、新方法、新思路、新技术等具有应用价值,能产生一定的社会影响或经济效益	(1) 文献资料全面、新颖,对相关领域的研究现状或项目的背景分析客观、准确 (2) 科学运用基础理论和专业技术进行分析研究,体现出应有的专业应用研究能力 (3) 研究成果在路径设计、方法建立、成果转化和技术改造等方面具有先进性、创新性 (4) 研究成果具有应用性,能产生实践应用价值或社会经济效益
文本写作	(1) 文本体例完整,层次清晰,重点突出,引言简明,论证充分,结论严谨,无科学性错误 (2) 逻辑结构严密,语言表达准确流畅,数据、图表、参考文献、引用标注符合学术规范	(1) 论文形式与选题适切,应用型成果的文本体例符合行业规范及专业技术要求 (2) 语言风格与文体协调,逻辑严密,表达准确,数据、图表、参考文献、引用标注等引用规范

(三) 结果分析

1. 硕士学位论文抽检总体情况

2019 年,江苏省抽检硕士学位论文 1 790 篇(5 370 本),优秀率为 7.26%,不合格率为 2.68%。

2. 学术学位硕士学位论文抽检情况

2019 年,江苏省共抽检学术学位硕士学位论文 806 篇(2 418 本),涉及 35 家培养单位(含普通高校 30 家、省委党校 1 家与科研院所 4 家)的 97 个一级学科及若干交叉学科,优秀率为 10.50%,不合格率为 1.57%。

全省学科跟踪学术学位硕士抽检论文共 31 篇,涉及 17 家培养单位的 28 个一级学科,优秀率为 8.33%,不合格率为 2.08%。

全省导师跟踪学术学位论文共 19 篇,涉及 13 家培养单位,共 18 个一级学科，优秀率为7.02%，不合格率为1.75%。

江苏省学术学位硕士论文抽检主要考察选题、水平和写作三个方面。在选题方面，2019年江苏省学术学位硕士论文优秀率为29.57%，不合格率为0.21%。在水平方面，2019年江苏省学术学位硕士论文优秀率为16.87%，不合格率为0.95%。在文本方面，2019年江苏省学术学位硕士论文优秀率为20.80%，不合格率为1.08%。

3. 专业学位硕士学位论文抽检情况

2019年，江苏省共抽检专业学位硕士论文984篇(2 952本)，涉及33家培养单位(均为普通高校)的45个专业学位类别，优秀率为4.61%，不合格率为3.59%。

专业类别跟踪抽检共225篇，涉及26家培养单位，63个专业学位授权点，优秀率为4.30%，不合格率为3.11%。

导师跟踪专业学位论文共75篇，涉及23家培养单位的53个专业学位授权点，优秀率为2.67%，不合格率为3.11%。

江苏省专业学位硕士论文抽检主要考察选题、水平和写作三个方面。在选题方面，2019年江苏省专业学位硕士论文优秀率为17.62%，不合格率为0.58%。在水平方面，2019年江苏省专业学位硕士论文优秀率为9.35%，不合格率为2.61%。在文本方面，2019年江苏省专业学位硕士论文优秀率为10.81%，不合格率为1.52%。

二、硕士学位论文抽检结果年度比较(2017—2019年)

(一) 硕士学位论文抽检结果总体变化趋势分析

1. 全省总体情况分析

2017—2019年，江苏省分别抽检硕士学位论文2 016篇(6 048本)、1 989篇(5 967本)和1 790篇(5 370本)，总体抽评结果见表7-4。

表7-4　江苏省硕士学位论文抽检结果总体情况(2017—2019年)

年份	篇数	本数	优秀/%	良好/%	合格/%	不合格/%
2017年	2 016	6 048	3.59	66.73	26.65	3.03
2018年	1 989	5 967	5.55	68.48	23.38	2.60
2019年	1 790	5 370	7.26	67.52	22.53	2.68

2017—2019年，江苏全省硕士学位论文的优秀率逐年显著提高，增幅达

3.67%，不合格率则保持平稳，下降了 0.35%(图 7-1)。

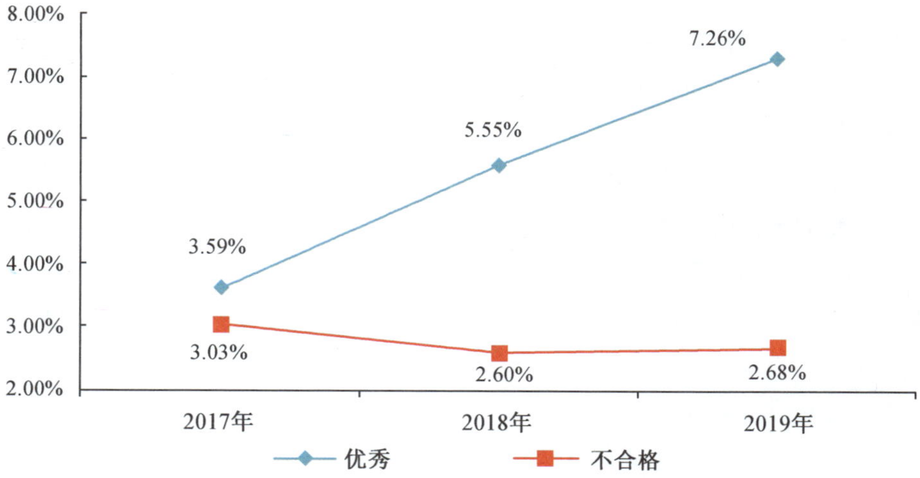

图 7-1　江苏省硕士学位论文抽检结果优秀率与不合格率年度变化(2017—2019 年)

2. 按不同建设类型培养单位分析

根据不同建设类型，参加抽评的 38 家培养单位共包含 15 所“双一流”建设高校、12 所江苏高水平大学建设高校①、12 所普通高校以及省委党校和科研院所(表 7-5，表 7-6)。

表 7-5　江苏省硕士学位论文抽检情况(不同建设类别培养单位，2017—2019 年)

单位类型	2017 年		2018 年		2019 年	
	篇数	本数	篇数	本数	篇数	本数
“双一流”建设高校	1 431	4 293	1 423	4 269	1 247	3 741
江苏高水平大学建设高校	852	2 556	848	2 544	790	2 370
普通高校	174	522	192	576	182	546
其他单位	12	36	10	30	10	30
全省	**2 016**	**6 048**	**1 989**	**5 967**	**1 790**	**5 370**

① 12 所江苏高水平大学建设高校中有 6 所也是一流学科大学建设高校，统计数据有所重叠，本节内同。

表 7-6　江苏省硕士学位论文抽检结果(不同建设类别培养单位,2017—2019 年)

单位:%

单位类型	2017 年				2018 年				2019 年			
	优秀	良好	合格	不合格	优秀	良好	合格	不合格	优秀	良好	合格	不合格
“双一流”建设高校	3.28	67.39	26.07	3.26	5.83	68.73	23.14	2.30	7.67	68.27	21.44	2.62
江苏高水平大学建设高校	3.44	64.87	28.21	3.48	5.27	66.51	25.24	2.99	6.33	67.05	23.88	2.74
普通高校	4.02	60.54	32.18	3.26	3.13	66.32	26.74	3.82	5.86	63.55	27.11	3.48
其他单位	8.33	72.22	19.44	0	3.33	83.33	10.00	3.33	3.33	76.67	20.00	0
全省	**3.59**	**66.73**	**26.65**	**3.03**	**5.55**	**68.48**	**23.38**	**2.60**	**7.26**	**67.52**	**22.53**	**2.68**

经分析,一方面,不同建设类别高校的硕士论文优秀率都显著提升。其中,“双一流”建设高校总体增幅达 4.39%,江苏高水平大学建设高校总体增幅 2.89%,其余普通高校总体增幅 1.84%,省委党校及科研院所则有所下降,降幅为 5.00%。

另一方面,不同建设类别高校的硕士论文不合格率则有增有减。其中,“双一流”建设高校总体降低了 0.64%,江苏高水平大学建设高校总体降低 0.74%,其余普通高校总体上升 0.22%,省委党校及科研院所则没有变化。

3. 按学科门类的变化趋势分析

2017—2019 年,参与抽检的硕士论文均覆盖除军事学以外的其他 12 个学科门类(表 7-7,表 7-8)。

表 7-7　江苏省硕士学位论文抽检情况(不同学科门类,2017—2019 年)

学科门类	2017 年		2018 年		2019 年	
	篇数	本数	篇数	本数	篇数	本数
哲学	15	45	15	45	14	42
经济学	61	183	60	180	55	165
法学	101	303	84	252	91	273
教育学	132	396	138	414	128	384
文学	78	234	73	219	66	198
历史学	11	33	9	27	8	24
理学	134	402	115	345	114	342

续 表

学科门类	2017 年		2018 年		2019 年	
	篇数	本数	篇数	本数	篇数	本数
工学	819	2 457	783	2 349	698	2 094
农学	104	312	72	216	79	237
医学	267	801	257	771	241	723
管理学	218	654	287	861	219	657
艺术学	73	219	93	279	70	210
交叉学科①	3	9	3	9	7	21
全省	**2 016**	**6 048**	**1 989**	**5 967**	**1 790**	**5 370**

表 7－8　江苏省硕士学位论文抽检结果(不同学科门类,2017—2019 年)　单位:%

学科门类	2017 年				2018 年				2019 年			
	优秀	良好	合格	不合格	优秀	良好	合格	不合格	优秀	良好	合格	不合格
哲学	4.44	68.89	26.67	0	8.89	71.11	20	0	7.14	73.81	19.05	0
经济学	1.64	62.30	32.79	3.28	1.11	69.44	26.67	2.78	4.85	69.70	21.82	3.64
法学	2.64	63.37	29.37	4.62	3.57	70.24	24.21	1.98	6.96	61.90	28.57	2.56
教育学	1.77	55.30	37.88	5.05	4.59	57.49	34.30	3.62	3.39	58.33	34.38	3.91
文学	4.70	61.11	32.05	2.14	5.94	71.69	21.92	0.46	6.57	66.67	25.76	1.01
历史学	3.03	60.61	33.33	3.03	7.41	70.37	14.81	7.41	12.50	58.33	29.17	0
理学	6.72	76.87	14.43	1.99	12.46	72.46	13.33	1.74	15.79	72.81	8.19	3.22
工学	3.22	71.71	22.63	2.44	6.05	74.76	17.41	1.79	7.98	73.02	17.34	1.67
农学	7.37	69.23	20.83	2.56	8.33	67.59	19.44	4.63	10.97	73.84	13.50	1.69
医学	4.00	69.29	24.47	2.25	4.93	67.57	24.51	2.98	7.47	65.98	22.82	3.73
管理学	1.99	55.96	38.23	3.82	3.48	56.68	36.12	3.72	2.89	58.45	34.70	3.96
艺术学	5.02	47.49	39.27	8.22	3.94	60.93	30.11	5.02	5.24	53.33	36.19	5.24
交叉学科	0	55.56	44.44	0	0	77.78	22.22	0	0	71.43	28.57	0
全省	**3.59**	**66.73**	**26.65**	**3.03**	**5.55**	**68.48**	**23.38**	**2.60**	**7.26**	**67.52**	**22.53**	**2.68**

经分析,2017—2019 年,参与抽检的所有 12 个学科门类的硕士论文优秀率均有不同程度的提高。其中 4 个学科门类高于全省增幅(3.67%),分别是历史学(9.47%)、理学(9.07%)、工学(4.76%)和法学(4.32%)。另外,低于

① 每年抽查中包括一定数量学科门类以外的交叉学科学位论文。

全省增幅的 8 个门类分别是农学(3.60%)、医学(3.47%)、经济学(3.21%)、哲学(2.70%)、文学(1.86%)、教育学(1.62%)、管理学(0.90%)和艺术学(0.22%)。而少量参评的交叉学科的优秀率没有明显变化。

在不合格率方面,共 7 个学科门类有所下降,且均比全省降幅大(−0.35%),分别是历史学(−3.03%)、艺术学(−2.98%)、法学(−2.06%)、教育学(−1.14%)、文学(−1.13%)、农学(−0.88%)、工学(−0.77%)。管理学(0.13%)、经济学(0.36%)、理学(1.23%)、医学(1.49%)四个门类的不合格率则有所上升,但幅度均不大。哲学门类与交叉学科的不合格率没有发生变化。

(二) 学术学位硕士论文抽检结果变化趋势分析

1. 全省总体情况分析

2017—2019 年,江苏省分别抽检学术学位硕士学位论文 1 149 篇(3 447 本)、942 篇(2 826 本)和 806 篇(2 418 本),总体抽评结果见表 7-9。

表 7-9　江苏省学术学位硕士学位论文抽检结果总体情况(2017—2019 年)

年份	篇数	本数	优秀/%	良好/%	合格/%	不合格/%
2017 年	1 149	3 447	4.61	71.95	21.18	2.26
2018 年	942	2 826	7.78	74.98	15.85	1.38
2019 年	806	2 418	10.50	72.58	15.34	1.57

2017—2019 年,江苏省学术学位硕士学位论文的优秀率逐年显著提高,增幅达 5.89%,不合格率则保持平稳,下降了 0.69%(图 7-2)。

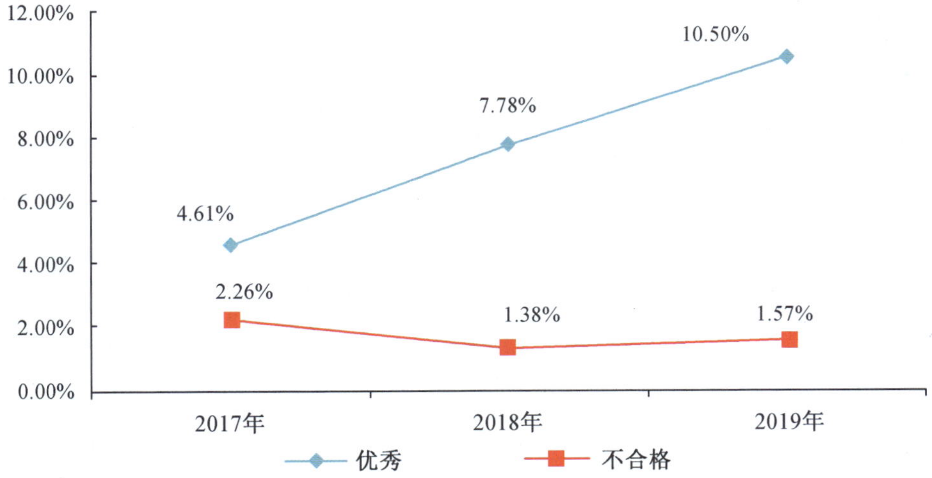

图 7-2　江苏省学术学位硕士学位论文抽检结果年度变化(2017—2019 年)

2. 按不同建设类型培养单位分析

根据不同建设类型，参加抽检的35家培养单位共包括15所“双一流”建设高校、12所江苏高水平大学建设高校、9所普通高校以及省委党校和科研院所(表7-10,表7-11)。

表7-10 江苏省学术学位硕士学位论文抽检情况(不同建设类别培养单位,2017—2019年)

单位类型	2017年		2018年		2019年	
	篇数	本数	篇数	本数	篇数	本数
“双一流”建设高校	778	2 394	668	2 004	584	1 752
江苏高水平大学建设高校	476	1 428	396	1 188	340	1 020
普通高校	103	309	85	255	73	219
其他单位	12	36	10	30	10	30
全省	**1 149**	**3 447**	**942**	**2 826**	**806**	**2 418**

表7-11 江苏省学术学位硕士学位论文抽检结果(不同建设类别培养单位,2017—2019年)

单位:%

单位类型	2017年				2018年				2019年			
	优秀	良好	合格	不合格	优秀	良好	合格	不合格	优秀	良好	合格	不合格
“双一流”建设高校	4.14	74.31	19.26	2.30	8.98	75.10	15.02	0.90	11.07	73.57	14.10	1.26
江苏高水平大学建设高校	4.48	69.47	23.60	2.45	6.99	73.23	17.76	2.02	9.12	71.86	17.16	1.86
普通高校	5.50	62.78	28.16	3.56	3.92	74.51	20.00	1.57	9.13	71.69	16.44	2.74
其他单位	8.33	72.22	19.44	0	3.33	83.33	10.00	3.33	3.33	76.67	20.00	0
全省	**4.61**	**71.95**	**21.18**	**2.26**	**7.78**	**74.98**	**15.85**	**1.38**	**10.50**	**72.58**	**15.34**	**1.57**

经分析，一方面，不同建设类别高校的硕士学位论文优秀率都在显著提升。其中，“双一流”建设高校总体增幅达6.93%，江苏高水平大学建设高校总体增幅4.64%，其余普通高校总体增幅3.63%，省委党校及科研院所则有所下降，降幅为5.00%。

另一方面，不同建设类别高校的硕士学位论文不合格率呈下降趋势。其中，“双一流”建设高校总体下降1.04%，江苏高水平大学建设高校总体下降

0.59%，其余普通高校总体下降0.82%，省委党校及科研院所则没有变化。

3. 按不同建设类别的一级学科分析

江苏省目前已建立起一套多级的学科建设系统，包含“一流学科”建设学科、江苏优势学科建设工程（三期）、重点学科建设学科等。2017—2019年，参与抽评的硕士论文共涉及37个“一级学科”、133个“优势学科”和84个“重点学科”（表7-12，表7-13）。

表7-12　江苏省学术学位硕士学位论文抽检情况（不同建设类别学科，2017—2019年）

学科门类	2017年		2018年		2019年	
	篇数	本数	篇数	本数	篇数	本数
一流学科	160	480	124	372	104	312
优势学科	489	1 467	407	1221	342	1 026
重点学科	194	582	147	441	125	375
其他学科	306	918	264	792	235	705
全省	**1 149**	**3 447**	**942**	**2 826**	**806**	**2 418**

表7-13　江苏省学术学位硕士学位论文抽检结果（不同建设类别学科，2017—2019年）

单位：%

学科分类	2017年				2018年				2019年			
	优秀	良好	合格	不合格	优秀	良好	合格	不合格	优秀	良好	合格	不合格
一流学科	5.00	75.42	17.29	2.29	11.56	76.08	11.83	0.54	13.78	77.56	8.65	0
优势学科	5.39	74.03	19.22	1.36	7.53	75.35	15.72	1.39	11.40	74.07	12.96	1.56
重点学科	4.81	67.53	24.23	3.44	4.99	74.60	18.82	1.59	10.40	71.47	16.00	2.13
其他学科	3.05	69.61	24.40	2.94	7.95	74.12	16.29	1.64	7.80	68.79	21.42	1.99
全省	**4.61**	**71.95**	**21.18**	**2.26**	**7.78**	**74.98**	**15.85**	**1.38**	**10.50**	**72.58**	**15.34**	**1.57**

在学术学位硕士学位论文优秀率增幅方面，“一流学科”（8.78%）与“优势学科”（6.01%）的总体增幅均超过了全省增幅（5.89%），而“重点学科”（5.59%）和其他学科（4.75%）则略低于全省增幅。

在不合格方面，“一流学科”（−2.29%）、“重点学科”（−1.31%）和其他学科（−0.95%）的整体降幅均比全省降幅（−0.69%）要高，但“优势学科”总体不合格率则有所上升。

(三)专业学位硕士学位论文变化趋势分析

1. 全省总体情况分析

2017—2019年,江苏省分别抽检专业学位硕士学位论文867篇(2 601本)、1 047篇(3 141本)和984篇(2 952本),总体抽检结果见表7-14。

表7-14 江苏省专业学位硕士学位论文抽检结果总体情况(2017—2019年)

年份	篇数	本数	优秀/%	良好/%	合格/%	不合格/%
2017年	867	2 601	2.23	59.82	33.91	4.04
2018年	1 047	3 141	3.53	62.62	30.15	3.69
2019年	984	2 952	4.61	63.38	28.42	3.59

2017—2019年,江苏全省专业学位硕士学位论文的优秀率逐年显著提高,增幅达2.38%,不合格率则保持平稳,下降了0.45%(图7-3)。

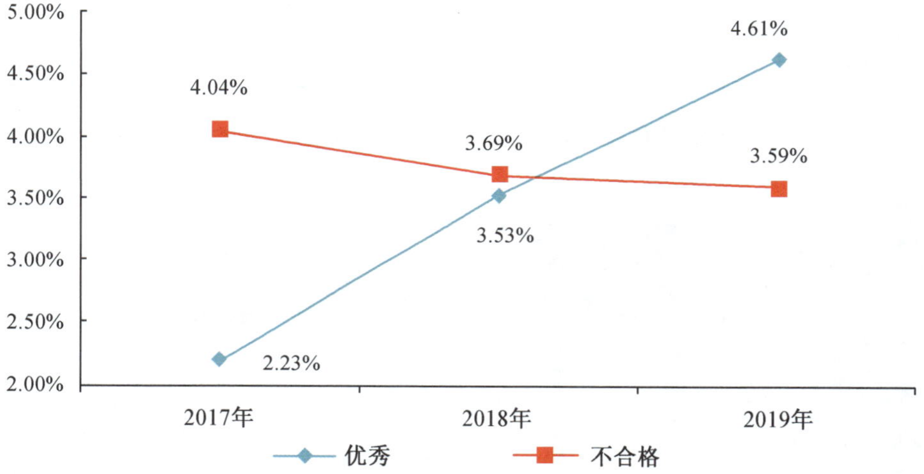

图7-3 江苏省专业学位硕士学位论文抽检结果年度变化(2017—2019年)

2. 按不同建设类型培养单位分析

根据不同建设类型,参加专业学位硕士学位论文抽检的33家培养单位共包括15所"双一流"建设高校、12所江苏高水平大学建设高校、12所普通高校(表7-15,表7-16)。

表 7－15 江苏省专业学位硕士学位论文抽检情况(不同建设类别培养学位,2017—2019 年)

单位类型	2017 年		2018 年		2019 年	
	篇数	本数	篇数	本数	篇数	本数
“双一流”建设高校	633	1 899	755	2 265	663	1 989
江苏高水平大学建设高校	376	1 128	452	1 356	450	1 350
普通高校	71	213	107	321	109	327
全省	**867**	**2 601**	**1 047**	**3 141**	**984**	**2 952**

表 7－16 江苏省专业学位硕士学位论文抽检结果(不同建设类别培养单位,2017—2019 年)

单位:%

单位类型	2017 年				2018 年				2019 年			
	优秀	良好	合格	不合格	优秀	良好	合格	不合格	优秀	良好	合格	不合格
“双一流”建设高校	2.21	58.66	34.65	4.48	3.05	63.09	30.33	3.53	4.68	63.60	27.90	3.82
江苏高水平大学建设高校	2.13	59.04	34.04	4.79	3.76	60.62	31.78	3.83	4.22	63.41	28.96	3.41
普通高校	1.88	57.28	38.03	2.82	2.49	59.81	32.09	5.61	3.67	58.10	34.25	3.98
全省	**2.23**	**59.82**	**33.91**	**4.04**	**3.53**	**62.62**	**30.15**	**3.69**	**4.61**	**63.38**	**28.42**	**3.59**

经分析,一方面,不同建设类别高校的专业学位硕士学位论文优秀率都有所提升。其中,“双一流”建设高校上升 2.47%,江苏高水平大学建设高校上升 2.09%,其余普通高校上升 1.79%。

另一方面,不同建设类别高校的专业学位硕士学位论文不合格率有增有减。其中,“双一流”建设高校总体下降 0.66%,江苏高水平大学建设高校总体下降 1.38%,其他普通高校总体上升 1.16%。

第三节 优秀博士硕士论文评选

一、2019 年优秀学位论文评选结果分析

(一) 评选工作改进

2019 年,江苏省优秀博士硕士学位论文评选试行“省学位办发文部署、培

养单位初评推荐、研究生教指委复评、省教育评估院组织合规审核和综合评审、评选专家委员会审定、省学位委员会和省教育厅审批发文”模式。相比往年,主要有四个方面的改进。

1. 引入教指委专业力量

根据省学位办提议,在2018年“培养单位自评推荐—评估院组织合规审核—省级分科双盲网评—综合专家组评审评议—专委会审核认定—省学位委员会省教育厅审定发文”评选工作机制基础上,将原由省教育评估院全程实施的“分科双盲网评”程序,改为各研究生教指委以通讯评议的方式进行论文复评,发挥专家组织在学位论文质量保证与监督方面的作用,以利于管办评“三位一体”论文评选质量协同保障体系的建构和完善。

各研究生教指委按照省定复评工作要求和时间安排,有序开展论文复评组织实施工作。据省教育评估院合规审核数据,14个研究生教指委组成复评专家小组117个,聘请省内外专家共354人,其中省内专家191人(含省内行业专家11人)、省外专家163人(含省外行业专家6人),省外专家占专家总数的46.05%。

各研究生教指委先后完成复评工作,按照复审选优限额报送评选结果。共报送博士类学位论文120篇、学术学位硕士学位论文180篇、专业学位硕士学位论文165篇(教育学类、工学2类、管理学类的专业学位硕士学位论文实际推荐数均低于原测定推荐数),合计上报465篇学位论文。

2. 扩大学科覆盖面

以往申报是由省教育评估院根据各培养单位上学年三类学位(博士、学术学位硕士和专业学位硕士)授予数、学位论文抽检合格率、省优秀学位论文评选入选率等因素综合测定各培养单位上报限额,再由各培养单位按照上报限额从校级优秀论文中择优推荐。2019年推荐名额不再按比例具体分配到各培养单位,改为“各培养单位每个学位点可申报推荐1篇”,按研究生教指委类别对口报送复评,便于所有学位授予点的校级优秀学位论文都有参评机会。

42家培养单位推荐参评的970篇论文中,博士学位论文242篇,涉及一级学科84个;学术学位硕士学位论文501篇,涉及一级学科93个;专业学位硕士学位论文227篇,涉及专业类别41个。如果以学科门类统计,工学类推荐论文数最多,工学类4个教指委共收到推荐论文393篇,占参评论文总数的40.52%。

3. 实行分门类排序

三类学位论文的综合评议排序和入选，由原来的“不分学科门类、均按网评专家赋分的平均分从高到低排序”，调整为“在各教指委（即分学科门类）复评上报限额内，按各研究生教指委复评专家赋分的平均分从高到低排序”，以扩大入选论文的学科或专业覆盖面。

根据既定综合评审专家选聘基本规则，省教育评估院依据对各培养单位初评推荐、各研究生教指委组织复评的合规审核情况，聘请来自全省 16 所高校的 20 位知名专家进行综合评审。专家聘请尤其关注研究生教指委复评分组专家是否符合论文指导教师回避、组内校际回避和具有省研究生教育评估专家资质等要求。

为高质量开展综合评议，省教育评估院根据评选模式变化，编印了《综合评议专家工作指南》，修订了综合评议工作规则，升级了网络评审投票系统。专家工作会议上省教育厅分管领导通报优秀论文评选前期工作，并对综合评议提出具体要求。专家组在集体认定评审规则后，对研究生教指委论文复评结果进行复核评议。省教育厅机关纪委、研究生教育处、教育评估院负责人列席综合评议。通过独立网评、集中评议、民主投票，综合专家组在线票决产生了 2019 年度 100 篇省优秀博士学位论文、150 篇省优秀学术学位硕士学位论文和 150 篇省优秀专业学位硕士学位论文的建议名单。

4. 强化分工主体责任

培养单位在初评推荐阶段，坚持校级优秀论文推荐条件，及时将工作方案、公示情况、初评结果等上传至省优秀学位论文评选系统，省教育评估院全程监督。省学位办召开研究生教指委复评工作培训会，强调统一标准、统一程序、统一要求，明确分类评审、同行评审、对标评审。评估院实时跟踪各教指委复评专家聘请分组、回避制度执行、专家评审记录等情况，保障初评推荐、论文复评工作公平公正机制的有效落实。

合规审核是近年扩大培养单位论文推荐权后配套实施的外部质量监督措施。省教育评估院组织来自省内 6 所高校的专家，分两个专家小组对 42 家培养单位的初评推荐、14 个研究生教指委的复评组织情况，分别从工作方案、专家工作、评审结果等 8 个方面进行认真、细致、深入的审核，并分合格、基本合格、不合格三个等级逐项评价。专家审核结果表明，培养单位初评推荐的合规程度整体情况较好，尤其在开放申报、初评程序、质量把控等方面有所进步，而研究生教指委组织复评尚属首次，工作质量稍有差异，组织管理需要改进。

综合评议程序结束后,组成由研究生教指委复评专家和综合评议的专家代表、部分高校研究生院负责人代表,以及省教育厅分管研究生教育处和省教育评估院的两位厅领导、厅研究生教育处和省教育评估院负责人等11人组成的评选委员会,并邀请省教育厅机关纪委负责人全程监察。评选委员会对教指委复评意见、合规审核专家意见、综合评议专家复核及投票情况等进行审核,最终确认2019年度江苏省优秀博士硕士学位论文400篇入选名单。名单公示一周,若有异议,采用分级分层仲裁机制;若无异议,则由江苏省学位委员会、省教育厅发文公布。

(二) 评选结果分析

1. 入选论文学科门类(专业类别)分布

(1) 优秀博士学位论文

100篇优秀博士学位论文涉11个学科门类(哲学入选率为0)、59个一级学科,推荐入选率高于全省总体水平(41.32%)的学科门类为历史学、理学、农学和医学(表7-17)。

表7-17 2019年江苏省优秀博士学位论文学科门类分布一览表

学科门类	推荐篇数	涉一级学科数	入选论文数	涉一级学科数	入选率/%
哲学	3	1	0	0	0
经济学	3	2	1	1	33.33
法学	11	4	3	3	27.27
教育学	6	3	1	1	16.67
文学	8	3	3	2	37.50
历史学	2	1	1	1	50.00
理学	36	12	16	11	44.44
工学	107	32	36	20	33.64
农学	14	8	8	7	57.14
医学	30	8	25	8	83.33
管理学	13	5	5	4	38.46
艺术学	9	5	1	1	11.11
合计/全省	**242**	**84**	**100**	**59**	**41.32**

(2) 优秀学术学位硕士学位论文

150篇优秀学术学位硕士学位论文涉12个学科门类、64个一级学科，推荐入选率高于全省总体水平(29.94%)的学科门类为哲学、文学、农学和医学(表7-18)。

表7-18 2019年江苏省优秀学术学位硕士学位论文学科门类分布一览表

学科门类	推荐篇数	涉一级学科数	入选论文数	涉一级学科数	入选率/%
哲学	6	1	3	1	50.00
经济学	14	2	4	1	28.57
法学	27	4	4	2	14.81
教育学	18	3	5	3	27.78
文学	20	3	8	2	40.00
历史学	8	3	2	2	25.00
理学	82	14	20	10	24.39
工学	206	34	61	25	29.61
农学	17	9	7	5	41.18
医学	40	10	21	7	52.50
管理学	42	5	11	4	26.19
艺术学	21	5	4	2	19.05
合计/全省	**501**	**93**	**150**	**64**	**29.94**

(3) 优秀专业学位硕士学位论文

150篇优秀专业学位硕士学位论文涉38个专业学位类别(表7-19)，入选篇数较多的专业学位类别依次为电子信息(18篇)、机械(9篇)、临床医学(9篇)、教育(8篇)、能源动力(8篇)、土木水利(8篇)、会计(8篇)、材料与化工(7篇)、资源与环境(7篇)、公共管理(7篇)、生物与医药(6篇)、农业(6篇)和艺术(6篇)。

表7-19 2019年江苏省优秀专业学位硕士学位论文专业学位类别一览表

专业学位类别	篇数	专业学位类别	篇数	专业学位类别	篇数
金融	1	建筑学	2	临床医学	9
应用统计	1	城市规划	3	公共卫生	1
国际商务	1	电子信息	18	护理	1

续 表

专业学位类别	篇数	专业学位类别	篇数	专业学位类别	篇数
资产评估	1	机械	9	药学	3
审计	1	材料与化工	7	中药学	1
法律	4	资源与环境	7	中医	1
社会工作	2	能源动力	8	工商管理	4
教育	8	土木水利	8	公共管理	7
体育	1	生物与医药	6	会计	8
汉语国际教育	2	交通运输	2	图书情报	2
应用心理	1	农业	6	工程管理	3
翻译	2	风景园林	1	艺术	6
新闻与传播	1	林业	1	**合计**	150

2. 论文推优入选率

2019 年，江苏省评选产生的三类优秀学位论文入选总比例为 41.24%，其中，优秀博士学位论文全省总体入选比例为41.32%，优秀学术学位硕士学位论文全省总体入选比例为 29.94%，优秀专业学位硕士学位论文全省总体入选比例为 66.08%。

(1) 博士学位论文推优入选率高于省均水平的单位

全省优秀博士学位论文初评推荐 242 篇，入选 100 篇，入选比例为 41.32%。在本年度具备申报江苏省优秀博士学位论文评选资质的 30 个培养单位中，入选率高于全省总体水平的有南京大学、苏州大学、东南大学、南京航空航天大学、南京工业大学、南京邮电大学、南京信息工程大学、南通大学、南京农业大学、南京医科大学、徐州医科大学、南京中医药大学和中国药科大学等 13 个培养单位(表 7 - 20)。

表 7 - 20　2019 年江苏省博士学位论文推优入选率一览表(30 个培养单位)

单位名称	推荐篇数	入选篇数	入选率/%	单位名称	推荐篇数	入选篇数	入选率/%
南京大学	32	17	53.13	南京医科大学	10	7	70.00
苏州大学	15	9	60.00	徐州医科大学	1	1	100

续 表

单位名称	推荐篇数	入选篇数	入选率/%	单位名称	推荐篇数	入选篇数	入选率/%
东南大学	27	13	48.15	南京中医药大学	4	2	50.00
南京航空航天大学	12	6	50.00	中国药科大学	2	2	100
南京理工大学	10	4	40.00	南京师范大学	21	6	28.57
江苏科技大学	2	0	0	江苏师范大学	1	0	0
中国矿业大学	14	4	28.57	南京财经大学	1	0	0
南京工业大学	4	3	75.00	南京艺术学院	4	1	25.00
南京邮电大学	3	2	66.67	扬州大学	8	2	25.00
河海大学	11	3	27.27	解放军陆军工程大学	9	1	11.11
江南大学	6	2	33.33	国防科技大学国际关系学院	1	0	0
南京林业大学	5	2	40.00	南京水利科学研究院	2	0	0
江苏大学	10	3	30.00	中国船舶科学研究中心	1	0	0
南京信息工程大学	1	1	100	中科院南京分院	10	0	0
南通大学	1	1	100	**合计/全省**	**242**	**100**	**41.32**
南京农业大学	14	8	57.14				

(2) 学术学位硕士学位论文推优入选率高于省均水平的单位

2019年,全省优秀学术学位硕士学位论文初评推荐501篇,入选150篇,入选比例为29.94%。在本年度具备申报江苏省优秀学术学位硕士学位论文评选资质的39个培养单位中,入选率高于全省总体水平的有南京大学、苏州大学、东南大学、南京航空航天大学、南京工业大学、江南大学、南京林业大学、江苏大学、南京医科大学、徐州医科大学、中国药科大学、南京师范大学、南京审计大学、中共江苏省委党校和南京水利科学研究院等15个培养单位(表7-21)。

表7-21 2019年江苏省学术学位硕士学位论文推优入选率一览表(39个培养单位)

单位名称	推荐篇数	入选篇数	入选率/%	单位名称	推荐篇数	入选篇数	入选率/%
南京大学	30	13	43.33	中国药科大学	7	3	42.86
苏州大学	19	9	47.37	南京师范大学	35	13	37.14
东南大学	30	14	46.67	江苏师范大学	24	4	16.67

续 表

单位名称	推荐篇数	入选篇数	入选率/%	单位名称	推荐篇数	入选篇数	入选率/%
南京航空航天大学	20	9	45.00	南京财经大学	12	2	16.67
南京理工大学	15	2	13.33	南京体育学院	1	0	0
中国矿业大学	29	7	24.14	南京艺术学院	5	1	20.00
南京工业大学	14	8	57.14	苏州科技大学	7	0	0
江苏科技大学	9	2	22.22	扬州大学	38	6	15.79
常州大学	7	1	14.29	南京审计大学	2	1	50.00
南京邮电大学	11	3	27.27	江苏海洋大学	3	0	0
河海大学	24	6	25.00	中共江苏省委党校	2	1	50.00
江南大学	20	10	50.00	南京水利科学研究院	3	1	33.33
南京林业大学	10	4	40.00	中科院南京分院	7	2	28.57
江苏大学	24	9	37.50	解放军陆军工程大学	12	0	0
南京信息工程大学	11	1	9.09	国防科技大学国际关系学院	3	0	0
南通大学	18	5	27.78	国网电力科学研究院	1	0	0
南京农业大学	22	5	22.73	江苏省植物研究所	1	0	0
南京医科大学	12	4	33.33	南京电子器件研究所	1	0	0
徐州医科大学	4	2	50.00	中国船舶科学研究中心	1	0	0
南京中医药大学	7	2	28.57	**合计/全省**	**501**	**150**	**29.94**

(3) 专业学位硕士学位论文推优入选率高于省均水平的单位

全省优秀专业学位硕士学位论文初评推荐227篇，入选150篇，入选比例为66.08%。在本年度具有江苏省优秀专业学位硕士学位论文评选资质的34个培养单位中，省优秀专业学位硕士学位论文入选率高于全省总体水平的有苏州大学、东南大学、南京航空航天大学、江苏科技大学、中国矿业大学、南京工业大学、南京邮电大学、江南大学、南京林业大学、江苏大学、南通大学、南京医科大学、南京中医药大学、中国药科大学、南京师范大学、江苏师范大学、南京艺术学院、苏州科技大学、淮阴工学院、南京审计大学、江苏理工学院、江苏海洋大学和中国科学院南京分院等23个培养单位(表7-22)。

表 7-22 2019 年江苏省专业学位硕士学位论文推优入选率一览表(34 个培养单位)

单位名称	推荐篇数	入选篇数	入选率/%	单位名称	推荐篇数	入选篇数	入选率/%
南京大学	14	9	64.29	徐州医科大学	2	1	50.00
苏州大学	10	7	70.00	南京中医药大学	4	3	75.00
东南大学	12	9	75.00	中国药科大学	3	2	66.67
南京航空航天大学	6	6	100	南京师范大学	15	10	66.67
南京理工大学	8	5	62.50	江苏师范大学	6	5	83.33
江苏科技大学	4	3	75.00	南京财经大学	9	5	55.56
中国矿业大学	9	7	77.78	南京艺术学院	1	1	100
南京工业大学	7	6	85.71	苏州科技大学	3	2	66.67
常州大学	5	2	40.00	淮阴工学院	1	1	100
南京邮电大学	6	5	83.33	扬州大学	18	9	50.00
河海大学	12	7	58.33	南京工程学院	2	1	50.00
江南大学	9	6	66.67	南京审计大学	3	2	66.67
南京林业大学	6	4	66.67	江苏理工学院	2	2	100
江苏大学	12	8	66.67	江苏海洋大学	2	2	100
南京信息工程大学	4	2	50.00	中科院南京分院	3	2	66.67
南通大学	4	3	75.00	陆军工程大学	4	2	50.00
南京农业大学	14	6	42.86	**合计/全省**	**227**	**150**	**66.08**
南京医科大学	7	5	71.43				

二、优秀学位论文评选结果年度比较(2017—2019 年)

(一) 推荐论文涉及学科专业情况

2017—2019 年,全省各培养单位推荐论文中,博士学位论文所涉一级学科数分别为 72 个、58 个、84 个;学术学位硕士学位论文所涉一级学科数分别为 76 个、57 个、93 个;专业学位硕士学位论文所涉专业学位类别数分别为 33 个、22 个和 41 个。由于推荐名额分配办法的调整,本年度推荐论文数及所涉一级学科、专业学位类别数与以往相比,有较大的增幅(表 7-23)。

表 7-23　推荐论文所涉一级学科、专业学位类别情况(2017—2019 年)

学年度	博士学位论文		学术学位硕士学位论文		专业学位硕士学位论文	
	推荐篇数	涉一级学科数	推荐篇数	涉一级学科数	推荐篇数	涉专业类别数
2017	202	72	350	76	234	33
2018	118	58	178	57	173	22
2019	242	84	501	93	227	41

(二) 入选论文涉及学科(专业类别)情况

除专业学位硕士学位论文所涉专业类别数有较大差异外，博士学位论文和学术学位硕士学位论文所涉一级学科数总体变化不大(表 7-24)。

表 7-24　入选论文所涉一级学科、专业学位类别情况(2017—2019 年)

学年度	博士学位论文		学术学位硕士学位论文		专业学位硕士学位论文	
	入选篇数	涉一级学科数	入选篇数	涉一级学科数	入选篇数	涉专业类别数
2017	100	52	180	60	120	21
2018	100	53	150	50	150	21
2019	100	59	150	64	150	38

(三) 培养单位入选率高于省均情况

1. 博士学位论文

连续三年高于全省总体入选率的 3 家培养单位是南京大学、南京信息工程大学和南京农业大学(表 7-25)。

有两年高于全省总体入选率的 11 家培养单位是苏州大学、东南大学、南京航空航天大学、南京理工大学、中国矿业大学、南京邮电大学、江苏大学、南京医科大学、中国药科大学、南京艺术学院和中国科学院南京分院。

表 7-25　江苏省优秀博士学位论文入选率多次高于全省水平的单位(2017—2019 年)

单位名称	2017 年			2018 年			2019 年		
	推荐数	入选数	入选率/%	推荐数	入选数	入选率/%	推荐数	入选数	入选率/%
南京大学	36	19	52.78	20	18	90.00	32	17	53.13
苏州大学	18	7	38.89	10	9	90.00	15	9	60.00
东南大学	22	14	63.64	11	8	72.73	27	13	48.15
南京航空航天大学	11	7	63.64	6	5	83.33	12	6	50.00
南京理工大学	10	5	50.00	7	6	85.71	10	4	40.00
中国矿业大学	7	4	57.14	4	4	100	14	4	28.57
南京邮电大学	3	1	33.33	1	1	100	3	2	66.67
江苏大学	4	2	50.00	4	4	100	10	3	30.00
南京信息工程大学	2	2	100	3	3	100	1	1	100
南京农业大学	16	9	56.25	8	7	87.50	14	8	57.14
南京医科大学	13	2	15.38	8	7	87.50	10	7	70.00
中国药科大学	7	4	57.14	4	3	75.00	2	2	100
南京艺术学院	1	1	100	1	1	100	4	1	25.00
中科院南京分院	6	3	50.00	3	3	100	10	0	0
全省	**202**	**100**	**49.50**	**118**	**100**	**84.75**	**242**	**100**	**41.32**

2. 学术学位硕士学位论文

连续三年高于全省总体入选率的 3 家培养单位是东南大学、南京航空航天大学和江苏大学(表 7-26)。

有两年高于全省总体入选率的 13 家培养单位是南京大学、苏州大学、南京理工大学、中国矿业大学、南京工业大学、南京林业大学、南京信息工程大学、南京农业大学、徐州医科大学、南京师范大学、南京审计大学、南京水利科学研究院和江苏省植物研究所。

表 7－26　江苏省优秀学术学位硕士学位论文入选率多次高于全省水平的单位(2017—2019 年)

单位名称	2017 年			2018 年			2019 年		
	推荐数	入选数	入选率/%	推荐数	入选数	入选率/%	推荐数	入选数	入选率/%
南京大学	28	16	57.14	11	8	72.73	30	13	43.33
苏州大学	27	8	29.63	11	10	90.91	19	9	47.37
东南大学	26	21	80.77	13	12	92.30	30	14	46.67
南京航空航天大学	20	16	80.00	11	10	90.90	20	9	45.00
南京理工大学	16	12	75.00	7	6	85.71	15	2	13.33
中国矿业大学	16	10	62.50	7	6	85.71	29	7	24.14
南京工业大学	11	4	36.36	5	5	100	14	8	57.14
南京林业大学	7	5	71.42	4	3	75.00	10	4	40.00
江苏大学	15	8	53.33	6	6	100	24	9	37.50
南京信息工程大学	8	6	75.00	3	3	100	11	1	9.09
南京农业大学	14	9	64.28	8	7	87.50	22	5	22.73
徐州医科大学	5	1	20.00	2	2	100	4	2	50.00
南京师范大学	15	5	33.33	10	9	90.00	35	13	37.14
南京审计大学	—	—	—	2	2	100	2	1	50.00
南京水利科学研究院	1	0	0	2	2	100	3	1	33.33
江苏省植物研究所	1	1	100	1	1	100	1	0	0
全省	**350**	**180**	**51.43**	**178**	**150**	**84.26**	**501**	**150**	**29.94**

3. 专业学位硕士学位论文

连续三年高于全省总体入选率的有 7 家培养单位是东南大学、南京航空航天大学、中国矿业大学、南京邮电大学、江南大学、江苏大学和江苏理工学院(表 7－27)。

有两年高于全省总体入选率的有 12 家培养单位是江苏科技大学、南京工业大学、南京信息工程大学、南通大学、徐州医科大学、南京师范大学、江苏师范大学、南京财经大学、淮阴工学院、南京审计大学、解放军陆军工程大学和中国科学院南京分院。

表 7-27　江苏省优秀专业学位硕士学位论文入选率多次高于全省水平的单位(2017—2019 年)

单位名称	2017 年			2018 年			2019 年		
	推荐数	入选数	入选率/%	推荐数	入选数	入选率/%	推荐数	入选数	入选率/%
东南大学	20	12	60.00	13	13	100	12	9	75.00
南京航空航天大学	10	6	60.00	8	7	87.50	6	6	100
江苏科技大学	4	2	50.00	4	4	100	4	3	75.00
中国矿业大学	12	9	75.00	8	8	100	9	7	77.78
南京工业大学	8	3	37.50	6	6	100	7	6	85.71
南京邮电大学	5	4	80.00	6	6	100	6	5	83.33
江南大学	10	6	60.00	6	6	100	9	6	66.67
江苏大学	8	5	62.50	9	8	88.89	12	8	66.67
南京信息工程大学	2	2	100	3	3	100	4	2	50.00
南通大学	2	1	50.00	4	4	100	4	3	75.00
徐州医科大学	2	2	100	3	3	100	2	1	50.00
南京师范大学	14	6	42.86	8	7	87.50	15	10	66.67
江苏师范大学	5	3	60.00	4	3	75.00	6	5	83.33
南京财经大学	2	2	100	5	5	100	9	5	55.56
淮阴工学院	1	1	100	3	2	66.67	1	1	100
南京审计大学	2	0	0	1	1	100	3	2	66.67
江苏理工学院	1	1	100	3	3	100	2	2	100
解放军陆军工程大学	2	2	100	2	2	100	4	2	50.00
中科院南京分院	—	—	—	2	2	100	3	2	66.67
全省	**234**	**120**	**51.28**	**173**	**150**	**86.71**	**227**	**150**	**66.08**

(四) 各培养单位省优秀学位论文三年入选率综合情况

2019 年,优秀博士学位论文入选率提升的有 4 所普通高校,优秀专业学位硕士学位论文入选率提升的有 9 所普通高校。优秀博士学位论文的入选率高于全省总体水平的培养单位有 13 个,优秀学术学位硕士学位论文的入选率高于全省总体水平的培养单位有 15 个,优秀专业学位硕士学位论文入选率高于全省总体水平的培养单位有 23 个(表 7-28)。

表 7－28　2017—2019 年各培养单位省优秀学位论文入选率一览表　　单位:%

单位名称	博士学位论文			学术学位硕士学位论文			专业学位硕士学位论文		
	2017	2018	2019	2017	2018	2019	2017	2018	2019
南京大学	52.78	90.00	**53.13**	57.14	72.73	**43.33**	50.00	100	**64.29**
苏州大学	38.89	90.00	**60.00**	29.63	90.91	**47.37**	35.29	75.00	**70.00**
东南大学	63.64	72.73	**48.15**	80.77	92.30	**46.67**	60.00	100	**75.00**
南京航空航天大学	63.64	83.33	**50.00**	80.00	90.90	**45.00**	60.00	87.50	**100**
南京理工大学	50.00	85.71	**40.00**	75.00	85.71	**13.33**	46.15	77.78	**62.50**
江苏科技大学	0	—	**0**	40.00	100	**22.22**	50.00	100	**75.00**
中国矿业大学	57.14	100	**28.57**	62.50	85.71	**24.14**	75.00	100	**77.78**
南京工业大学	25.00	66.67	**75.00**	36.36	100	**57.14**	37.50	100	**85.71**
常州大学	—	—	—	42.85	50.00	**14.29**	50.00	66.67	**40.00**
南京邮电大学	33.33	100	**66.67**	37.50	100	**27.27**	80.00	100	**83.33**
河海大学	62.50	80.00	**27.27**	63.64	80.00	**25.00**	43.75	72.73	**58.33**
江南大学	80.00	75.00	**33.33**	21.42	83.33	**50.00**	60.00	100	**66.67**
南京林业大学	75.00	50.00	**40.00**	71.42	75.00	**40.00**	33.33	75.00	**66.67**
江苏大学	50.00	100	**30.00**	53.33	100	**37.50**	62.50	88.89	**66.67**
南京信息工程大学	100	100	**100**	75.00	100	**9.09**	100	100	**50.00**
南通大学	—	—	**100**	12.50	100	**27.78**	50.00	100	**75.00**
南京农业大学	56.25	87.50	**57.14**	64.28	87.50	**22.73**	40.00	85.71	**42.86**
南京医科大学	15.38	87.50	**70.00**	25.00	66.67	**33.33**	28.57	66.67	**71.43**
徐州医科大学	—	—	**100**	20.00	100	**50.00**	100	100	**50.00**
南京中医药大学	0	66.67	**50.00**	60.00	80.00	**28.57**	0	66.67	**75.00**
中国药科大学	57.14	75.00	**100**	44.44	80.00	**42.86**	50.00	50.00	**66.67**
南京师范大学	37.50	75.00	**28.57**	33.33	90.00	**37.14**	42.86	87.50	**66.67**
江苏师范大学	—	—	**0**	42.86	60.00	**16.67**	60.00	75.00	**83.33**
南京财经大学	—	—	**0**	16.67	66.67	**16.67**	100	100	**55.56**
南京体育学院	—	—	—	**0**	—	**0**	100	**0**	—
南京艺术学院	100	100	**25.00**	**0**	100	**20.00**	**0**	50.00	**100**
苏州科技大学	—	—	—	**0**	100	0	50.00	50.00	**66.67**

续 表

单位名称	博士学位论文			学术学位硕士学位论文			专业学位硕士学位论文		
	2017	2018	2019	2017	2018	2019	2017	2018	2019
淮阴工学院	—	—	—	—	—	—	100	66.67	100
扬州大学	33.33	100	**25.00**	69.23	75.00	**15.79**	62.50	77.78	**50.00**
南京工程学院	—	—	—	—	—	—	**0**	100	**50.00**
南京审计大学	—	—	—	—	100	**50.00**	**0**	100	**66.67**
江苏理工学院	—	—	—	—	—	—	100	100	**100**
江苏海洋大学	—	—	—	—	100	**0**	—	—	**100**
中共江苏省委党校	—	—	—	50.00	66.67	**50.00**	—	—	—
解放军陆军工程大学	66.67	66.67	**11.11**	80.00	60.00	**0**	100	100	**50.00**
国防科技大学国际关系学院	0	100	**0**	100	—	**0**	—	—	—
工程兵学院	—	—	—	33.33	—	—	—	—	
解放军南京政治学院	0	100	—	**0**	—	—	—	—	
空军勤务学院	—	—	—	**0**	—	—	—	—	
南京水利科学研究院	0	0	**0**	**0**	100	**33.33**	—	—	—
国网电力科学研究院	—	—	—	100	50.00	**0**	—	—	—
江苏省植物研究所	—	—	—	100	100	**0**	—	—	—
南京电子器件研究所	—	—	—	0	—	**0**	—	—	—
中国船舶科学研究中心	100	—	**0**	0	—	**0**	—	—	—
江苏自动化研究所	—	—	—	0	—	—	—	—	—
省血吸虫病防治研究所	—	—	—	0	—	—	—	—	—
中科院南京分院	50.00	100	**0**	100	0	**28.57**	—	100	**66.67**
全省总体	**49.50**	**84.75**	**41.32**	**51.43**	**84.26**	**29.94**	**51.28**	**86.71**	**66.08**

后　记

2020 年 7 月，习近平总书记就研究生教育工作做出重要指示。习近平强调，研究生教育在培养创新人才、提高创新能力、服务经济社会发展、推进国家治理体系和治理能力现代化方面具有重要作用。在全国研究生教育会议上，江苏作为唯一的省级政府代表发言交流。江苏是研究生教育大省，全省共有近 22 万在校研究生，数量位于全国第二。面对高层次人才培养的新形势，提高质量是研究生教育改革和发展最核心最紧迫的任务。撰写和发布研究生教育年度报告是江苏省保障研究生教育质量工作的有效措施之一。受江苏省教育厅委托，南京大学教育研究院汪霞教授科研团队已连续三年发布《江苏省研究生教育质量年度报告》。通过年度报告的形式，有效审视全省研究生教育发展现状，及时把握研究生教育发展过程中存在的问题，从而为江苏省研究生教育质量的提升建言献策。

今年，南京大学教育研究院汪霞教授科研团队继续承担报告的编研工作。为使报告更贴近研究生教育改革实践，更全面地反映高校促进研究生教育高质量发展的举措，汪霞教授组织课题组广泛收集各高校研究生培养的相关资料，多次组织召开课题组会议，总结前三部报告的编研经验，合理安排课题组成员的合作分工，以保证各项研究工作的有序推进。课题组经过反复研讨，逐步完善了研究报告的框架结构、具体内容以及撰写方法。

报告的编研工作一直受江苏省教育厅领导洪流同志的关注与指导。江苏省教育厅研究生教育处(江苏省学位委员会办公室)、发展规划处，江苏省教育考试院和江苏省教育评估院积极帮助课题组解决报告编研中的困难与问题。全省 36 所高校近百名研究生教育管理专家和学者也为报告的编研提供了宝贵的意见。报告的撰写工作于 2020 年 8 月全部完成。

本报告是多方参与、通力合作的成果。框架制定和文本审稿工作由江苏省教育厅领导洪流同志、南京大学教育研究院汪霞教授负责。具体撰写工作分工如下：第一章由孙俊华、王亮负责；第二章由周寅负责；第三章由汪雅霜负责；第四章由汪雅霜负责；第五章由孙俊华负责；第六章由周寅负责；第七章由叶春生、史根林、张璐、周寅负责。全书的案例编写和统稿工作由汪霞、黄蓓蓓负责。郭月兰、蔡芬、黄蓓蓓、师悦全程参与书稿的校对工作。

感谢江苏省教育厅研究生教育处全体工作人员协助课题组进行资料收集，并帮助联系多个部门获取重要数据信息。感谢江苏省教育厅发展规划处、江苏省教育考试院、江苏省教育评估院等部门为报告提供了准确、权威的统计数据和资料。同时感谢全省 36 所高校为案例撰写提供了丰富翔实的资料。

受限于课题组的人力与水平，报告难免存在疏漏与不当，敬请专家、学者及读者指正。

编写组

2020 年 8 月